Ao
Professor Carlos Coelho
Um pouco do meu
trabalho acadêmico.
E, 27/09/2016
Jonabio Barbosa
autor.

O Trabalho Infantil no Brasil e na Argentina:

Um caso de desrespeito à declaração sociolaboral do MERCOSUL

CB124326

JONÁBIO BARBOSA DOS SANTOS

Doutor em Ciências Jurídicas e Sociais. Mestre em Direito Econômico. Especialista em Direito Empresarial. Professor Universitário. Pesquisador do Grupo de Pesquisa (cadastrado no CNPQ) "Realismo Jurídico" vinculado ao Centro de Ciências Jurídicas da Universidade Federal da Paraíba que tem como foco de pesquisa os seguintes temas: Realismo jurídico, teoria geral do processo, sociologia do direito, direito coletivo do trabalho e finanças públicas. Advogado com atuação nas áreas do Direito Empresarial, Coletivo do Trabalho, Financeiro, Eleitoral e Administrativo. Pró-Reitor Adjunto de Administração da Universidade Federal da Paraíba, no período de abril/2013 a março/2015.

O Trabalho Infantil no Brasil e na Argentina:

Um caso de desrespeito à declaração sociolaboral do MERCOSUL

LTr®

LTr®
EDITORA LTDA.
© Todos os direitos reservados

Rua Jaguaribe, 571
CEP 01224-001
São Paulo, SP — Brasil
Fone: (11) 2167-1101
www.ltr.com.br
Agosto, 2015

Versão impressa: LTr 5236.6 - ISBN 978-85-361-8515-6
Versão digital: LTr 8752.3 - ISBN 978-85-361-8496-8

Dados Internacionais de Catalogação na Publicação (CIP)
(Câmara Brasileira do Livro, SP, Brasil)

Santos, Jonábio Barbosa dos
O trabalho infantil no Brasil e na Argentina : um caso de desrespeito à declaração sociolaboral do Mercosul / Jonábio Barbosa dos Santos — São Paulo : LTr, 2015

Bibliografia.

1. Direitos humanos — Brasil 2. Trabalho infantil — Argentina 3. Trabalho infantil — Brasil I. Título.

15-05409 CDU-331-053.2(81:82)

Índice para catálogo sistemático:

1. Argentina : Trabalho infantil doméstico : Direito do trabalho 331-053.2(81:82)
2. Brasil : Trabalho infantil doméstico : Direito do trabalho 331-053.2(81:82)

Agradecimentos

A Deus todo poderoso, verdade e vida.

*A minha esposa Márcia e meu filho Victor,
pela compreensão, amor e companheirismo.*

A minha mãe Adautiva, pela orientação e dedicação.

Aos meus alunos pela amizade, respeito e carinho.

Sumário

Prefácio 9

Introdução 11

Capítulo 1 — Trabalho Infantil 17

1.1. Considerações iniciais 17

1.2. Trabalho infantil: conceito, objeto 21

1.3. Espécies de trabalho infantil mais comuns na Argentina e no Brasil 26

1.4. A declaração sociolaboral do MERCOSUL: conceito e significados (políticos, normativos) 27

Capítulo 2 — Normas de Proteção da Criança e do Adolescente no Mercado de Trabalho: OIT, Argentina, Brasil e MERCOSUL 35

2.1. Os princípios e direitos fundamentais do trabalhador definidos pela OIT 35

2.1.1. O conteúdo da Declaração de 1998 da OIT sobre direitos fundamentais no trabalho e os princípios definidos pela Organização 41

2.1.2. A declaração de 1998 da OIT: princípios e direitos fundamentais do trabalho e seu seguimento 42

2.1.2.1. Eliminação de todas as formas de discriminação em matéria de emprego e ocupação 44

2.1.2.2. Liberdade sindical e negociação coletiva reconhecidas de forma efetiva e concreta 44

2.1.2.3. Eliminação do trabalho forçado ou obrigatório 46

2.1.2.4. A efetiva abolição do trabalho infantil 47

2.2. A adesão aos documentos da OIT de proteção da criança e do adolescente no mercado de trabalho pela Argentina e pelo Brasil 51

2.2.1. A observância desses documentos pela Argentina 53

2.2.2. A observância dos documentos da OIT pelo Brasil para a proteção da criança e do adolescente no mercado de trabalho 56

2.3. As constatações da OIT sobre o seguimento e o cumprimento dos seus pela Argentina e pelo Brasil quanto ao trabalho infantil 58

Capítulo 3 — As Normas de Proteção do Trabalho Infantil nas Constituições Vigentes da Argentina e do Brasil 63

3.1. A proteção do trabalho infantil na Constituição Federal da Argentina 63

3.2. As normas infraconstitucionais de proteção da criança e do adolescente no mercado de trabalho argentino 67

3.2.1. Principais características do trabalho infantil na Argentina 67
3.2.1.1. Meios de prevenção ao trabalho infantil na Argentina 69
3.2.1.2. A observância da Convenção n. 138 da OIT pela Argentina 72
3.2.1.3. Providências adotadas pelo Estado argentino para o cumprimento da Convenção n. 182 da OIT 74
3.3. A proteção do trabalho infantil na Constituição Federal brasileira de 1988 76
3.3.1. As normas infraconstitucionais de proteção da criança e do adolescente no mercado de trabalho brasileiro 84
3.3.2. Principais características do trabalho infantil no Brasil 90

Capítulo 4 — As Políticas Públicas de Erradicação do Trabalho Infantil na Argentina e no Brasil 93
4.1. Programas e projetos utilizados pelo estado argentino para o combate ao trabalho infantil 93
4.1.1. Panorama geral dos programas governamentais específicos de enfrentamento do trabalho infantil na Argentina 95
4.2. Meios de prevenção e repressão ao trabalho infantil no Brasil 108
4.2.1. Políticas públicas de prevenção e erradicação ao trabalho infantil no Brasil: programas e projetos executados 110

Considerações Finais 119

Referências Bibliográficas 125

Anexo I — Declaração Sociolaboral do MERCOSUL 131

Anexo II — Declaração da OIT sobre os Princípios e Direitos Fundamentais no Trabalho 139

Anexo III — Convenção da OIT n. 138 — Sobre Idade Mínima para Admissão a Emprego 143

Prefácio

Foi com orgulho que recebi o convite para prefaciar mais um livro do amigo e colega de labor docente no Centro de Ciências Jurídicas da Universidade Federal da Paraíba, em João Pessoa, o professor Jonábio Barbosa dos Santos.

O autor, que além de professor também se destaca como advogado e pesquisador em direito do trabalho, produziu a presente obra, sob o título "O trabalho infantil no Brasil e na Argentina: um caso de desrespeito à declaração sociolaboral do MERCOSUL", como requisito final para obtenção de título de doutor.

É um livro que deve ser lido com toda atenção que uma pesquisa acerca de tema tão relevante merece na medida em que de interesse de todos operadores do direito — Juízes, membros do Ministério Público, defensores, advogados, professores e estudantes — especialmente no judiciário trabalhista, pois que voltado para exame de um dos aspectos mais cruéis do mundo do trabalho: a utilização de mão de obra infantil.

A obra traz uma detalhada análise acerca da questão que se inicia — como deve ser num trabalho científico — caracterizando, conceituando e delimitando seu objeto, o trabalho infantil, ao mesmo em que enceta uma acurada análise de seus mecanismos de proteção e, para tanto fazendo uma minuciosa análise das normas de proteção ao trabalho infantil no Brasil e na Argentina bem como apontando ao final do estudo as políticas públicas pretendentes a enfrentar a grave questão da erradicação do trabalho infantil na legislação dos dois países focados na obra, detalhando os problemas da (in)eficácia das regras que, em princípio, deveriam garantir proteção em relação à exploração da mão de obra infantil e os motivos da permanência de tal fenômeno socialmente perverso.

O trabalho tem o relevante mérito de nadar contra a corrente da momentânea hegemonia liberal e de não fazer concessão a esses tempos tenebrosos quando se trata de enfrentar questão tão complexa quanto a pretensão ao derrubamento de quaisquer limites quando se trata da extração de mais-valia, para o que a consideração da existência de direitos se constituiria em absurda "liberalidade" aos trabalhadores a quem — nesses tempos tenebrosos — não restaria nenhum direito.

Ao optar por uma análise aprofundada o professor Jonábio Santos rejeita, sem qualquer condescendência, em seguir as modas acadêmicas e os supostos novos rótulos que tentam justificar fenômenos históricos bem determinados.

A vantagem proporcionada pela estratégia de construção teórico-metodológica do autor é que, com isso, logra êxito em construir uma interpretação dos fatos consistente e que traz um sopro de renovação, afastando-se dos modismos intelectuais que desaparecem com a mesma velocidade com que surgiram.

A estrutura do trabalho segue uma consistente diretriz indutiva que confere a abordagem, especialmente por se tratar de matéria de forte relevância sociolaboral, um viés inovador na medida em que segue, mesmo partindo da experiência concreta, não se rende a um empirismo tosco e a mera coleção de dados não conectados e carentes de sentido.

A obra adentra ao problema proposto na introdução, sem rodeios característicos de uma dogmática superficial e vulgar e aprofunda a reflexão pela qual, mesmo em tempos obscuros — caracterizados pelos recuos e pela necessidade de resistir — não se concebe ao poder do capital a liberdade de ultrapassar os limites expressos na própria Constituição.

Examinar os motivos pelos quais isso ocorre é fazer ciência, descrevendo e interpretando os fatos. E é isso que faz, com competência a obra que ora prefacio. Daí o seu viés fortemente realista.

É nessa direção que o problema aqui analisado é enfrentado e com uma base teórica de elevada qualidade científica na medida em que da leitura da obra, tão urgente quanto relevante, resta evidenciada não apenas uma radicalização da exploração do trabalho, mas as direções para resolvê-la, com todas suas implicações no mundo do trabalho.

Outro mérito desse trabalho é deixar evidente que um ramo do saber voltado à regulação coercitiva da vida social — o direito o é — destitui-se de inteligibilidade se não interpretado como parte de uma totalidade na qual cumpre um papel claro de gerir conflitos visando assentar a hegemonia e institucionalizá-la.

É essa profunda análise do trabalho infantil, em ensaio de interpretação comparada, que recomendo vivamente ao leitor afeito ao mundo das normas, no dizer de Bobbio, em sua "Teoria da norma jurídica". Mas, ressalte-se, não apenas a tais especialistas jurídicos visto que será útil aos investigadores de outras áreas das ciências sociais. E o faço com ênfase ao lembrar que se trata de um estudo promissor no qual se destacam várias qualidades, uma delas de grande valia e que o incontornável Marx já chamara atenção na abertura de "O capital", qual seja "a capacidade de "pensar com a própria cabeça".

Assim, e para permitir ao leitor o imediato acesso a obra, gostaria de reafirmar minha convicção de que este livro será extremamente útil não apenas para profissionais e iniciantes da área jurídica, mas para todos aqueles interessados nos problemas do mundo do trabalho. É um trabalho inovador, que trava o bom combate, sem o temor de ser acusado de socialmente posicionado.

Dra. Lorena de Melo Freitas

Graduada, Mestra e Doutora em Direito. Pós-doutorada na UFSC em Teoria do Direito. Professora-Adjunta III do Centro de Ciências Jurídicas da UFPB, lecionando Direito do Trabalho na Graduação e Teoria da decisão e Realismo jurídico, na pós-graduação. É coordenadora da Pós-Graduação e da equipe de coordenação do Projeto de Cooperação Internacional, na área de direito, entre a CAPES e a Associação das Universidades de Língua Portuguesa, envolvendo a UFPB e a Universidade Eduardo Mondlane, de Moçambique.

Introdução

O processo evolutivo da humanidade sempre foi marcado por conflitos entre os desiguais. Sabe-se que ao longo da história, desde o período primitivo, os povos desenvolveram hábitos, tradições, usos e costumes, tendo como característica marcante a exclusão dos indivíduos que fossem detentores de um perfil menos conveniente à sociedade, além da exploração dos mais frágeis pelos mais fortes.

A mesma regra é repetida nos sistemas produtivos, pois os indivíduos que porventura fossem menos necessários ou, ainda, apresentassem menor utilidade para o sistema, eram igualmente excluídos.

Esse sistema continua a ser utilizado, muito embora haja uma amenização de seus efeitos devido aos direitos humanos e, por conseguinte, aos direitos fundamentais incorporados ao ordenamento jurídico de cada Estado, que tem entre os seus intuitos proteger o trabalhador das investidas do capital.

Com a globalização dos mercados, o processo de exclusão foi significativamente intensificado, fazendo surgir à necessidade de criação, pelos organismos protetores do trabalhador, de instrumentos jurídicos para protegê-los, principalmente após a abertura dos mercados. Entre esses mecanismos encontram-se as diretrizes estabelecidas na Declaração da Organização Internacional do Trabalho (OIT) de 1998, sobre os direitos básicos do trabalhador, e, no âmbito do MERCOSUL, a Declaração Sociolaboral.

No Brasil, os princípios da ordem econômica, elencados no artigo 170 e incisos da Constituição Federal de 1988, tentam harmonizar interesses econômicos com interesses sociais. Para tanto, a efetividade dos direitos humanos e fundamentais constitui-se numa busca incessante por melhores condições de trabalho, sendo um dos desafios do Estado e da sociedade harmonizar os referidos interesses, tentando reduzir as desigualdades sociais que crescem a cada dia.

Esse aumento das diferenças sociais deve-se à contraposição entre crescimento e desenvolvimento econômico, que não acontecem com a mesma intensidade, tornando a realidade social dos indivíduos diferente dos indicadores econômicos, os quais demonstram uma realidade que não é vivida pela população.

No âmbito do mercado laboral o desemprego, a automatização, a busca de uma mão de obra mais especializada e cada vez mais barata, os baixos salários e as condições de vida dos trabalhadores são reflexos do crescimento econômico sem desenvolvimento econômico e social, sendo essa uma das justificativas para as desigualdades sociais existentes em países como Argentina e Brasil.

A economia de mercado, a livre iniciativa e a livre concorrência obrigam as empresas a adotarem medidas capazes de facilitar a sua permanência e expansão no mercado. Em contrapartida, a classe laborista sentiu a necessidade de buscar instrumentos de resistência, tendo a OIT colocado à disposição de seus protegidos os princípios da eliminação do trabalho infantil, da liberdade sindical e da livre negociação coletiva, além da eliminação da discriminação em matéria de emprego e ocupação, como instrumentos voltados para a tentativa do equilíbrio entre capital e trabalho, que deve ser assegurado por todos os países-membro da OIT.

No MERCOSUL, esses princípios de proteção do trabalhador foram reafirmados na Declaração Sociolaboral, que serve de roteiro norteador para a elaboração de normas e desenvolvimento de políticas públicas para o mercado de trabalho pelos países que compõem o Mercado Comum do Sul.

Nesse contexto, surge o entendimento da OIT e do MERCOSUL de definir um conjunto de direitos e valores fundamentais do trabalhador, princípios que estão definidos nas Convenções emanadas da citada organização internacional e dos tratados, protocolos e demais documentos elaborados pelos representantes dos países do MERCOSUL, sendo a observância dos princípios e direitos lá insculpidos obrigatórios para todos os países, após sua assinatura e ratificação.

A OIT, desde a sua constituição, vem empreendendo esforços no sentido de desenvolver um conjunto de princípios, declarações, convenções e recomendações objetivando o disciplinamento dos direitos fundamentais do trabalhador, bem como fomentando a sua efetivação no âmbito interno por meio de sua inserção no ordenamento jurídico de cada país e, no caso deste estudo, mais precisamente os direitos fundamentais sociais, sendo este o mesmo objetivo dos países que compõem o MERCOSUL ao elaborarem a Declaração Sociolaboral.

Dentre essas normas internacionais encontra-se a Declaração da OIT sobre os Princípios Fundamentais do Trabalho, elaborada em dezoito de junho de 1998, durante a Conferência Internacional ocorrida em Genebra, que estabelece princípios a serem adotados pelos países sem a necessidade de adesão formal; o compromisso é a obrigatoriedade de assegurá-los a seus trabalhadores.

Objetivos

Na presente obra será tratado apenas o princípio da eliminação do trabalho infantil, na busca de demonstrar que o Brasil e a Argentina, apesar de terem ratificado as convenções que tratam da matéria, de serem signatários da Declaração sobre direitos e princípios fundamentais do trabalhador de 1998 da OIT e de terem idealizado e aderido à Declaração Sociolaboral do MERCOSUL, não cumprem os citados documentos internacionais, sobretudo o pacto sociolaboral.

Sendo assim, observa-se que o tema objeto do presente estudo, por estar sempre presente nas discussões sociais e, nos últimos anos em especial, na mídia (escrita, televisiva, falada), sempre que o tema trabalho humano, dignidade do trabalhador está em comento, surge o trabalho infantil como uma das espécies de trabalho prestado em condições de superexploração, muitas vezes prestado na condição de o "trabalhador" nem consentir em prestar os serviços.

Sobre a questão, deve-se ressaltar que as informações existentes em órgãos e instituições oficiais no Brasil e na Argentina são superficiais e imprecisas, inclusive aquelas produzidas pela OIT, que, na maioria das vezes, apresenta relatórios desatualizados sobre a realidade do trabalho de crianças e adolescentes, uma das formas mais revoltantes de exploração do trabalhador e do homem de um modo geral.

Ainda sobre a questão observa-se que não há, talvez devido à fragilidade dos dados oficiais, uma doutrina ou até mesmo uma grande quantidade de estudos consistentes que possam servir para consolidá-la. Muitos trabalhos realizados até aqui estudam o trabalho infantil apenas sob o aspecto da ilicitude, pois esta, na maioria das vezes, é a mensagem que fica guardada na sociedade, que prefere tratar do tema como algo apenas ilícito. Contudo, a questão não pode ser reduzida apenas a ilicitude, sendo necessário que nas coberturas jornalísticas de decisões judiciais, na atuação do Ministério Público e nas políticas públicas a questão laboral de crianças e adolescentes em idade não autorizada por lei seja tratada também como um problema social a ser combatido mediante a garantia de direitos básicos, como saúde, educação, segurança pública, condições sanitárias de moradia e trabalho em condições dignas para os responsáveis por essas crianças e adolescentes.

No Brasil, por exemplo, os indicadores sociais demonstram que as políticas públicas têm sido importantes, mas, em sua maioria, ineficazes, pois não têm cumprido o seu papel primordial de valorização do homem trabalhador de forma responsável, perene, eficaz e concreta.

É verdade que no Brasil e na Argentina nos últimos anos vem ocorrendo uma melhor distribuição de renda, o que, de fato, reduz as desigualdades. Porém, o que tem sido feito para retirar crianças das ruas, das plantações, dos sinais de trânsito, dos lixões, das fábricas, da prostituição e de atividades domésticas é muito pouco.

Sobre a questão deve ser ressaltado que, nos casos em que ocorre a retirada de crianças e adolescentes de atividades laborais ilegais e desumanas, não há o acompanhamento, a fiscalização e o apoio estatal para que saiam das condições miseráveis em que se encontram.

Em relação ao objeto do presente estudo, a primeira tarefa a ser feita é a sua delimitação, mediante o estabelecimento de objetivos geral e específicos, definindo os parâmetros e os caminhos, hipóteses a serem solucionadas e os resultados buscados.

Dessa forma, como objetivo geral o presente trabalho tem o intuito de analisar a Declaração Sociolaboral do MERCOSUL referente à eliminação do trabalho infantil no Brasil e na Argentina, avaliando a sua efetividade e inclusão nos ordenamentos jurídicos dos citados países, verificando até que ponto esse princípio é respeitado e implementado nas políticas públicas de promoção do trabalho em condições decentes.

Objetiva, ainda, estabelecer uma provável solução para as dificuldades na implementação das normas que disciplinam e proíbem o trabalho infantil, demonstrando a distância entre a norma e a realidade ocasionada em parte pela burocratização das ações do Estado.

Já os objetivos específicos traçados destinam-se: a) apresentar uma análise dos direitos fundamentais sociais, enfocando sua importância para a proteção da criança e do adolescente no mercado laboral, sobretudo a partir da verificação conceitual do trabalho infantil e das normas que disciplinam e proíbem esta prática; b) verificar em que medida o princípio da eliminação do trabalho infantil no Brasil e na Argentina tem sido incluído em suas normas constitucionais e infraconstitucionais; c) verificar os programas e políticas voltadas para eliminação do trabalho infantil; d) mostrar as dificuldades encontradas para a efetivação do princípio de eliminação do trabalho infantil no Brasil e na Argentina, apresentando suas prováveis causas, bem como as prováveis soluções para o cumprimento deste princípio vital para o desenvolvimento da criança e do adolescente; e) demonstrar que a Declaração Sociolaboral do MERCOSUL, no tocante ao trabalho infantil, não se torna efetiva devido à falta de ação governamental concreta.

Metodologia

Para cumprir a tarefa proposta é necessário, primeiramente, demonstrar o que é trabalho infantil. Qual a natureza da Declaração Sociolaboral do MERCOSUL, observando a relação entre dignidade humana e promoção do trabalho em condições decentes, evitando, acima de tudo, que crianças e adolescentes exerçam o trabalho em prejuízo de sua dignidade e formação psíquica e física.

Como a investigação científica busca atingir o nível preditivo, deve-se fazer uso dos métodos dialético, investigativo e comparativo.

A compreensão dialética será essencial para a análise crítica do distanciamento entre a norma e a realidade vivida por crianças e adolescentes no mercado de trabalho dos dois países, bem como das políticas públicas governamentais adotadas na Argentina e no Brasil para a proteção de crianças e adolescentes que são utilizadas no mercado de trabalho.

A dialética também será importante para entender e compreender o desencontro entre o que está normatizado e a realidade vivida por crianças e adolescentes, constatada por instituições, órgãos estatais e por organizações privadas e divulgadas em seus relatórios, reportagens e documentos.

O método de abordagem será o dedutivo, tendo como base a pesquisa documental e bibliografia nacional e internacional. Serão consultados livros, periódicos especializados, legislação, internet e documentos da OIT, do MERCOSUL, do Ministério do Trabalho dos dois países, além de reportagens, documentos e informações produzidos e coletados por entidades privadas e organizações não governamentais.

No tocante aos métodos de procedimento, será utilizado o hermenêutico para uma melhor interpretação dos documentos e da legislação pertinentes, como, por exemplo, a Declaração sobre princípios e direitos fundamentais do trabalhador da OIT adotada no ano de 1998, bem como suas convenções, recomendações, relatórios, pertinentes a matéria objeto da presente tese.

O método hermenêutico também será utilizado para analisar a Declaração Sociolaboral do MERCOSUL, bem como para verificar em que medida as normas e documentos da OIT e do MERCOSUL são introduzidas nas constituições federais da Argentina e do Brasil e demais leis argentinas e brasileiras que versam sobre o tema de forma direta e indireta.

Tendo como base uma análise comparativa e sistemática dos dispositivos da Constituição Federal Brasileira será averiguada a afronta ao princípio da eliminação do trabalho infantil em contraponto com o interesse econômico e as políticas públicas idealizadas e introduzidas pelos dois Estados.

Será também utilizado o método comparativo para verificar a eficiência dos meios legais coercitivos e de fiscalização estatais voltados para a proteção da criança e do adolescente que estejam laborando de forma ilegal, e até mesmo legal.

Por fim, serão verificadas as razões que levaram o Brasil e a Argentina a não eliminar de forma plena o trabalho infantil.

Para atingir os objetivos da investigação foram obtidas informações e fundamentos, através da pesquisa bibliográfica, doutrinária, jurisprudencial, análise de documentos e relatórios sobre o tema, estudo crítico da legislação internacional e nacional adotadas por Argentina e Brasil, mediante condensação de dados estatísticos constantes em relatórios da OIT e de organizações governamentais e não governamentais.

Em cumprimento aos objetivos traçados têm-se como ponto de partida os conceitos de trabalho infantil, as características das normas internacionais e nacionais sobre o princípio, além de elaboração de um elenco de atividades que utilizam crianças e adolescentes como mão de obra a partir de elementos do século XX em diante, que contribuem para a existência do trabalho infantil na Argentina e no Brasil.

Resultados

A presente tese demonstrará, no plano atual, o tratamento jurídico e o cumprimento do compromisso de erradicar o trabalho infantil firmado pelo Brasil e Argentina, mediante a inserção em suas normas internas de dispositivos protetivos.

Entretanto, demonstra que as políticas públicas de proteção à criança e ao adolescente não são eficazes devido à falta de estrutura e de condições de atuação aos mecanismos efetivos de fiscalização e repressão ao trabalho infantil, sendo este um dos fatores que contribuem para que o trabalho humano não possa ser legal, livre, decente e digno, nos dois países.

Em sendo assim, esta tese terá três capítulos. No primeiro capítulo será tratado o conceito de trabalho infantil, suas espécies e as atividades que exploram o trabalho de crianças e adolescentes na Argentina e no Brasil.

No segundo, serão analisadas as características das normas que disciplinam a matéria no plano internacional (OIT e MERCOSUL) e nacional dos dois países (constitucional e infraconstitucional), para apresentar os elementos que distanciam as normas da realidade vivida por crianças e adolescentes no mercado laboral.

Já o terceiro capítulo será destinado à análise dos programas e políticas públicas voltadas para a eliminação do trabalho infantil, na Argentina e no Brasil, sempre com o foco no distanciamento entre a realidade e o normatizado.

Por último, será apresentada a conclusão da tese com as impressões, constatações e os resultados obtidos com as pesquisas realizadas.

Capítulo 1 — Trabalho Infantil

Para se desenvolver no meio social, o homem precisa da conservação, preservação e garantia de sua dignidade. Acima de tudo, deve ter assegurado o seu direito de ser criança para que possa ser um adulto saudável física e mentalmente e tenha condições de contribuir para a formação de uma sociedade melhor e mais igualitária.

As crianças não podem trabalhar, têm que brincar e estudar.

1.1. Considerações iniciais

Durante vários anos, décadas, e até séculos, alguns problemas da humanidade surgiram e ainda continuam sem solução. Muitos desses problemas continuam a existir devido à inércia do Estado, que não adota medidas efetivas para solucioná-los, muito embora não seja o único responsável pelos referidos problemas, como é o caso do trabalho infantil, que tem também na inércia da sociedade um dos fatores que contribui para a sua existência.

A exploração da criança e do adolescente pelos detentores dos meios de produção, na busca incessante por lucro, não representa um acontecimento novo, pois atinge, ao longo de muitos anos, vários países, embora se mostre mais evidente e intenso nos países subdesenvolvidos, e em vias de desenvolvimento. A intensidade da utilização da criança e do adolescente como mão de obra nos países caracterizados ou classificados da forma acima é em grande parte decorrente das dificuldades econômicas das famílias desses menores, que ficam vulneráveis devido à fragilidade das redes de proteção social dos países.

Além desses fatos, é necessário ressaltar que muitas vezes a sociedade até desconhece que determinadas formas de trabalho também caracterizam o trabalho infantil, como é o caso do trabalho artístico de crianças e adolescentes, que em sua maioria passa sem ser percebido, pois, mesmo que a atividade seja e tenha conotações culturais, representa uma forma de trabalho infantil como qualquer outra(1).

Os mecanismos estatais voltados para a proteção, além de ineficazes, mostram--se muitas vezes incapazes de identificar de forma concisa as verdadeiras causas do

---

(1) DÍAZ, Jorge Diego. Trabajo artístico infantil. *Revista Nova Tesis*, Rosário, Nova Tesis, 2009, n. 17, p. 76-77. "El Convenio n. 138, sobre la edad mínima de admisión al empleo o trabajo de la OIT, que tiene jerarquia constitucional, establece en su art. 8 que la autoridade competente podrá conceder, por medio de permisos individuales, expecciones a la edad mínima de admisión al empleo o trabajo, cuanto esos tengan finalidades tales como participar em representaciones artísticas. Estos permisos, deberán prever una limitación en el número de horas del empleo. En el âmbito internacional la "Recomendación Relativa a la Condición de Artista" aprobada por la Conferencia General de Naciones Unidas para la Educación, la Ciencia y la Cultura (UNESCO) de 1980, ratificada por nuestro país mediante la Ley n. 24.256, considera a los artistas como trabajadores de la cultura y por lo tanto beneficiarios del goce de sus derechos laborales. Se entende que la participación de niñas y niños en atividades artísticas configura trabajo y en consecuencia constituye una de las tantas modalidades que adquiere el trabajo infantil, salvo que dicha actividad tenga un fin exclusivamente educativo, cultural o recreativo."

trabalho infantil, como também as atividades e locais em que o trabalho de crianças e adolescentes é utilizado de forma irregular. A sociedade é responsável pela permanência do trabalho infantil em seus Estados, na medida em que criam valores e aspectos culturais invertidos, contribuindo de forma decisiva para o aumento, o descaso e o descumprimento do direito à preservação da dignidade(2) da criança e do adolescente, muito embora existam registros em todos os momentos da história da humanidade, pois é fruto da relação de poder entre capital e trabalho, que termina sendo uma das causas da exploração do trabalho de crianças e adolescentes(3).

O trabalho infantil tem a Revolução Industrial(4) como um marco para que a sua problemática começasse a ser observada com mais interesse e intensidade, pois esse tipo de atividade traz prejuízos ao desenvolvimento de todo ser humano em todos os aspectos, situação que impõe a fixação de um limite de idade para que alguém possa exercer uma atividade laborativa, além de criar condições para que as famílias dessas crianças e adolescentes possam assegurar o seu direito à educação(5).

Sobre a questão, é importante ressaltar que a exploração do trabalho infantil não pode ser compreendida apenas como um caso de polícia, reduzindo ao fato de compreender uma conduta criminosa, pois a questão passa por uma problemática bem mais complexa, tendo que ser compreendida dentro de um contexto social, não carecendo apenas de leis, mas, sobretudo, de acesso à educação de qualidade, além de normas que efetivamente sejam cumpridas e de instrumentos estatais de prevenção, fiscalização e repressão a essa prática que realmente funcionem, não sendo necessário apenas leis rígidas.

Observa-se também nessas que a burocratização dos procedimentos estatais prejudicam as políticas públicas desenvolvidas pelo Estado visando o combate e a erradicação do trabalho infantil contribuindo indiretamente para que as forças de expansão do mercado terminem sendo beneficiadas(6).

---

(2) ROMITA, Arion Sayão. *Direitos fundamentais nas relações de trabalho.* São Paulo: LTr, 2012. "[...] Os direitos fundamentais repousam sobre o valor básico do reconhecimento da dignidade da pessoa humana. Sem este reconhecimento, inviabiliza-se a própria noção de direitos fundamentais. Não por outro motivo, o primeiro parágrafo do Preâmbulo da Declaração Universal dos Direitos do Homem, aprovada pela Assembleia Geral das Nações Unidas, em Paris, em 10 de dezembro de 1948, afirma que o reconhecimento da dignidade inerente a todos os membros da família humana e de seus direitos iguais e inalienáveis é o fundamento da liberdade, da justiça e da paz no mundo".

(3) MELHADO, Reginaldo. *Poder e sujeição:* os fundamentos da relação de poder entre capital e trabalho e o conceito de subordinação. São Paulo: LTr, 2003. p. 144.

(4) CAVALCANTE, Ricardo Tenório. *Jurisdição, direitos sociais e proteção do trabalhador:* a efetividade do direito material e processual do trabalho desde a teoria dos princípios. Porto Alegre: Livraria do Advogado, 2008. "É de se atentar que a pauta do conhecimento científico da época industrial basicamente se resumia a três pontos: a) a divisão do trabalho e suas consequências sociais, b) a desumanização decorrente do trabalho industrial, e c) a constituição de classes como projeção das formas de organização social da indústria".

(5) BRITO FILHO, José Claudio Monteiro. *Trabalho decente:* análise jurídica da exploração do trabalho — trabalho escravo e outras formas de trabalho indigno. São Paulo: LTr, 2010. "Proibição do trabalho infantil. O trabalho de crianças e adolescentes é problemático desde a Revolução Industrial, sendo prejudicial ao desenvolvimento do ser humano, em todos os níveis. É preciso, então, fixar limite etário para o exercício do trabalho, além, é claro, de criar condições para que as famílias possam subsistir sem a participação ativa dos menores".

(6) WEBER, Max, 1864-1920. *Economia e sociedade: fundamentos da sociologia compreensiva.* Tradução de Regis Barbosa e Karen Elsabe Barbosa; revisão técnica de Gabriel Cohn. Brasília: Editora Universidade de Brasília; São Paulo:

Deve-se destacar que o trabalho infantil precisa ser estudado, analisado e cuidado sob vários aspectos: o social, o econômico, o legal e o estatal. Esses aspectos servem de instrumentos ou pontos de partidas para que as leis e as políticas públicas estatais não sejam apenas retórica e papéis oficiais e passem a ser, necessariamente, instrumentos de mudança da situação de completo desprezo com que a criança e o adolescente são tratados no Brasil.

Nesse contexto, os processos de integração econômica representam situações em que os Estados-Partes podem eleger o combate ao trabalho infantil como objetivo a ser alcançado de maneira conjunta, identificando pontos de congruência em relação à existência do problema, áreas ou setores da atividade econômica que fazem uso dessa mão de obra, além de trocarem experiências no sentido de contribuírem para que as políticas públicas voltadas para a erradicação do trabalho infantil sejam efetivamente instrumentos de mudança da realidade social dessas crianças e adolescentes e que as suas famílias ou núcleos familiares tenham condições econômicas e sociais de protegerem os seus filhos contribuindo para que tenham uma melhor qualidade de vida.

Essa questão é importante devido às constatações feitas por organizações internacionais de que a falta de inclusão social e a má distribuição de renda, o desemprego e a miserabilidade são fatores que contribuem para que os índices de desenvolvimento humano registrados em países como Argentina e Brasil sejam alarmantes, no sentido de gerar situações de trabalho infantil em sinais de trânsito, no setor agrícola, nas indústrias de confecções, feiras livres, trabalhos domésticos, carvoarias, mineração, como também a exploração da criança e do adolescente pela própria família, que entrega suas crianças para aliciadores de trabalhadores, de prostituição e tráfico de pessoas, além da utilização desses menores em atividades domésticas familiares, como forma de contribuir para a melhoria da renda familiar.

Os riscos a que estão sujeitas as crianças e adolescentes em situação de trabalho infantil vão desde distúrbios psíquicos, físicos, até câncer devido a exposições climáticas diferentes, vícios em drogas, por exemplo, bem como a perda da infância e do direito de acesso à educação(7).

No que tange ao mercado de trabalho, há uma grande quantidade de formas de exploração ilegal e indecente do trabalhador, principalmente nas regiões mais pobres,

---

Imprensa Oficial do Estado de São Paulo, 1999. [...] "Acrescente subordinação de todas as pessoas e situações individuais a uma instituição que, pelo menos hoje, se baseia, em princípio, na "igualdade jurídica" formal é obra das duas grandes forças racionalizadoras: da expansão do mercado, por um lado, e da burocratização da ação como órgão das comunidades consensuais, poroutro. Estas substituem por duas coisas a criação, geralmente individual,de um direito arbitrário que se fundamenta na autorização própria ou no Privilégio concedido de associações pessoais monopolicamente delimitadas, ou seja, a autonomia das uniões substancialmente estamentais".

(7) MOREIRA, Itamar. *Trabalho infantil na cidade de São Paulo*. São Paulo: Scortecci, 2009. "A criança e o adolescente em situação de trabalho infantil, além de correrem riscos como atropelamentos ainda estão propícios a doenças como câncer de pele, devido à exposição a condições climáticas, como frio e chuva, e a perda da infância, visto que não têm o período de lazer e recreação, para poderem sustentar suas famílias. A escola pode contribuir para a reinserção de crianças e adolescentes em situação de trabalho infantil na comunidade, por encontrar-se próximo de suas famílias".

onde a exclusão social de grupos, como é o caso das crianças e adolescentes, devido à sua vulnerabilidade representa mais uma forma de produzir trabalhadores de segunda categoria, dada a inexistência de acesso à educação, bem como a condições dignas de trabalho.

Fator importante na definição de trabalho infantil é a desigual, imoral e injusta concentração de renda, principalmente em países mais periféricos ou mais pobres o que contribui de maneira decisiva para o aumento das desigualdades sociais e, acima de tudo, para ser mais uma justificativa para a superexploração de crianças e adolescentes[(8)].

Ainda sobre essa questão, deve ser ressaltado que o trabalho infantil também não pode mais ser visto como uma solução para retirar o menor e sua família da condição de pobreza[(9)], pois, ao longo da História, ficou comprovado que a situação em sua maioria maciça terminava por aprofundar ainda mais a situação de pobreza do menor e da sua família[(10)]. Contudo, o trabalho infantil é uma situação que se encontra distante de ser erradicada. A busca pela erradicação, porém, deve começar de forma concreta imediatamente, em todas as partes do mundo, inclusive nos países desenvolvidos, que devem se negar a adquirir bens que tenham sido produzidos através do trabalho infantil, além do combate ao tráfico de pessoas e a prostituição infantil.

Para combater essa situação de exploração a OIT e seus Estados-Partes têm desenvolvido políticas públicas voltadas para a erradicação dessa conduta que denigre a dignidade da criança e do adolescente. Entretanto, a questão precisa não apenas de projetos e

---

(8) BRITO FILHO, José Claudio Monteiro de. *Trabalho decente:* análise jurídica da exploração do trabalho — trabalho forçado e outras formas de trabalho indigno. São Paulo: LTr, 2010. "O trabalho de crianças e adolescentes, pelos dados apresentados, como veremos, é reflexo também da miséria".

(9) ORGANIZAÇÃO INTERNACIONAL DO TRABALHO. CONFERÊNCIA INTERNACIONAL DO TRABALHO 100ª SESSÃO 2011. Igualdade no Trabalho: Um desafio contínuo. Relatório Global no quadro do seguimento da Declaração sobre os Princípios e Direitos Fundamentais no Trabalho. "O impacto desproporcionado da pobreza nestes grupos não é uma mera coincidência. Tem origem na discriminação estrutural baseada num factor ou num conjunto de factores, como o sexo, a raça, a cor, a origem étnica ou a religião. Esta situação decorre muitas vezes da exclusão social e de formas de exploração como o trabalho forçado ou o trabalho infantil nas suas piores formas. A discriminação no emprego e na profissão constitui um fator crucial que causa e exacerba a pobreza. Não só a discriminação pode contribuir para uma diminuição substancial dos salários e outros rendimentos, como também as pessoas que a sofrem registam muitas vezes níveis de participação e taxas de emprego mais baixos. Quando empregadas, os baixos rendimentos resultantes da discriminação salarial e da segregação profissional em atividades de fraca remuneração impedem as pessoas de procurarem uma saída da pobreza. [...]. Viver em situação de pobreza não se traduz apenas em baixos salários. Significa também um ciclo vicioso de menos saúde, capacidade de trabalho reduzida, más condições de trabalho e de vida, baixa produtividade e esperança de vida reduzida. Quando associados à iliteracia, à fome, ao trabalho infantil e à maternidade e paternidade precoces, os efeitos nefastos da pobreza podem transmitir-se de pais para filhos. A nível mundial, este fenómeno parece afectar certos grupos de forma desproporcionada. Nalguns países, as mulheres registram níveis mais elevados de pobreza 20 e as famílias a cargo de mulheres têm maior probabilidade de serem pobres. Do mesmo modo, os povos indígenas, os grupos tribais e as pessoas de ascendência africana estão também sobrerrepresentados entre os pobres. A população mundial de povos indígenas, por exemplo, ronda os 300 a 370 milhões. Representam 15 % das populações pobres de todo o mundo e cerca de um terço dos 900 milhões de pessoas extremamente pobres das regiões rurais".

(10) GOMES, Patrícia Saboya. O combate ao trabalho infantil no Brasil: conquistas e desafios. *In:* CORREA, Lelio Bentes; VIDOTTI, Tarcio José. *Trabalho infantil e direitos humanos.* São Paulo: LTr, 2005. "O trabalho infantil, durante muito tempo foi encarado no Brasil como uma solução para a pobreza. Esse cenário só começou a mudar na década de 1990, quando ganhou força a mobilização dos movimentos sociais em defesa da infância e da adolescência, culminando na elaboração de lei como o Estatuto da Criança e do Adolescente".

políticas públicas inefetivas, pois a sua solução precisa, inicialmente, de uma ordenação do trabalho dos adolescentes e da proibição do trabalho pelas crianças.

Ainda sobre a questão, deve ser anotado que leis, ideias e projetos mirabolantes servem apenas para ilustrar peças publicitárias de políticas governamentais, que em sua maioria não trazem para os destinatários resultados consistentes ou mudança de sua situação.

A ineficácia das políticas públicas no tocante ao trabalho infantil decorre essencialmente da falta de aparelhamento dos instrumentos de fiscalização, e da burocratização das políticas públicas, o que compromete o sucesso e os resultados de qualquer política pública que envolva ou busque a mudança de situações sociais, como é o caso do trabalho infantil, que possui causas diversas e efeitos também diversos influenciando de forma decisiva o desenvolvimento da criança e do adolescente(11), fato que compromete a sua dignidade e o seu futuro(12) por atingir o físico e o psíquico(13).

Sendo assim, observa-se que o objeto do presente estudo representa um dos principais temas da atualidade, que, devido às suas multifacetas, tem trazido dificuldades em sua solução, principalmente por ser fruto da fragilização de integrantes da sociedade oriundos da exclusão social, que têm no desemprego, na falta de acesso à educação de qualidade, nas dificuldades econômicas seus principais empecilhos.

Nesse sentido, não podemos esquecer, como já ressaltado, as questões, que envolvem a cultura e os interesses econômicos de grupos e, infelizmente, às vezes, até da própria família, que termina por se utilizar do trabalho infantil para complementar a renda necessária à subsistência do núcleo familiar.

Contudo, para um melhor delineamento e compreensão da questão, é importante apresentar os conceitos e circunstâncias que caracterizam o trabalho infantil, como também uma análise da Declaração Sociolaboral do MERCOSUL e de outros documentos internacionais da OIT importantes para a busca do melhor resultado do estudo, o que será feito adiante.

1.2. Trabalho infantil: conceito, objeto

Apresentar um conceito de trabalho infantil pode parecer simples se não observarmos as espécies, circunstâncias, questões culturais e essencialmente as sociais, o que, portanto, transforma a questão em uma tarefa complexa e de difícil realização.

---

(11) BELTRAN, Ari Possidônio. *Direito do trabalho e direitos fundamentais*. São Paulo: LTr, 2002. "Diz a doutrina, com inegável acerto, que a existência de normas especiais de proteção, in casu, tem por escopo facultar às crianças e aos adolescentes o desenvolvimento físico, mental, moral, espiritual e social, de forma sadia e normal e em condições de liberdade e dignidade. Os fundamentos são assentados em razões biológicas, psicológicas, morais e culturais, o que explica que nelas o interesse público claramente prevaleça sobre o privado e que sua classificação se faça no âmbito do direito tutelar do trabalho. De fato a maturidade física e a constituição fisiológica ou anatômica do trabalhador são fatores relevantes, que não podem ser desdenhados do ponto de vista da disciplina jurídica da regulamentação das condições de trabalho no mundo moderno. O Estado preocupa-se de maneira variada, não só com a tutela social, mas também com a integridade biológica do trabalhador".

(12) GOMES, Orlando e GOTTSCHALK, Elson. *Curso de direito do trabalho*. Rio de Janeiro: Forense, 1998.

(13) MAGANO, Octávio Bueno. *Manual de Direito do Trabalho*, 4: Direito tutelar. São Paulo: LTr, 1993.

Inicialmente poderíamos aqui definir o trabalho infantil levando em consideração as idades mínimas para o trabalho definidas pela OIT, como também pelo Brasil e Argentina.

Outra forma de conceituar o trabalho infantil leva em consideração a espécie ou forma em que os serviços são prestados por crianças e adolescentes, ou ainda a modalidade do trabalho desempenhado. Contudo, antes de tecer qualquer comentário ou tentativa de conceituar o trabalho infantil, é necessário verificar o que é definido por trabalho decente, além de levar em consideração os direitos mínimos definidos no plano internacional e interno dos países, que no caso do presente objeto de estudo, Argentina e Brasil.

Diante dessa situação, é importante partir da ideia de que esse conjunto de direitos mínimos de proteção do trabalhador parte da observação a dois planos ou aspectos básicos: o individual e o coletivo.

No que concerne ao direito individual, este é representado no direito ao trabalho como forma de estabelecer as condições mínimas exigidas para que um trabalhador preste os seus serviços e adquira os requisitos mínimos para a sobrevivência sua e dos membros de sua família[(14)].

Entretanto, para que um trabalhador possa ter acesso e desempenhar as suas funções de forma digna e decente é necessário que tenha obtido os conhecimentos e tido a oportunidade para desenvolver-se de forma criativa, para que possa desenvolver-se de forma saudável, tendo mais probabilidade de obter um posto de trabalho de melhor qualidade, mais bem remunerado, e que preserve a saúde do trabalhador, algo que só é possível mediante a garantia do direito de ser criança[(15)] e ter acesso à educação de qualidade e formadora, evitando que milhares de trabalhadores tenham a sua saúde comprometida ou até mesmo venham a óbito devido às péssimas condições de trabalho, ou ainda a falta de conhecimento específico sobre normas de segurança para operar máquinas e equipamentos[(16)].

---

(14) BRITO FILHO, José Claudio Monteiro de. *Trabalho decente:* análise jurídica da exploração do trabalho — trabalho forçado e outras formas de trabalho indigno. São Paulo: LTr, 2010. "Direito ao trabalho que é a base sobre a qual se assentam todos os demais, dele desdobramentos, e pode ser analisado de diversas formas, sendo que, principalmente, como obrigação do Estado de criar condições para que o trabalhador possa exercer uma ocupação que lhe permita e à sua família subsistir".

(15) SARDEGNA, Paula. Trabajo de niños y adolescentes desde un enfoque bioético que propicia conductas resilientes. *In:* ABELEDO PERROT, Junio, 2012, p. 1.015. "Está claro que el trabajo es prejudicial para los niños en la medida que impida que puedan disfrutar de su infancia, obstaculice su desarrollo provocando daños físicos y psicológicos que persistan durante toda su vida, e impida el disfrute pleno del derecho a la educación y, por lo tanto, a un futuro mejor como ciudadanos disfrutando plenamente de sus derechos."

(16) BRITO FILHO, José Claudio Monteiro de. *Trabalho decente:* análise jurídica da exploração do trabalho — trabalho forçado e outras formas de trabalho indigno. São Paulo: LTr, 2010. "Direito de exercer o trabalho em condições que preservem a saúde do trabalhador. Preocupação que, desafortunadamente, não data de muito tempo a preservação da saúde do trabalhador e, mais ainda, de sua vida, deve ser a principal, dentro de uma saudável relação capital-trabalho. De nada adianta ao trabalhador um emprego, mesmo que com remuneração razoável, se sua saúde é comprometida. A primeira meta em matéria do ambiente em condições de salubridade e segurança, pois a qualidade de vida é o ponto de partida para qualquer forma de relacionamento ou de atividade. Ainda estamos longe disso. Para se ter uma ideia da dimensão do problema, a OIT indica a

Outro fator que certamente trará uma contribuição para diminuir os números de acidentes de trabalho, como também as mortes no ambiente de trabalho é a efetiva proibição do trabalho infantil, pois esta prática compromete o desenvolvimento do ser humano e traz como consequência um trabalhador desqualificado e despreparado para adotar medidas de segurança no trabalho, já que não foi preparado física e psicologicamente para tanto[17].

Para que seja possível uma conceituação de trabalho infantil é necessário levar em consideração três elementos cuja relevância representa seus traços característicos, inclusive identificando as hipóteses em que este trabalho seja lícito ou ilícito, ou ainda permitido e não permitido. Todo esse conteúdo está inserido na Convenção n. 138 da OIT, que é utilizada pelos Expertos da Organização para verificar a aplicação, seguimento e cumprimento das Convenções e Recomendações do Organismo responsável pelas questões laborativas no plano internacional.

Para sua definição, pode-se partir de elementos como a idade mínima para que os indivíduos possam exercer uma atividade laborativa livremente, no caso em tela essa idade limite vai de zero aos dezoito anos de idade[18], momento em que o indivíduo passa a ter a possibilidade de prestar serviços, através de sua mão de obra onde quer que queira, e a quem quer que queira, muito embora a afirmação não seja absoluta devido ao fato de estarmos tratando de direitos indisponíveis, o que impõe considerar que existem restrições ao trabalhador e ao empregador, principalmente no que tange à forma, ao valor e às circunstâncias em que o trabalho é prestado, tudo em homenagem ao princípio protetor, que possui como elemento ou destinatário o trabalhador como sujeito vulnerável e frágil economicamente em relação aos empregadores.

Na classificação de idades para caracterização de trabalho infantil, a própria Convenção n. 138 da OIT excluiu os trabalhos que são prestados por menores em estabelecimentos empresariais ou propriedades familiares, ressaltando apenas que

---

ocorrência de aproximadamente duzentos e cinquenta milhões de acidentes com trabalhadores, por ano, com 300.000 mortes no mesmo período [...]. E isto não porque seja inevitável, mas principalmente porque mínimos cuidados não são observados, como por exemplo, ocupar o trabalhador poucos minutos por dia para instruí-lo a respeito das normas de saúde e segurança.

(17) *Idem.* "O trabalho de crianças e adolescentes é problemático desde a primeira revolução industrial, sendo prejudicial ao desenvolvimento do ser humano, em todos os níveis. É preciso, então, fixar limite etário para o exercício do trabalho, além, é claro, de criar condições para que as famílias possam subsistir sem a participação ativa dos menores. O limite para o exercício do trabalho de crianças e adolescentes, no plano internacional, é fixado pela Convenção n. 138, da OIT em 15 anos, exceção feita as piores formas de trabalho infantil, quando se pretende pura e simplesmente sua eliminação para todas as crianças e adolescentes, sem idade mínima estabelecida (Convenção n. 182)".

(18) OLIVEIRA, Oris. *Trabalho e profissionalização de adolescente.* São Paulo: LTr, 2009. "Quanto à idade, deve-se observar que os documentos internacionais (Declarações de Direitos, "Cartas", Convenções da OIT) denominam "criança" (child, niño, enfant) a pessoa na faixa etária que vai de zero a dezoito anos. Assim, literalmente é infantil todo trabalho executado nesta faixa etária; todavia, importa observar que normas internacionais, tratando de trabalho, apresentam vários níveis de idade abaixo de dezoito anos. A Convenção da OIT n. 138 fixa várias "idades mínimas": a) básica para admissão ao emprego e ao trabalho (15 ou 14 anos); b) a superior (18 anos) para trabalhos que prejudiquem a saúde, a segurança e a moral, com possibilidade de a partir dos 16 anos se for proporcionada instrução ou formação adequada; c) inferior (13 ou 12 anos) para trabalhos leves (art. 7º)".

os serviços prestados por crianças e adolescentes nessas circunstâncias não podem nem devem prejudicar os estudos, nem tampouco podem ser nocivos, periculosos ou prejudiciais ao desenvolvimento físico e mental do menor, como também não podem atentar contra a sua honra, moral e dignidade.

A mesma Convenção da OIT recomenda que sejam também excluídos da caracterização de trabalho infantil os serviços prestados em propriedades familiares e de pequeno porte que produzam apenas para o consumo local e não empreguem com regularidade trabalho remunerado, desde que também as propriedades sejam de familiares das crianças e adolescentes e não prejudiquem o seu direito à educação.

Já com relação à atividade econômica, deve ser observado que as vedações ao trabalho infantil representam, em linhas gerais, todo e qualquer trabalho prestado fora das hipóteses legais, inclusive aqueles prestados de forma espontânea pela criança ou adolescente. Contudo, deve sempre ser lembrado que o trabalho infantil, como as demais formas de trabalho indecente, decorre dos modelos de dominação capitalistas que têm sua origem nas sociedades da Antiguidade que utilizavam o trabalho forçado e a escravização como forma de dominação(19), o que fez com que a OIT adotasse instrumentos legais de orientação e cooperação com os Estados-Membros voltados para o combate às formas de trabalho indecente, como é o caso do trabalho infantil.

A OIT, em sua Convenção n. 138, ao tratar do trabalho da criança e do adolescente como atividade econômica, enfoca que a vedação se refere àquelas atividades voltadas para o atendimento das necessidades mercadológicas, no caso atividades produtivas, independentemente da existência de pagamento ou não, pouco importando também o tempo de duração dessa atividade, muito embora a norma internacional em comento tenha excluído algumas atividades, por não considerá-las econômicas.

---

(19) WEBER, Max,1864-1920. Economia e sociedade: fundamentos da sociologia compreensiva. Tradução de Regis Barbosa e Karen Elsabe Barbosa; revisão técnica de Gabriel Cohn. Brasília: Editora Universidade de Brasília; São Paulo: Imprensa Oficial do Estado de São Paulo, 1999. 586 p. "[...] Por outro lado, evitava-se a burocratização formal do aparato de órgãos que teria sido tecnicamente necessários e fosse constituído como corporação. Nessa estrutura, as relações de mancomunação racionalmente modificadas não estão em nenhum sistema jurídico tão especificamente desenvolvidas quanto nos sistemas do Ocidente, desde a Idade Média. A sua ausência no direito romano — o direito mercantil helênico, por exemplo o de Rodes, do qual o direito mercantil internacional da Antiguidade adotou algumas instituições especiais, não está totalmente conhecido em seu desenvolvimento — tinha, emparte, suas razões de caráter técnico-jurídico na peculiaridade do direito civil nacional, sobre a qual ainda falaremos, porém não razões econômicas. O caráter relativamente dispensável daquela riqueza deformas vincula-se, com certeza, à natureza peculiar do capitalismo da Antiguidade. Este era, por um lado, capitalismo escravista e, por outro, capitalismo predominantemente político, arraigado ao Estado. O emprego de escravos como instrumentos de aquisição, com direitos ilimitados e responsabilidade limitada do amo em relação aos seus contratos e com tratamento limitado do peculiu mà maneira de um patrimônio global especial, possibilitava alcançar pelo menos uma parte dos efeitos, hoje conseguidos pelas diferentes formas deresponsabilidade limitada. Persiste, porém, o fato de que esta limitação, em conexão com a total exclusão de todos os princípios de mancomunação no direito de sociedade se com a admissão de direitos e deveres solidários somente sobre a base de acordos correais especiais, faz parte dos sintomas jurídicos da inexistência de empresas industriais capitalistas permanentes com necessidade constante de crédito — fenômeno específico da constituição econômica romana. Mas a significação do arraigamento substancialmente político do capitalismo da Antiguidade manifesta-se, sobretudo, no fato de que os institutos jurídicos que não existiam para as relações privadas já estavam reconhecidos, também pelo direito privado, no início da época imperial, para os arrendatários estatais (arrendatários de impostos, minas, salinas: sociivectigaliumpublicorum)".

Sendo assim, verifica-se a exclusão de atividades econômicas, como é o caso daquelas prestadas em escolas ou até mesmo em suas casas, por entenderem os membros da OIT que essas não são atividades, mas sim tarefas, pois as crianças e adolescentes podem ser incluídos no critério de definição da população economicamente ativa, embora este não seja um conceito ou noção jurídica, mas, acima de tudo, um critério estatístico.

Ainda sobre os critérios definidos pela OIT, é saudável enfocar que o trabalho infantil é proibido, em qualquer circunstância, se o trabalho for prestado em condições de periculosidade, insalubridade ou em condições que afronte a sua honra e dignidade, como é o caso de trabalhos urbanos em sinais de trânsito ou até mesmo em casas de prostituição ou em situação de exploração sexual.

O terceiro elemento caracterizador é a forma de prestação do trabalho por parte da criança ou do adolescente, situação em que exige a verificação se o trabalho é perigoso, insalubre, se coloca em risco a sua integridade física e mental ou se é afrontador de sua dignidade, e, nesses casos, pouco importa a atividade econômica exercida, mas a proteção integral do menor.

A atividade exercida por crianças e adolescentes nas condições acima especificadas constituem as piores formas de trabalho infantil, caracterizando uma agressão aos direitos fundamentais e humanos do indivíduo sujeito a esse tipo de atividade econômica, fato que retrata não apenas a prática de um ato ilegal, até porque na presente tese busca-se demonstrar que a erradicação do trabalho infantil, com a preservação dos direitos das crianças e adolescentes, não é apenas uma questão legal, mas acima de tudo uma questão social que precisa ser resolvida com urgência, sendo esta uma constatação do IPEC/OIT[20].

A Convenção n. 182 da OIT, em seu artigo 3º, elencou as seguintes situações como piores formas de trabalho infantil: 1) trabalho que por sua natureza ou condições afete a saúde, a segurança e a moralidade; 2) a utilização e recrutamento de crianças para atividades ilícitas, tais como produção e tráfico; 3) recrutamento para prostituição, produção de material pornográfico e atividades pornográficas; 4) escravidão ou práticas análogas à escravidão, venda de crianças, servidão por dívidas, condições de servos, trabalho forçado ou obrigatório, incluído para utilização em conflitos armados.

Essas são as piores formas de trabalho infantil compreendidas de forma geral pela OIT, como também por seus Estados-Partes, como é o caso da Argentina e do Brasil, pois cada uma das práticas pode ser caracterizada de maneira mais específica de modo que qualquer das formas específicas se enquadra dentro da forma geral definida pela OIT.

A OIT exige que cada um dos seus membros deva buscar a adoção de mecanismos voltados para identificar e divulgar de maneira explícita as situações de trabalho infantil

(20) OLIVEIRA, Oris de. *Trabalho e profissionalização de adolescente*. São Paulo: LTr, 2009. "A medida que as ações do IPEC (Internacional Programo Elimination child Labour) se desenvolveram, percebeu-se que o trabalho infantil em muitos países assume formas de alta agressividade. A Convenção n. 182 houve por bem qualificar tais formas como "piores". Este adjetivo comparativo se relaciona com "ruim", portanto, dele não se pode deduzir, mesmo gramaticalmente, que outras formas "comparadas e ruins" sejam boas ou aceitáveis."

em seus territórios e adotar políticas públicas efetiva e concretamente prioritárias voltadas para o combate, eliminação e erradicação do trabalho dessa prática reprovável.

1.3. Espécies de trabalho infantil mais comuns na Argentina e no Brasil

De maneira geral, Argentina e Brasil possuem muitos pontos em comum no que tange ao trabalho infantil, principalmente no tocante à origem desse tipo de trabalho. É claro que houve, durante o percurso histórico, elementos diferenciais, como é o caso da escravatura brasileira, em que os filhos dos escravos eram também escravos, mas de uma maneira geral, na atualidade, a origem do trabalho infantil é de natureza social, ou seja, fruto da exclusão social.

Entre as piores formas de trabalho infantil identificadas na Argentina e no Brasil podem ser citadas aquelas relacionadas ao trabalho doméstico, que pode ser dividido em quatro subtipos: a) para terceiros; b) servidão; c) doméstico e guarda; e d) no próprio lar.

Pode também ser incluída entre as piores formas a utilização de crianças e adolescentes em zonas rurais para trabalhar em colheitas e plantações, em sua grande maioria expostos ao sol, a agrotóxicos e defensivos agrícolas altamente nocivos à saúde. Há, ainda, os trabalhos prestados em zonas urbanas, como pedir esmolas pelas ruas e sinais e, muitas vezes, realizar pequenos trabalhos para fazer jus a uma pequena quantia.

Pode também ser incluída como piores formas de trabalho a utilização de crianças e adolescentes para a prostituição[21] e para produção de material pornográfico, além da utilização de crianças e adolescentes pelo tráfico de drogas e na prática de condutas tipificadas como crime, como qualquer das atividades exercidas pelo crime organizado.

Muito embora não se enquadre como piores formas de trabalho infantil, inclusive é visto pela sociedade de países como Argentina e Brasil como algo natural, a utilização de crianças e adolescentes em atividades artísticas, culturais, tais como jogos de futebol, peças teatrais, novelas, filmes e programas de televisão. Tudo isso caracteriza trabalho infantil, fato que exige do Estado, da sociedade e daqueles que promovem os eventos e atividades que adotem todas as cautelas para não causar danos a crianças e adolescentes que exerçam atividades artísticas, culturais e esportivas, fazendo privar esses indivíduos de todo e qualquer ato que possa comprometer o seus desenvolvimento natural como ser humano, devendo continuar a viver cada fase de sua infância e adolescência de maneira saudável.

---

(21) ORGANIZAÇÃO INTERNACIONAL DO TRABALHO. CONVENÇÃO NÚMERO 182 SOBRE AS PIORES FORMAS DE TRABALHO INFANTIL. "Artigo 7º: 1. Todo Membro deverá adotar todas as medidas necessárias para garantir a aplicação efetiva e o cumprimento dos dispositivos que colocam em vigor a presente Convenção, inclusive o estabelecimento e a aplicação de sanções penais ou outras sanções, conforme o caso. 2. todo Membro deverá adotar, levando em consideração a importância para a eliminação de trabalho infantil, medidas eficazes e em prazo determinado, com o fim de: a) impedir a ocupação de crianças nas piores formas de trabalho infantil; b) prestar a assistência direta necessária e adequada para retirar as crianças das piores formas de trabalho infantil e assegurar sua reabilitação e inserção social; c) assegurar o acesso ao ensino básico gratuito e, quando for possível e adequado, à formação profissional a todas as crianças que tenham sido retiradas das piores formas de trabalho infantil; d) identificar as crianças que estejam particularmente expostas a riscos e entrar em contato direto com elas; e, e) levar em consideração a situação particular das meninas. 3. Todo Membro deverá designar a autoridade competente encarregada da aplicação dos dispositivos que colocam em vigor a presente Convenção."

Entretanto, caso essas atividades não venham a causar danos físicos, psíquicos ou à integridade moral e preservem a dignidade da criança e do adolescente, e, claro, mantenham o direito à educação e a ser criança, é possível haver autorização emitida por autoridades competentes, conforme previsão nas normas infraconstitucionais da Argentina e do Brasil, corroborando com o entendimento da OIT manifestado em sua Convenção n. 138 e 182, bem como nas recomendações e relatórios sobre o trabalho infantil na Argentina e no Brasil.

Portanto, o conceito ou definição de trabalho infantil deve considerar todas as formas e características que assume de tal sorte que qualquer conceito ou definição parecerá incompleto ou superficial. Dessa forma, é preferível, no presente estudo, adotar o conceito de trabalho infantil definido pelo CONAETI/OIT, que, em linhas gerais, o define como:

> [...] toda atividade econômica ou estratégica de superveniência, remunerada ou não, realizada por crianças e adolescentes que não tem a idade mínima de admissão no emprego ou trabalho, ou que não tenha concluído a escolaridade obrigatória, ou que não completaram os dezoito anos de idade nos casos de trabalho perigoso.

Este conceito de trabalho infantil, de modo geral, abrange todas as formas e características abordadas e a serem abordadas no decorrer do trabalho, ressalvadas, é claro, as hipóteses excetuadas pela legislação interna da Argentina e do Brasil, como também no plano internacional, como as normas da OIT que retratam o entendimento geral do que é trabalho infantil e em que circunstâncias deve ser permitido.

Em resumo, apesar de existirem regras excepcionais, cabe, no caso do objeto de estudo, à Argentina e ao Brasil cumprirem as suas obrigações formais de combater e erradicar esta prática e, acima de tudo, fiscalizar o cumprimento de todos os requisitos necessários e constantes dos instrumentos de autorização do trabalho infantil para coibir excessos e descumprimentos do que foi estabelecido na lei autorizadora.

1.4. A declaração sociolaboral do MERCOSUL: conceito e significados (políticos, normativos)

O direito do trabalho constitui-se no complexo de regras, princípios e institutos jurídicos voltados para a regulação das relações de trabalho de natureza contratual individual, como também aquelas voltadas para a proteção dos interesses da coletividade de trabalhadores e das suas entidades representativas.

A Organização Internacional do Trabalho adotou em 18 de junho de 1998, em Genebra, a declaração sobre os princípios e direitos fundamentais no trabalho e seu seguimento. Esta Declaração representa a reafirmação de um conjunto de suas convenções voltadas para a proteção do trabalhador, na medida em que definem direitos fundamentais a serem observados pelos Estados-partes da OIT, como também pelos empregadores e por toda sociedade.

Dessa maneira, a OIT desejava oferecer uma resposta aos desafios gerados pela globalização econômica, objeto de vários debates dentro da Instituição, desde o início da década de noventa.

O mesmo caminho foi seguido pelos países integrantes do MERCOSUL ao adotarem, no mesmo ano, a sua Declaração Sociolaboral com base nos princípios e direitos definidos pela OIT, em alguns aspectos abrangendo até mais direitos e temas do que o documento da OIT, pois inseriu as regras de acompanhamento e seguimento, bem como a previsão para a existência do diálogo social como instrumento de coesão entre os interesses de trabalhadores, Estados, empregadores e sociedade.

A inclusão desses temas no documento sociolaboral do MERCOSUL mostra-se relevante, pois demonstra a preocupação dos chefes de Estado dos países que o compõem sobre o assunto. Além disso, apresenta um canal de atualização constante da interpretação do documento que leva em consideração os anseios e necessidades de cada um dos Estados, embora essa interpretação não possa ferir a rede de proteção mínima, mas, acima de tudo, busca o MERCOSUL desvencilhar o trabalho de elementos eminentemente econômicos, apesar de, em épocas de globalização, de crescimento econômico, de crises econômicas cíclicas, não ser uma tarefa fácil.

Mesmo que a globalização da economia seja um fator de crescimento econômico e sendo uma condição essencial para o progresso social, tudo confirma que não se trata de condição suficiente para assegurar o progresso apregoado pela globalização, pois o crescimento econômico deve ser acompanhado de um conjunto mínimo de regras de funcionamento social fundadas em valores comuns para que o cidadão possa sentir-se inserido em uma sociedade justa, pautada na igualdade de oportunidades, já que contribuiu para sua criação com a força do seu trabalho.

A Declaração da Organização Internacional do Trabalho visa à conciliação da preocupação de estimular todos os países na adoção de estratégias de desenvolvimento voltadas para o progresso econômico, mas respeitando a diversidade de situações, possibilidades e preferências de cada Estado. Esta é a mesma ideia a ser implementada pelo MERCOSUL com a sua Declaração(22).

---

(22) Considerando que os Estados Partes do MERCOSUL reconhecem, nos termos do Tratado de Assunção (1991), que a ampliação das atuais dimensões de seus mercados nacionais, por meio da integração, constitui condição fundamental para acelerar os processos de desenvolvimento econômico com justiça social;

Considerando que os Estados-Partes declaram, no mesmo Tratado, a disposição de promover a modernização de suas economias para ampliar a oferta de bens e serviços disponíveis e, em consequência, melhorar as condições de vida de seus habitantes;

Considerando que os Estados Partes, além de membros da Organização Internacional do Trabalho (OIT), ratificaram as principais convenções que garantem os direitos essenciais dos trabalhadores, e adotam em larga medida as recomendações orientadas para a promoção do emprego de qualidade, das condições saudáveis de trabalho, do diálogo social e do bem-estar dos trabalhadores;

Considerando, ademais, que os Estados Partes apoiaram a "Declaração da OIT relativa a princípios e direitos fundamentais no trabalho" (1998), que reafirma o compromisso dos Membros de respeitar, promover e colocar em prática os direitos e obrigações expressos nas convenções reconhecidas como fundamentais dentro e fora da Organização;

Considerando que os Estados Partes estão comprometidos com as declarações, pactos, protocolos e outros tratados que integram o patrimônio jurídico da Humanidade, entre os quais a Declaração Universal dos Direitos Humanos (1948), o Pacto Internacional dos Direitos Civis e Políticos (1966), o Pacto Internacional dos Direitos Econômicos, Sociais e Culturais (1966), a Declaração Americana de Direitos e Obrigações do Homem (1948), a Carta Interamericana de Garantias Sociais (1948), a Carta da Organização dos Estados Americanos — OEA (1948), a Convenção Americana de Direitos Humanos sobre Direitos Econômicos, Sociais e Culturais (1988);

Para a consecução de seu intento, a elaboração e a implementação da suscitada Declaração do MERCOSUL, os Países-Membros decidiram reafirmar um conjunto de direitos e princípios fundamentais a ser observados pelos membros do MERCOSUL como instrumento de reafirmação do cumprimento fora da OIT dos documentos internacionais voltados para a promoção e proteção dos valores sociais, principalmente em relação ao mercado de trabalho. É o caso dos princípios e direitos fundamentais do trabalhador definidos pela Declaração da Organização Internacional do Trabalho. São eles: a proibição do trabalho forçado e do trabalho infantil, a liberdade de associação e o direito de associação e negociação coletiva, a igualdade de remuneração por um trabalho de igual valor e a não discriminação no trabalho.

Os objetivos do documento do MERCOSUL, ao reafirmar os ideais expressos em documentos da OIT, enquadram-se perfeitamente na ideia de Brito Filho (2004, p. 103), enfocando que a expressão *direitos humanos fundamentais* "deve estar associada à igualdade entre os homens e à dignidade do ser humano, que são as bases daquele conjunto mínimo de direitos".

Verificando o pensamento de Brito Filho, percebemos que não bastam equilíbrio e preservação dos mínimos direitos que possam auferir ao ser humano esta condição sustentável, pois, no âmbito das relações laborais, é condição de sobrevivência do trabalhador, principalmente no atual momento histórico em que o neoliberalismo econômico torna o capital cada vez mais voraz em seus atentados contra o mercado de trabalho. A busca por uma eliminação efetiva do trabalho infantil é instrumento de resistência contra o intento do capital e meio de realização da justiça social prevista, por exemplo, na Constituição Brasileira, por meio da proteção da criança.

As ideias defendidas na presente tese, no tocante à essencialidade dos direitos fundamentais, também encontra fundamento na teoria de Alexy (2004, p. 37), ao enfocar que: "os direitos fundamentais, como mandatos de otimização, somente admitem

---

Considerando que diferentes fóruns internacionais, entre os quais a Cúpula de Copenhague (1995), têm enfatizado a necessidade de se instituir mecanismos de acompanhamento e avaliação dos componentes sociais da mundialização da economia, a fim de assegurar a harmonia entre progresso econômico e bem-estar social;

Considerando que a adesão dos Estados Partes aos princípios da democracia política e do Estado de Direito e do respeito irrestrito aos direitos civis e políticos da pessoa humana constitui base irrenunciável do projeto de integração;

Considerando que a integração envolve aspectos e efeitos sociais cujo reconhecimento implica a necessidade de prever, analisar e solucionar os diferentes problemas gerados, neste âmbito, por essa mesma integração;

Considerando que os Ministros do Trabalho do MERCOSUL têm manifestado, em suas reuniões, que a integração regional não pode confinar-se à esfera comercial e econômica, mas deve abranger a temática social, tanto no que diz respeito à adequação dos marcos regulatórios trabalhistas às novas realidades configuradas por essa mesma integração e pelo processo de globalização da economia, quanto ao reconhecimento de um patamar mínimo de direitos dos trabalhadores no âmbito do MERCOSUL, correspondente às convenções fundamentais da OIT;

Considerando a decisão dos Estados Partes de consubstanciar em um instrumento comum os progressos já alcançados na dimensão social do processo de integração e alicerçar os avanços futuros e constantes no campo social, sobretudo mediante a ratificação e cumprimento das principais convenções da OIT;

Adotam os seguintes princípios e direitos na área do trabalho, que passam a constituir a "declaração sociolaboral do MERCOSUL", sem prejuízo de outros que a prática nacional ou internacional dos Estados Partes tenha instaurado ou venha a instaurar.

aquelas soluções para as colisões que representem a máxima realização de todos os bens jurídicos fundamentais envolvidos."

Significa que se deve buscar uma solução para os problemas enfrentados no âmbito do trabalho e sua histórica luta diante do capital a fim de equilibrar a relação capital-trabalho, para um desenvolvimento que obtenha lucratividade e produtividade com respeito à igualdade de oportunidades aos trabalhadores e proteção à criança, assegurando o seu desenvolvimento.

Por fim, a Organização Internacional do Trabalho assume o compromisso de mobilizar os seus recursos na implementação e na adoção de políticas necessárias à efetividade das diretrizes definidas na Declaração — compromisso reafirmado pelos países que compõem o MERCOSUL, especialmente Argentina e Brasil, que assumiram, desde o início da formação do Mercado, uma posição de liderança para propor, encaminhar e implementar todas as questões relevantes de natureza econômica e, principalmente, social, necessárias ao sucesso do MERCOSUL(23).

O acesso a condições dignas de trabalho é uma preocupação da OIT, pois tenta inferir no mercado de trabalho normas que assegurem qualidade essencial à dignidade, à igualdade e ao pleno desenvolvimento da pessoa humana(24).

Com isso, visa a OIT a defesa do respeito aos direitos sociais, assegurando ao trabalhador condições dignas de trabalho, dotando-o também de acesso aos atributos básicos necessários à sua subsistência, visando o estabelecimento de um sistema ético de valores a uma sociedade bem integrada(25).

---

(23) CRUZ, Claudia Ferreira. *Os direitos fundamentais dos trabalhadores e a carta sociolaboral do MERCOSUL*. São Paulo: LTr, 2005. "A Argentina é o único país do MERCOSUL que tem previsão constitucional quanto ao tema. Os demais países possuem garantias constitucionais que versam desde a idade mínima permitida até a garantia de proibição de "trabalho noturno, perigoso ou insalubre a menores de 18 anos", como é o caso brasileiro. Os quatro países adotam, também, as principais Convenções da OIT, versando sobre o trabalho infantil e temas correlatos".

(24) LIVELLARA, Carlos Alberto. *Reflexiones sobre el trabajo infantil*. Buenos Aires: Thomson La Ley. 2007. "La realidad actual nos presenta dos facetas de un mismo problema social: A) Por un lado, es por todos conocido que la grave situación sócio-economica que vive nuestro país ha arrastrado a numerosas famílias a desarrollar estrategias de subsistência al margen de toda legislación laboral y en condiciones de absoluta precariedade, sin atender las condiciones mínimas de seguridade y salud. Esto, además de producir uma ganancia mínima, que no resuelve las necesidades básicas de esta franja poblacional y que se limita, en el mejor de los casos, a cubrir tan sólo necesidades mínimas e inmediatas de subsistência, obliga a la participación laboral de todo el grupo familiar incluyendo a los niños y adolescentes, siendo éstos los más prejudicados, ya que dejan de lado aspectos fundamentales como la salud, la educación y el desarrollo psicosocial. B) Pero también resulta innegable que el trabajo infantil constituye una amenaza para el desarrollo integral de los niños, obstaculizando su correcta inserción social (sistema educativo, tempo libre, contención familiar, etc.) impidiendo el normal desarrollo de su niñez y adolescencia. Esto conlleva una futura exclusión social y el riesgo de repetir la experiencia de vida en sus hijos. Esta situación se profundiza cuando el trabajo es realizado em situaciones de riesgo, como pueden ser la recolección y clasificación de basura en la via pública, la construcción o la venta callejera, entre otros.

(25) DELGADO, Mauricio Godinho. *Capitalismo, trabalho e emprego:* entre o paradigma da destruição e os caminhos de reconstrução. São Paulo: LTr, 2005. "[...] o trabalho, em especial o regulado (o emprego, em suma), por ser assecuratório de certo patamar de garantias ao ser humano, constitui-se no mais importante veículo de afirmação socioeconômica da grande maioria dos indivíduos componentes da sociedade capitalista, sendo, desse modo, um dos mais relevantes (senão o maior deles) instrumentos de afirmação da Democracia na vida social".

A Constituição Federal Brasileira de 1988, ao incluir no artigo primeiro os valores sociais do trabalho como fundamento do Estado brasileiro, autoriza o Brasil a assegurar aos trabalhadores os direitos fundamentais estabelecidos na Declaração da Organização Internacional do Trabalho.

Contudo, o Brasil vem desrespeitando os princípios definidos pela OIT, de modo que o presente estudo visa apresentar as razões que o levam a não assegurar aos trabalhadores os direitos fundamentais sociais, mediante a existência do trabalho infantil. Nesse sentido, pretende-se fazer um estudo sobre a interpretação constitucional evolutiva amparada na alteração do texto constitucional, na compreensão dos seus significados e na progressiva concretização de seus princípios e garantias.

Além de descumprir as normas emanadas da OIT, o Brasil tem descumprido os compromissos firmados na Declaração Sociolaboral do MERCOSUL, nos mesmos moldes que o Estado argentino. Para comprovar esta afirmação durante o desenvolvimento da presente tese são feitas análises dos dispositivos constitucionais e infraconstitucionais brasileiros sobre o trabalho de crianças e adolescentes.

Será feita, também, uma análise das normas constantes na Constituição Argentina e nas legislações disciplinadoras das relações do trabalho no citado Estado, com o objetivo de verificar o cumprimento do ponto de vista normativo do princípio pela Declaração Sociolaboral do MERCOSUL da eliminação do trabalho infantil.

Por conseguinte, ao aplicar normas constitucionais aos casos concretos examinados, devem ser propostas soluções que estejam em consonância com as linhas mestras reconhecidas nos direitos humanos internacionais e nas Constituições dos dois países, de forma a dar materialidade às garantias às quais, no caso do Brasil, o constituinte de 1988 se propôs a perseguir, isto é, os valores de uma sociedade fraterna, pluralista, de redução das desigualdades sociais e regionais e de garantia dos direitos sociais como direitos e garantias fundamentais, além dos ideais de integração econômica e social.

Este estudo propõe-se, nesse cenário que envolve diversos setores, jurídico, econômico, social e, principalmente político, a comentar e detalhar alguns mecanismos previstos na doutrina e na jurisprudência que intentam, de forma progressiva, reconhecer e efetivar esses direitos, para que todos tenham acesso a um posto de trabalho decente(26).

Para a consecução desses objetivos é necessário analisarmos detidamente a eliminação do trabalho infantil por meio do estudo dos documentos sobre a matéria elaborados pela Organização Internacional do Trabalho, que nortearam a elaboração da Declaração Sociolaboral do MERCOSUL, assim como os dispositivos da Constituição Federal Brasileira de 1988, que visam proteger a criança e o adolescente da exploração de sua força de trabalho de forma injustificada e ilegal, privando-lhe da educação e da infância.

(26) BELTRAN, Ari Possidônio. *Direito do trabalho e direitos fundamentais*. São Paulo: LTr, 2002. "[...] o trabalho decente estaria caracterizado, numa primeira formulação, pelos seguintes elementos: a) trabalho produtivo; b) com proteção dos direitos; c) com salários adequados; d) com proteção social; e, por fim, e) o tripartismo e o diálogo social como quinto caráter essencial".

Nesse intento, é imprescindível a participação de todos os envolvidos no processo: trabalhadores, empregadores, Estado, organizações representativas, bem como de toda a sociedade.

Já no campo das ciências, é necessário o implemento de esforços de todas e de seus ramos, principalmente as ciências sociais, pois somente a norma e o Direito mostram-se insuficientes para uma mudança efetiva desse quadro[(27)].

Para tanto, esta sugestão é essencial, pois a Constituição brasileira é pródiga em princípios e garantias fundamentais abertas que, na prática jurídica diária, não têm a efetividade desejada, em decorrência do apego exagerado dos operadores do direito às regras.

Sob o mesmo aspecto, as políticas públicas estatais têm se mostrado insuficientes e ineficientes no combate ao trabalho infantil.

Dessarte, para uma melhor compreensão e efetividade do direito fundamental em estudo, é necessário analisar todos os aspectos que envolvem a questão do trabalho infantil, pois a ausência de aplicabilidade desse princípio acarreta danos pessoais ao indivíduo, além de inibir o exercício de sua futura cidadania.

Constata-se, também, que a justiça social em relação aos trabalhadores somente é possível mediante a ampla aplicação dos princípios e direitos fundamentais insculpidos na Declaração de 1998 da Organização Internacional do Trabalho e na Declaração Sociolaboral do MERCOSUL, principalmente por meio de uma política efetiva que objetive eliminar qualquer forma de trabalho infantil.

Nesse sentido, toda e qualquer política pública social deve buscar cumprir os princípios e regras definidos na Declaração Sociolaboral do MERCOSUL, em especial a erradicação do trabalho infantil.

Consta da Declaração Sociolaboral que os Estados-partes devem cumprir as suas normas internas no tocante à busca pela erradicação do trabalho infantil, tendo cada Estado a responsabilidade pela proteção aos trabalhos que sejam desempenhados por menores, observada a idade mínima definida pelas Convenções da OIT e nas normas internas de cada país[(28)].

---

(27) JUCÁ, Francisco Pedro. Os direitos individuais fundamentais do trabalhador. *In: A transição do direito do trabalho no Brasil.* São Paulo: LTr, 1999. "[...] entende-se que formulação do fenômeno global do Direito, atua sem exclusivamente todo um conjunto complexo de fatores, dos quais vem a ser o produto final, e em assim sendo, a existência e ação de um, não exclui a de outro, antes complementam-se em interação necessária."

(28) CRUZ, Claudia Ferreira. *Os direitos fundamentais dos trabalhadores e a carta sociolaboral do MERCOSUL.* São Paulo: LTr, 2005. "A Declaração do Mercosul, entretanto, nesse item, foi mais restritiva que as Convenções da OIT, inserindo várias limitações e proibições ao trabalho infantil e de menores. Nela não foi determinada uma idade mínima para admissão, mas, sim, a observância do estabelecido nas legislações nacionais dos Estados-Parte, ressaltando que essa idade não pode ser inferior àquela em que cessa a escolaridade obrigatória. A Declaração afirma, ainda, que os Estados-Parte comprometem-se a adotar políticas e ações que conduzam à abolição do trabalho infantil e à elevação progressiva da idade mínima para o ingresso no mercado de trabalho, além de adotar outras medidas necessárias que possibilitem o pleno desenvolvimento físico, intelectual, profissional e moral do menor. A jornada de trabalho dos menores seguirá o contido nas legislações nacionais, proibindo, também, a realização de horas extraordinárias e trabalho noturno, ressaltando-se, ainda, que no Instrumento

Esse fato demonstra que a Declaração Sociolaboral do MERCOSUL, do ponto de vista normativo, possui caráter programático, no sentido de estabelecer regras para o futuro, sem contudo vincular ou obrigar diretamente os Estados-Partes no cumprimento dos princípios e regras nela estabelecidos, pois define de maneira direta que os Estados-Partes têm a obrigação ou dever de fazer cumprir as disposições de suas regras internas.

Esse comando retrata o caráter relativo e meramente político do documento, que, muito embora seja importante, observa-se que se o documento tinha a intenção de dispor que os Estados têm o dever de cumprir suas normas internas sobre os direitos laborais, de seguridade e sociais de modo geral, seria desnecessária, pois esta obrigatoriedade já está disposta nas Constituições dos países que compõem o MERCOSUL, inclusive, devido ao fato de os mesmos serem signatários dos documentos da OIT que versam sobre os mesmos temas.

Nesse sentido, verifica-se que o Instrumento Sociolaboral do MERCOSUL é apenas uma reafirmação daquilo que dispuseram a OIT e os próprios Estados-Partes em suas normativas internacionais e normas internas, respectivamente, embora, o documento em comento, tenha trazido relevante contribuição para o debate e os estudos das grandes questões sociolaborais enfrentadas pelos países latino-americanos, inclusive Bolívia e Venezuela, que originariamente não participavam do bloco, e ingressaram, efetivamente, na última década(29).

Sob o aspecto político, apesar de não ser apenas retórica dos chefes de Estado, representa um documento político, em que houve a assunção de compromissos políticos, mas no que tange ao cumprimento ficou a cargo de cada Estado do MERCOSUL, não havendo qualquer elemento formal que os obrigue a cumprir as regras definidas no Instrumento Sociolaboral, além de não definir de forma clara quais as penalidades que sofreriam se descumprissem os termos da Declaração, principalmente pela decisão do SGT-10 de evitar que as controvérsias laboralistas existentes no MERCOSUL tivessem reprimendas de ordem econômica, evitando, assim, as cláusulas sociais.

Para compensar essa falta de instrumento vinculativo, o documento do MERCOSUL trouxe uma importante contribuição para as relações entre capitalistas, trabalhadores, Estado e sociedade, que é a previsão de que esses agentes existentes no Bloco mantenham o diálogo social constante, devendo este diálogo acontecer, guardar e observar as questões

Sociolaboral do Mercosul não existe nenhuma exceção para o exercício do trabalho noturno dos menores de idade. Uma outra proteção ao trabalho do menor refere-se à proibição do trabalho do menor refere-se à proibição do trabalho dos jovens em ambientes insalubres, perigosos ou imorais, que possam afetar o pleno desenvolvimento de suas faculdades físicas e morais, além da proibição do trabalho, nesse tipo de ambiente, aos menores de 18 anos."

(29) CRUZ, Cláudia Ferreira. *Os direitos fundamentais dos trabalhadores e a carta sociolaboral do MERCOSUL*. São Paulo: LTr, 2005. "A Declaração assegura que toda "pessoa tem direito ao trabalho livre e a exercer qualquer ofício ou profissão, de acordo com as disposições nacionais vigentes". O Mercosul, por meio de seu Instrumento Sociolaboral, reafirmou sua precaução quanto ao tema, quando determinou que os Estados-Parte comprometam-se a eliminar toda forma de trabalho ou serviço exigido a um indivíduo sob a ameaça de uma punição qualquer e, para o qual, dito indivíduo não se ofereça voluntariamente. Ademais, comprometem-se a adotar medidas para garantir a abolição de toda utilização de mão de obra que propicie, autorize ou tolere o trabalho forçado ou obrigatório.

nos planos nacionais e regionais, na busca da construção de um conjunto de ideias e regras que protejam o mercado de trabalho e o trabalhador, obtendo, dessa forma, os meios necessários ao desenvolvimento econômico, com melhores condições de trabalho, de vida e dignidade ao trabalhador(30).

Outra questão importante que deve ser observada no que tange à Declaração Sociolaboral do MERCOSUL é a necessidade de realização pelos Estados-partes de inspeções e fiscalizações para identificar práticas de trabalho infantil visando cumprir e fazer cumprir as normas relativas à proteção do trabalho e do trabalhador, preservando, acima de tudo, o seu direito à saúde, dignidade e educação(31).

Portanto, a Declaração Sociolaboral do MERCOSUL representa, tanto do ponto de vista normativo quanto político, um conjunto de intenções eleitas pelos chefes de Estado para ser observadas no futuro, no sentido de demonstrar a intenção dos países do bloco de observar e efetivar uma rede de proteção mínima para o trabalhador, representados pelos princípios e direitos constantes da Declaração, o que termina por demonstrar de forma clara que a natureza do documento é programática, mas não vinculativa, pois toda e qualquer decisão adotada pelo bloco deverá observar se o Estado-Parte violador respeitou ou não a sua norma interna sobre o trabalho infantil.

(30) CRUZ, Claudia Ferreira. *Os direitos fundamentais dos trabalhadores e a carta sociolaboral do MERCOSUL*. São Paulo: LTr, 2005. "Este foi um posicionamento em direção a estimular a negociação entre os agentes sociais e ampliar a possibilidade de flexibilização no âmbito do Mercosul. Os Estados-Parte comprometem-se a estimular o diálogo social nos âmbitos nacional e regional, criando mecanismos de consultas permanentes entre representantes dos governos, dos empregados e dos trabalhadores, e por meio de uma concordância de ideias, a garantir condições favoráveis ao crescimento econômico sustentável e com justiça social da região e a melhoria das condições de vida de seus povos".

(31) MABE, Rafael Lirman. Los responsables de la problemática del trabajo infantil en la Argentina y sus consecuencias. *In: Revista de Derecho Laboral y Seguridade Social*. Abeledo Perrot, Marzo, 2012, p. 394. "En el art. 18, Declaración Sociolaboral del Mercosur, se trata el tema de la inspeción del trabajo, establecendo que todo trabajador tiene derecho a una protección adecuada en lo que se refiere a las condiciones y al ambiente de trabajo, y que los Estados parte se comprometen a instituir y a mantener servicios de inspeción del trabajo, con el cometido de controlar en todo su territorio el cumplimiento de las disposiciones normativas que se refieren a la protección de los trabajadores y a las condiciones de seguridade y salud en el trabajo."

Capítulo 2 — Normas de Proteção da Criança e do Adolescente no Mercado de Trabalho: OIT, Argentina, Brasil e MERCOSUL

A criação da Organização Internacional do Trabalho foi motivada pela necessidade de proteção do trabalho e, sobretudo, do trabalhador em face da intensificação dos processos de exploração da força de trabalho pelos detentores dos meios de produção, que mais tarde transformou-se em processos de concentração do capital por grupos econômicos, o que tornou constante a exploração do trabalhador, não sendo esta uma novidade, pois, historicamente, o homem sempre foi explorado pelo próprio homem, tudo relacionado ao patrimônio que um possuía e o outro não.

Outro motivo importante para a criação da OIT foi a necessidade de se estabelecer uma rede mínima de proteção para o trabalho e para o trabalhador. Essa rede é especificada através de princípios e direitos fundamentais expressados em convenções, recomendações e declarações, além, é claro, dos termos de compromisso firmados pelos membros da OIT de forma tripartite, no tocante às declarações e demais documentos oriundos da Organização, principalmente aqueles compromissos firmados pelos Estados-Membro quando de sua adesão ao texto da Constituição da OIT, seu documento fundamental.

Nesse aspecto, os direitos e princípios fundamentais têm ganhado destaque nas últimas décadas, principalmente após a especificação por parte da OIT de um conjunto de princípios e direitos fundamentais que seriam defendidos pela Organização a partir do ano de 1998, mediante uma declaração elaborada durante a reunião da OIT daquele mesmo ano.

2.1. Os princípios e direitos fundamentais do trabalhador definidos pela OIT

O trabalho e o trabalhador, ao longo do tempo, têm sido objeto de várias investidas do capital e de seus detentores, em especial após a Revolução Industrial, que trouxe benefícios para o mercado e os Estados, mas para os trabalhadores e o trabalho(32) trouxe dificuldades motivadas pela busca do aumento da produtividade, da lucratividade pela redução dos custos, muitas vezes em prejuízo não apenas dos salários, mas da qualidade do trabalho. Além disso, há exploração da mão de obra de crianças e adolescentes, derruindo o primado do trabalho mediante práticas cada vez mais agressivas que

(32) DOWER, Nelson Godoy Bassil. *Instituições de direito público e privado*. São Paulo: Saraiva, 2005. "O trabalho é o ponto de toque entre a natureza e o capital. A participação do ser humano, com sua energia física e mental, faz surgir a produção de bens para satisfazer às suas próprias necessidades. Todo trabalho pressupõe uma fonte de energia visando a um resultado. A pessoa humana é a fonte mais nobre de energia e não há trabalho que não seja, ao mesmo tempo, físico e mental. O homem, por intermédio do trabalho humano e pela utilização do capital, modifica a natureza, obtendo os bens econômicos de que necessita".

terminam por obrigar os trabalhadores a prestar o seu serviço em condições indecentes, além de fazer uso de trabalho infantil, o que além de ser ilícito é imoral.

Nesse sentido, a OIT tem buscado desenvolver teorias, estudos, estratégias e projetos para ajudar os seus associados a identificar e enfrentar as práticas que sejam lesivas ao trabalho e ao trabalhador, como o trabalho prestado em condições degradantes, indecentes e imorais, mediante o estabelecimento de princípios e direitos que constituem uma rede de proteção mínima do primado do trabalho e das condições em que é prestado.

As ações da OIT são elaboradas e desenvolvidas mediante convenções, relatórios e, acima de tudo, por meio da Declaração de Princípios e Direitos Fundamentais[33] que estabelecem regras gerais e metas a serem adotadas e atingidas pelos Estados-Membro.

Entre os importantes documentos elaborados pela OIT para o desenvolvimento e proteção do trabalho encontra-se a Declaração de 1998[34], que representou e representa um marco na defesa do mercado laboral e dos trabalhadores, pois elenca um conjunto de direitos e princípios a que seus Estados-Membros estão vinculados desde o termo de adesão à Organização e que devem ser observados pelos mesmos, na medida em que possuem a natureza propositiva, significando que as políticas públicas adotadas por esses Estados devem contemplar o estabelecido pela OIT, de forma tripartite, embora não possua a citada Organização o poder de obrigar os Estados-Membros a cumpri-los.

Os direitos e princípios contidos no documento descrito no parágrafo anterior buscam de forma direta a eficácia horizontal dos direitos humanos que seriam aplicados tanto em relações trabalhistas públicas quanto privadas. Entretanto, essa aplicação encontra dificuldades de efetivação e de concretização por depender da capacidade do Estado-membro de equalização e harmonização dos interesses econômicos, políticos e sociais que cada Estado precisa atender de forma compatibilizada internamente para dar eficácia aos princípios e direitos elencados nos documentos emanados da OIT e de outros organismos internacionais.

Para o cumprimento desses objetivos, alguns passos têm que ser dados. O primeiro passo é a adoção como norma interna; o segundo, a inclusão de forma sistematizada nas

---

(33) ROMITA, Arion Sayão. *Direitos fundamentais nas relações do trabalho.* São Paulo: LTr, 2012. "Não há direitos absolutos. A doutrina universal admite, de modo pacífico, o caráter relativo, ou não absoluto, dos direitos fundamentais, de sorte que se admite estejam eles sujeitos a limites em seu exercício. Os direitos só existem no marco de uma sociedade determinada, no seio da qual os seus integrantes são titulares desses direitos. Desta forma, nenhum deles pode valer-se de modo ilimitado sem invadir a esfera de liberdade dos outros indivíduos, ou entrar em rota de colisão com certos valores fundamentais da coletividade. [...] Serão examinados a seguir alguns direitos que, sob certos aspectos, poderiam ser considerados absolutos, não sujeitos a limites de qualquer espécie. [...] Proibição de trabalhos forçados. Também aqui não há que se falar em direito fundamental, porém em manifestação livre à liberdade física e à liberdade de trabalho".

(34) CECATO, Maria Áurea Baroni. A relativa relevância da Declaração de 1998 da OIT para a definição dos direitos humanos do trabalhador. *In: Prima Facie*, João Pessoa, 2006, ano 5, n. 8. "Não se pode subestimar a relevância da inclusão, na Declaração de 1998, dos quatro temas apontados. Ela marca a eleição universal de um padrão para a definição dos direitos humanos do trabalhador. Entretanto, esse padrão deve ser entendido como efetivamente mínimo. As oito Convenções preveem direitos inderrogáveis e devem ser aplicadas independentemente da ratificação pelos Estados, mas não são suficientes para garantir trabalho decente. Todos os direitos aí contidos foram arduamente conquistados no percurso histórico".

políticas públicas governamentais; o terceiro é o estabelecimento de metas; o quarto, a fiscalização da execução das políticas públicas e do cumprimento das metas; o quinto e último passo é a elaboração de relatórios sobre o objeto fiscalizado e dos resultados alcançados, além da possibilidade de punição, civil, administrativa e penal dos desvios de conduta que porventura venham a ocorrer pelos agentes executores.

Nesse aspecto, a OIT cumpriu o seu papel ao definir as regras que buscam o estabelecimento de princípios, pois estes definem de forma mais geral o que deve ser feito por cada Estado no âmbito interno. Essas regras principiológicas buscam dotar, sob o aspecto legal, de equilíbrio entre as partes envolvidas na relação capital *versus* trabalho para encontrar um enquadramento jurídico que possa ser aplicado às relações laborativas públicas ou privadas, mas sem, contudo, deixar de cumprir as regras que constitucionalmente foram definidas no plano interno, fruto de conquistas sociais e dos caminhos que a população de cada Estado decidiu seguir. Esta é a razão para a recomendação da OIT no sentido de que os Estados-Membros façam as inserções e harmonizações das suas normas nas normas internas de cada Estado, como fez a Constituição da República de Portugal, estabelecendo em seu artigo 18.1 que "os preceitos constitucionais respeitantes aos direitos, liberdades e garantias são diretamente aplicáveis e vinculam as entidades públicas e privadas".

Portanto, há, no caso da constituição portuguesa, a definição e inserção de dispositivo geral que abrange todo o conteúdo dos documentos básicos da OIT, autorizando que tenham aplicação imediata a qualquer das relações trabalhistas, sejam elas públicas ou privadas, independentemente da ordem de direito fundamental, mas que tenham relação com a dignidade humana(35) e com a busca do bem-estar do trabalhador e da proteção do mercado laboral.

A Constituição da OIT contempla ideia no mesmo sentido ao atribuir aos Estados-Membros a obrigação de honrar o conteúdo estabelecido na Constituição da Organização e ao definir o compromisso formal, a partir da adesão, de adotar todas as providências para inserir no plano interno os documentos emanados das OIT, bem como, efetivamente e de forma concreta, dar seguimento aos referidos documentos(36).

Deve-se analisar, ainda, que a OIT em sua carta constitucional define um conjunto de regras disciplinadoras das obrigações impostas aos Estados-Membros, no sentido de seguir os documentos emanados das conferências e conselhos do Organismo Internacional, estabelecendo inclusive prazos para que os Estados adotem providências para o seguimento dos documentos por ela emanados, definindo ainda que a adesão aos compromissos está diretamente ligada ao ingresso na Organização.

Nessa perspectiva, a intensificação do processo de globalização econômica trouxe importantes mudanças para os diversos setores da sociedade, impondo ao Estado a

(35) BRAGE CAMAZANO, Joaquín. *Los límites a los derechos fundamentales*. Madri: Dykinson, 2004. p. 40-63. "Direito à dignidade humana como direito fundamental não sujeito a limites. Não cabe falar em 'direito' à dignidade. A dignidade não é um direito, mas um valor, fonte e fundamento dos direitos fundamentais".

(36) Disponível em: <http://www.oit.org.br/sites/default/files/topic/decent_work/doc/constituicao_oit_538.pdf>.

necessidade de adaptação às novas circunstâncias e modos de tratamento dos processos de estandardização de procedimentos e de regras. As mudanças ocorrem em especial na seara econômica quando, a partir da década de 90, os Estados passaram a adotar uma política pública econômica embasada em padrões mundiais, que tem como elementos básicos o equilíbrio fiscal, a economia de mercado, o aumento da produtividade, a redução de custos e a utilização da mão de obra mecanizada e tecnológica. Esses elementos são utilizados e buscados de forma universal, principalmente em relação aos procedimentos, tendo a busca da produtividade como fator preponderante, além da prevalência dos valores econômicos em detrimento do ser humano, circunstância que fez a OIT realizar conferências, seminários e estudos com o objetivo maior de buscar uma proteção, efetivação e concretização dos direitos humanos, por entender os seus membros que somente dessa maneira poderia o trabalho e o trabalhador estar protegidos no mercado econômico.

Para consecução desse objetivo a OIT passou a adotar processos e procedimentos vinculativos de seus membros através da busca pelo fortalecimento e modernização de sua base legal ou normativa.

O ápice dessas medidas adotadas pela OIT ocorreu no ano de 1994, quando o Diretor-Geral da Organização anunciou através de relatórios uma proposta de valores e elencou mudanças necessárias para a proteção dos direitos humanos e fundamentais, em especial aqueles voltados para assegurar ao trabalho e ao trabalhador condições adequadas e dignas em que o homem esteja no centro das relações jurídico-econômicas, onde o capital não seja instrumento de opressão e exploração desumana do trabalhador, sendo este visto como um elo importante do processo.

Para facilitar o alcance desses valores protetivos do trabalho o Diretor-Geral da OIT, com o apoio da Organização Mundial do Comércio, lançaram a ideia de introduzir cláusulas sociais como forma de busca pela uniformização da legislação dos Estados-Membros(37). Essas normas internacionais sociais têm a função de prever sanções para aplicação aos Estados-Membro das Organizações que não cumpram ou garantam os direitos mínimos definidos pela e OIT de maneira internacional, ficando esta com a incumbência de fiscalizar e controlar o cumprimento das normas e princípios contidos nas cláusulas sociais, que versariam necessariamente sobre uma rede de proteção mínima para o trabalho e para o trabalhador, numa clara tentativa de proteger o mercado laboral, estabelecendo também os procedimentos básicos para um correto tratamento do trabalho e do trabalhador.

Dando continuidade a esse intento, foi estabelecido um rol de convenções tidas como fundamentais e que deveriam ser ratificadas pelos Estados-Membros para que esse

---

(37) BALESTRA, Ricardo R. *Manual de derecho internacional privado.* Buenos Aires: Abeledo-Perrot, 1993."En lo que hace a la materia de forma o procedimiento, como asimismo a aquéllas reservadas a las subdivisiones políticas dentro de un mismo Estado, pucdi; haber también concurrencia de competencias legislativas y jurisdiccionales. Es el caso de los países como el nuestro que según la Constitución Nacional tiene uniformada su legislación de fondo (en los códigos civil, comercial, penal, y de minería, legislación del trabajo y seguridad social) pero que ha dejado en las puvincias o sus muniripios la facultad de reglar todas las matérias no delegadas a la Nación o Gobierno Federal".

objetivo fosse mais bem dimensionado e tivesse um controle e fiscalização mais acurados. Foram elencadas sete convenções que serviriam para cumprir o objetivo traçado. Essas convenções, tidas como essenciais para a correta e eficaz proteção do trabalhador e do mercado de trabalho, foram as seguintes: Convenção n. 138, que envolve a questão da idade mínima para o trabalho; n. 111, que versa sobre a discriminação em matéria de emprego e ocupação; n. 100, que estabelece diretrizes e normas para a igualdade salarial; n. 105, que trata da abolição ao trabalho escravo; n. 29, sobre a condenação ao trabalho escravo; n. 98, que versa sobre a proteção contra as práticas antissindicais e a negociação coletiva; e a n. 87, que define as condições para a proteção a liberdade sindical e ao direito de sindicalização.

Nesse rol de convenções é visível que não se constem qualquer referência às importantes convenções que tratam de matérias como o trabalho infantil, que posteriormente foram incorporadas, mas deveriam ter sido inseridas desde o primeiro momento, devido a traduzirem direitos fundamentais de proteção do mercado laboral e da dignidade da pessoa humana, em especial a convenção n. 182, que trata do estabelecimento de normas de proteção ao trabalho da criança e do adolescente, trabalho infantil de modo geral, bem como os documentos que tratam do trabalho decente[38].

A alusão ao trabalho infantil como componente desse conjunto de convenções fundamentais de forma direta, somente veio a ocorrer em 1996, quando a OMC, durante uma conferência ministerial, aprovou o conjunto de medidas e ideias propostas pela OIT no sentido de firmar compromisso para que os seus membros cumpram as normas fundamentais do trabalho, reconhecendo de maneira formal e expressa a competência da OIT para estabelecer regras e garantir a sua efetivação e aplicação pelos Estados-Membros das duas organizações.

É bem verdade que essas regras não podem ser impostas de maneira absoluta aos Estados, pois estes precisam harmonizar as regras estabelecidas no plano internacional com as normas e interesses internos, não sendo uma tarefa fácil, pois, internamente, cada Estado possui interesses sociais, políticos, sociológicos, culturais e, acima de tudo, econômicos a serem conciliados.

Ainda sobre a questão em análise é importante destacar que a OIT não possui competência apenas para matérias previdenciárias, mas, sobretudo, possui a incumbência de fomentar a plenitude do emprego, além da busca pela melhoria na qualidade de vida do trabalhador, mediante a proteção do mercado de trabalho, através da elaboração de propostas de melhoria da formação profissional, visando o cumprimento do direito fundamental de igualdade na busca incessante do bem-estar para todos.

Nessa perspectiva, a OIT, durante a Conferência realizada em julho de 1999, aprovou a Convenção n. 182, que trata da regulação das piores formas de trabalho

(38) BELTRAN, Ari Possidonio. *Direito do trabalho e direitos fundamentais.* São Paulo: LTr, 2002. "O trabalho decente estaria caracterizado, numa primeira formulação, pelos seguintes elementos: a) trabalho produtivo; b) com proteção dos direitos; c) com salários adequados; d) com proteção social; e, por fim, e) o tripartismo e o diálogo social como quinto caráter essencial".

infantil e, por versar de maneira específica sobre direitos relacionados à dignidade humana, foi incluída entre as convenções que contemplam direitos fundamentais. Foi naquele momento preenchida a lacuna identificada anteriormente devido à falta de norma protetiva da criança e do adolescente de modo específico, quando instituiu o rol de convenções que comporiam o quadro de documentos e normas estabelecedoras de direitos fundamentais e que comporiam as cláusulas sociais.

A Convenção n. 182 entrou em vigor no Brasil apenas no ano 2000, demonstrando que o Estado brasileiro, possui uma tramitação legislativa deficitária, e que a proteção da criança e do adolescente no mercado laboral não esteve e nem está entre as prioridades, exceto em relação às propagandas institucionais.

Muito embora a elaboração, aprovação e vigência da Convenção n. 182 tenha sido um ganho significativo, a OIT já vinha em anos anteriores buscando introduzir em seus documentos a necessária proteção ao trabalho infantil como forma de degradação da criança e do adolescente, intentando evitar a privação do direito à educação e, acima de tudo, do direito de ser criança.

Entre os documentos em que constam direitos e princípios de proteção ao trabalho infantil encontra-se a Declaração de Princípios e Direitos Fundamentais do Trabalho e seu seguimento, elaborada em 1998 durante a 86ª Conferência Internacional do Trabalho, que elencou seguintes princípios e direitos fundamentais: a eliminação da discriminação em matéria de emprego e de ocupação; a liberdade de associação e a liberdade sindical e o direito à negociação coletiva, além da eliminação de toda forma de trabalho infantil, sendo este último um dos objetos de estudo do presente trabalho acadêmico.

Portanto, a partir de 1998, a OIT elaborou mais um documento voltado para a especificação de direitos fundamentais do trabalho, bem como um conjunto de princípios que devem ser seguidos por todos os seus membros, entre eles a necessidade de erradicação do trabalho infantil.

Sobre essa questão é importante ressaltar que o MERCOSUL, através da Declaração Sociolaboral do MERCOSUL também elenca um conjunto de princípios e regras que devem nortear as legislações internas dos Estados-Partes, verificando-se que este documento segue as mesmas diretrizes definidas pela OIT, inclusive no tocante ao trabalho infantil.

Entretanto, como será demonstrado nos próximos capítulos, as Declarações representam muito mais um documento político, de natureza relativa, justamente por não possuir o condão de vincular os Estados-Membros ao cumprimento, efetivação e concretização dos princípios e direitos nela estabelecidos, uma vez que o compromisso definido pela OIT com a Declaração de 1998 é o de acompanhar o seguimento dos documentos pelos Estados-Membros através de relatórios periódicos, além de definir políticas de cooperação para o seguimento pelos referidos Estados[39].

---

(39) ORGANIZAÇÃO INTERNACIONAL DO TRABALHO. *Combate ao trabalho escravo:* um manual para empregadores e empresas. Brasília: OIT, 2011. [...] "O ponto de referência para a OIT em relação à RSC é a Declaração Tripartite

Contudo, sobre os princípios estabelecidos na Declaração em comento é importante frisar que os mesmos não são passíveis de revisão enquanto a OIT existir, já que contemplam princípios que compõem o patrimônio da humanidade, merecendo, dessa forma, uma análise mais detida do conteúdo da Declaração de 1998 da OIT, o que será feito adiante. O documento passou a representar de forma mais clara e objetiva a rede de proteção mínima do trabalho e do trabalhador definido pela OIT por resumir de forma precisa todos os direitos e princípios contemplados nas convenções que foram elencadas no rol de normas de direitos fundamentais e servem de parâmetro para definição de direitos que devem ser garantidos aos trabalhadores no mundo pós-moderno. É atribuição da OIT e dos Estados-Membro assegurar o seguimento da Declaração de 1998 como forma de proteger o mercado laboral de práticas desprezíveis, disciplinando de forma leal a relação conflituosa e desigual entre capital e trabalho.

Essas providências são necessárias para que o trabalhador não seja prejudicado por práticas violadoras dos direitos fundamentais, e por que não dizer dos direitos humanos, dada a sua essencialidade para garantir ao homem trabalhador a valorização necessária à sua subsistência com dignidade.

2.1.1. O conteúdo da Declaração de 1998 da OIT sobre direitos fundamentais no trabalho e os princípios definidos pela Organização

A sociedade vem passando por muitas transformações ao longo dos tempos, sendo muitas dessas modificações decorrentes dos modos de produção, que, por sua vez, repercutem diretamente no mercado laboral, já que interfere decisivamente nas formas de organização do trabalho, exigindo atualização da mão de obra e a busca por melhores condições de trabalho, além de impor modificações às formas de contratação de pessoal e das condições em que o trabalho é prestado. Aliado a essa situação, o processo de globalização econômica e social tem intensificado o processo de derruição do primado do trabalho, devido, em parte, ao crescente intento de aumento da produtividade com redução de custos, o que muitas vezes expõe o trabalhador a situações degradantes e indignas, principalmente quando é utilizada a mão de obra escrava, indecente e, principalmente, o trabalho infantil, já que o custo dessa mão de obra é baixíssimo, em face das condições ilegais e indignas em que é prestado.

Foi justamente na contramão desse intento, sem buscar impedir o desenvolvimento econômico, mas como condição para se chegar a este, que a OIT, cumprindo o seu objetivo de criar mecanismos de cooperação com os Estados-Membros, elaborou a Declaração

---

de Princípios sobre as Empresas Multinacionais e a Política Social. A Declaração MNE é o único instrumento internacional voltado para as empresas que foi acordado por governos e organizações de empregadores e de trabalhadores. A Declaração da OIT sobre os Princípios e Direitos Fundamentais no Trabalho também é um instrumento promocional chave. Ele compromete os Estados Membros da OIT a respeitar e promover quatro princípios trabalhistas centrais, incluindo a eliminação do trabalho forçado, tenham ou não ratificado as Convenções relevantes. Os princípios e direitos identificados nesta Declaração também compreendem os princípios trabalhistas do UN Global Compact. Desde o lançamento do Compact, em 1999, a OIT vem colaborando ativamente com o Global Compact Office e com as agências das Nações Unidas que são membros da iniciativa.

sobre princípios e direitos fundamentais do trabalho e seu seguimento. O primeiro motivo foi para elencar quais seriam os direitos fundamentais que o trabalhador possuía e seriam observados por todos os agentes econômicos; segundo, para definir os princípios norteadores das normas trabalhistas que são e seriam adotadas internamente pelos Estados-Membros, além também de definir uma rede principiológica básica de disciplinamento do mercado laboral, pois assim estaria sendo protegido o trabalho. Entre as normas que necessariamente deveriam observar os princípios definidos pela OIT estão àquelas voltadas para a flexibilização das leis trabalhistas, mediante a definição da citada rede protetiva, contribuindo para o desenvolvimento do mercado de trabalho de maneira uniforme numa perfeita harmonia entre crescimento econômico e valores sociais do trabalho, além, é claro, do cumprimento dos princípios da ordem econômica para que se tenha o esperado e almejado desenvolvimento econômico.

2.1.2. A declaração de 1998 da OIT: princípios e direitos fundamentais do trabalho e seu seguimento

Este documento da OIT tem o intuito de reforçar e estabelecer um caminho mais eficaz para a atuação da Organização, desenvolvendo estudos, estratégias, projetos para estabelecer diretrizes, projetos de cooperação para, juntamente com o Estado-membro, passar a desenvolver políticas públicas consistentes de valorização do trabalho humano. Além disso, define caminhos para que os Estados-Membros possam alcançar o desenvolvimento econômico de forma consistente e segura, protegendo o trabalhador das investidas do capital e de seus concentradores. Essas políticas, elaboradas de forma tripartite e participativa, trariam o desenvolvimento do mercado laboral de forma qualitativa, quantitativa e igualitária, contribuindo para que o dinamismo da atividade econômica não coloque o trabalhador em condições indecentes, indignas.

A OIT, como responsável pela inclusão no Ordenamento Jurídico Internacional de normas de proteção do trabalho e do trabalhador[40], elabora normas que se revestem da forma de recomendação e de convenção. A primeira forma estabelece diretrizes para a elaboração de políticas legislativas a serem seguidas e observadas pelos Estados-Membros; já as convenções trazem em seus conteúdos obrigações legais para que os Estados as ratifiquem. Entretanto, as recomendações em sua maioria servem para explicar, ampliar ou complementar as regras estabelecidas nas convenções. Portanto, as convenções e recomendações constituem o Código Internacional do Trabalho (CIT).

A OIT, ao estabelecer o CIT, tem buscado abranger todas as questões trabalhistas e sociais que permeiam as relações trabalhistas. As normas da OIT têm como características principais a forma abstrata e a flexibilidade, justamente para buscar a sua adoção pelos Estados-Membros observando as diferentes condições, sociais, econômicas, políticas, jurídicas, filosóficas e ideológicas que cada Estado possui internamente, além

(40) Bajo la forma de convenios y recomendaciones, la OIT formula normas internacionales del trabajo, en las que se fijan condiciones mínimas en materia de derechos laborales fundamentales: libertad sindical, derecho de sindicación, derecho de negociación colectiva, abolición del trabajo forzoso, igualdad de oportunidades y de trato, etc. La erradicación del trabajo infantil es uno de los temas fundamentales para la OIT desde su creación.

das questões religiosas, que muito influenciam o comportamento social e político de alguns países.

Neste sentir, é importante enfocar que a OIT, embora tente, não possui mecanismos capazes de obrigar os Estados-Membro a cumprir as normas internacionais do trabalho por ela definidas, mesmo com o compromisso formal dos Estados de guardar a Constituição da OIT, tornando realidade as disposições inseridas em seu texto e as demais normas emanadas da Organização incluídas neste contexto a Declaração de 1998.

Nesse aspecto, a OIT busca por meio da publicização de relatórios forçar, de maneira indireta, o cumprimento de suas normas pelos Estados-Membros, ressaltando de maneira específica os atos contrários aos princípios e direitos do trabalhador que são violados pelos Estados diretamente ou por agentes econômicos públicos e privados a eles vinculados, numa tentativa de fazer com que a própria sociedade deixe de consumir produtos e serviços oriundos de países que utilizam trabalho infantil e que desrespeitam a rede de proteção mínima do trabalhador, tarefa que tem se tornado cada vez mais difícil, devido as estratégias de atuação de grandes conglomerados econômicos, por meio de empresas supranacionais dificultando assim a identificação da origem do capital investido, ou ainda quem é o verdadeiro titular do capital, além da origem do produto ou serviço.

Os relatórios elaborados e divulgados pela OIT tentam apresentar aos investidores informações sobre quais países desrespeitam as normas trabalhistas ou não valorizam o trabalho humano e sobre as empresas que possuem preocupação com a função social.

Sendo assim, verifica-se a necessidade de identificação de um ponto de congruência entre os princípios definidos pela OIT na Declaração de 1998 para que princípios e direitos tornem-se efetivos, mediante aplicação via políticas governamentais, e também sejam concretizados, produzindo ganhos reais de qualidade de vida para o trabalhador. Entretanto, essa convergência somente será possível com a participação da sociedade, que deverá necessariamente exercer o seu papel de colaboradora das políticas públicas, fiscalizando, exercendo o controle social e, acima de tudo, deixando de adquirir produtos e serviços oriundos de empresas e ou pessoas que utilizem o trabalho infantil.

A afirmação acima é possível de ser feita, pois, desde o ano de 2001, a OIT divulga relatórios globais de seguimento da Declaração de 1998 e, já naquele ano, constatou-se que os princípios e direitos fundamentais do trabalho não vinham sendo cumpridos por países latino-americanos, como é o caso do Brasil e da Argentina, em especial em relação ao trabalho infantil, uma das grandes preocupações da OIT, na atualidade.

Com a Declaração de 1998 a OIT visou valorizar o trabalho diante do dinamismo decorrente do sistema econômico que busca de forma incessante o aumento do lucro e da produtividade, muitas vezes em prejuízo da qualidade do emprego e das condições de vida do trabalhador e de seus familiares. É necessário resolver essa questão em países como Argentina e Brasil, é urgente a adoção de forma absoluta dos princípios definidos pela OIT e corroborados pela cúpula do MERCOSUL, através da Declaração Sociolaboral.

Para uma compreensão mais profunda do conteúdo da Declaração de 1998 da OIT é prudente analisar cada um dos princípios e direitos nela inseridos.

2.1.2.1. Eliminação de todas as formas de discriminação em matéria de emprego e ocupação

A Declaração de 1998, ao inserir o princípio de não discriminação em matéria de emprego e ocupação, nada mais faz do que reafirmar o inteiro teor da Convenção n. 111, que, em linhas gerais e de maneira muito objetiva, define que toda e qualquer forma de discriminação, exclusão, preferência em admissões, demissões ou até mesmo seleções de trabalhadores não pode ser fundada em critérios de raça, cor, sexo, religião, opinião política ou filosófica, condição econômica ou posição social, além de ascendência nacional ou origem social que tenha como intuito eliminar, retirar a igualdade de oportunidades, de participação e de tratamento profissional do ser humano, no caso específico o trabalhador, negando o seu direito de adquirir ou até mesmo de manter-se empregado devido à criação de desigualdades entre as pessoas.

Nesse aspecto, é importante frisar que a OIT não busca de forma alguma eliminar a possibilidade de discriminação positiva, aquela em que trabalhadores excluídos (portadores de necessidades especiais), são selecionados observando-se a sua condição e concorrendo em igualdade de condições com pessoas que possuem as mesmas necessidades de tratamentos diferenciados ou adaptados.

Prega ainda a OIT que a discriminação pode ser identificada sob diversas vertentes, sendo consideradas quanto à forma de discriminação, quanto ao motivo e quanto aos efeitos produzidos pelas práticas discriminatórias. No presente estudo não vamos analisar cada uma dessas formas por não ser diretamente objeto de estudo, pois, em resumo, na opinião dos que representam a OIT, bem como da doutrina que trata da matéria, constitui-se em pratica que diminui, denigre, destrói a dignidade e a honra do trabalhador, sendo um instrumento de redução da sua condição humana.

Para erradicar esta prática é necessário que todas as partes envolvidas no processo de melhoria do mercado laboral — Estado, empresários, trabalhadores, organizações representativas e sociedade — participem do debate enfrentem as divergências concretizando o direito fundamental em estudo, definido pela OIT e reafirmado no âmbito do MERCOSUL pela Declaração Sociolaboral, para assegurar a erradicação de toda e qualquer prática discriminatória negativa no âmbito do trabalho.

2.1.2.2. Liberdade sindical e negociação coletiva reconhecidas de forma efetiva e concreta

As dificuldades de implementação das mudanças no meio social são motivadas, muitas vezes, pelas diferenças econômicas, sociais, religiosas, culturais, políticas e filosóficas. Desses fatores, é visível na atualidade que o poder econômico tem influenciado as decisões tomadas pelos Estados e pela sociedade. Em relação às entidades representativas de trabalhadores essa realidade não é muito diferente, principalmente devido à acentuada interferência do processo de globalização que provoca mudanças na forma de atuação e de convivência social, onde muitas vezes as entidades, o Estado, e a própria sociedade não estão preparadas para enfrentar essa realidade, principalmente em países onde o nível de desenvolvimento econômico é muito baixo, como é o caso do Brasil e da Argentina. Tudo isso é fruto, em parte, de uma má distribuição de renda, dos altos índices de desemprego, da desqualificação da mão de obra, da baixa qualidade da educação, da ausência de atuação estatal em muitas áreas e regiões geralmente mais pobres.

Todos esses fatores reduzem o acesso dos trabalhadores ao trabalho, e principalmente ao trabalho em condições dignas e decentes, gerando uma gama de mão de obra desqualificada e passível de uma superexploração por parte de detentores do capital que utilizam dessa condição para escravizar e utilizar mão de obra infantil.

Outro fator que merece destaque, no tocante à escravização, discriminação e utilização de mão de obra infantil, é a desigualdade social, que também fragiliza as famílias onde estão inseridas as crianças e adolescentes que passam a ter a obrigação de trabalhar para contribuir com a subsistência do núcleo familiar e até de serem mantenedores desse núcleo.

É nesse cenário que os sindicatos precisam intensificar sua atuação para buscar a proteção não apenas do trabalhador, mas, sobretudo, pelo trabalho como instrumento livre, digno e decente de afirmação social, fiscalizando, contribuindo, para que sejam cumpridos os princípios e direitos definidos pela OIT para que o trabalho seja prestado em condições de igualdade e dignidade humana.

O exercício desse papel pelos sindicatos constitui-se no único instrumento de defesa dos trabalhadores para erradicar à prática nefasta do trabalho infantil. Nesse aspecto, as entidades sindicais devem buscar atuar de forma global, verificando os caminhos que foram adotados em outros países, regiões, bem como os problemas existentes nesses Estados para que possam definir estratégias ousadas de atuação sistematizada para coibir os abusos cometidos por empresários, e até pessoas naturais, de utilizar mão de obra infantil para reduzir os custos com pessoal.

A atuação sindical para representação de classes é uma das preocupações da OIT, que observa na livre atuação das entidades um caminho para negociação coletiva livre e justa, tutela da rede de proteção mínima representada pelo conjunto de princípios e direitos definida pela OIT em sua Declaração de 1998, contemplando todo o conjunto de Convenções voltadas para a proteção do trabalho e do trabalhador.

A OIT busca a união de empregadores e empregados em entidades representativas autônomas e livres. O elemento central para essa união é pela necessidade de adotar ações comuns com o intuito de proteger e racionalizar os interesses no mercado laboral para a promoção do bem comum, gerando mais oportunidades de trabalho. Busca, também, fortalecer as entidades e estender a negociação coletiva como instrumento de equalização de interesses, preservando os valores sociais do trabalho, primando para que as os sindicatos possam cumprir o seu papel de proteger os trabalhadores e o mercado laboral sem ficarem reféns das empresas e dos empresários, evitando, assim, que o sindicato adote posturas pelegas e contribua para a derruição do primado do trabalho.

A liberdade sindical[41] é, sem sombra de dúvidas, o caminho para que a negociação coletiva se realize de forma a conciliar o aumento dos lucros e da produtividade pretendidas pelos detentores do capital e os valores sociais do trabalho. É imprescindível a participação das entidades sindicais, formadas e dirigidas por pessoas comprometidas com a valorização do trabalho humano, que representem trabalhadores e empregadores, embora países como o Brasil tenham adotado o princípio da unicidade sindical como regra, contrariando o teor da Convenção n. 87 da OIT que prega a pluralidade sindical. Dessa forma, o Estado brasileiro, objetivamente, não segue a Declaração da OIT, apesar de não ser empecilho à atuação das entidades sindicais, que devem ter o seu trabalho fiscalizado principalmente pelos filiados – esta, sem dúvida, é a principal condição para que tenhamos sindicatos livres e que realmente representem os interesses de seus associados.

2.1.2.3. Eliminação do trabalho forçado ou obrigatório

A Declaração de 1998 da OIT estabeleceu também como princípio e direito fundamental do trabalhador a necessidade de exclusão no mercado de trabalho de toda e qualquer forma de trabalho obrigatório ou forçado numa clara definição de que os seres humanos não podem ser impelidos a trabalhar sem que queira, pois a decisão de exercer uma atividade laboral passa necessariamente pelo consentimento do trabalhador. A força de trabalho não pode ser prestada mediante coação, punição, obrigatoriedade ou condições indecentes de trabalho, além de outras práticas imorais de prestação de serviço, como aquelas realizadas em condições penosas, insalubres, periculosas sem que o trabalhador receba os adicionais referentes a cada uma das exposições. Também é proibido o empregador ser mantenedor dos alimentos necessários à subsistência do trabalhador, isto é, remunerando-o totalmente com mantimentos, muitas vezes de péssima qualidade, o que caracteriza o trabalho forçado[42] e obrigatório, já que o trabalhador fica vinculado ao empregador enquanto não saldar as suas contas para com ele.

---

(41) MANSUETI, Hugo Roberto. *Direito sindical no MERCOSUL*. São Paulo: LTr, 2004: Na Argentina, "em matéria de liberdade sindical, o art. 14 bis da Constituição reconhece aos trabalhadores o direito à organização sindical livre e democrática, reconhecida pela simples inscrição em registro especial". De acordo com o mesmo artigo, "os representantes sindicais gozarão das garantias necessárias para o cumprimento de sua gestão sindical e as relacionadas com a estabilidade no emprego". A Argentina ratificou as Convenções ns. 87, sobre liberdade sindical e negociação coletiva; 144, sobre consultas tripartites para promover a aplicação das normas internacionais de trabalho; e a 151, sobre a proteção do direito de sindicalização e procedimentos para determinar as condições de emprego na administração pública.

(42) ORGANIZAÇÃO INTERNACIONAL DO TRABALHO. *Combate ao trabalho escravo:* um manual para empregadores e empresas. Brasília: OIT, 2011 "[...] O trabalho forçado está se tornando um risco significativo para empregadores, não somente para pequenas empresas à margem da economia formal em países em desenvolvimento, mas também para companhias multinacionais com complexas cadeias de fornecedores e operações terceirizadas. A OIT estima que 80% de todo abuso de trabalho forçado ocorra na iniciativa privada. Apesar de grande parte dele estar na economia informal, várias grandes companhias recentemente tiveram que enfrentar alegações de trabalhos forçados. Ainda que muitas companhias individuais agora contem com dispositivos contra o trabalho forçado em seus códigos de conduta e um número cada vez maior de empresas de auditoria ofereça serviços sobre o assunto, é possível haver intensos debates sobre o que de fato é o trabalho forçado. Ele pode assumir formas sutis e pode ser difícil compreendê-lo e detectá-lo sem orientações claras baseadas nos conteúdos das Convenções da OIT sobre o trabalho forçado e nas deliberações de seus órgãos supervisores".

Para contribuir com o seguimento da Declaração de 1998 a OIT tem desenvolvido estudos e projetos que identificam essas práticas e apresentam propostas de erradicação mediante os relatórios intitulados "Não ao trabalho forçado", onde é constatado que essas práticas ferem a dignidade humana na medida em que o trabalho é prestado em condições degradantes.

Para coibir essa prática é necessário que estejam presentes a atuação da comunidade internacional, a vontade política e a integração dos diversos atores sociais e estatais envolvidos no processo, como organizações não governamentais e governamentais, bem como a participação efetiva da sociedade civil organizada para que ocorra o combate ao controle abusivo de um ser humano por outro ser humano, sendo esta a condição para que se chegue ao trabalho decente(43).

Nesse sentir, a Declaração de 1998 da OIT representa um instrumento de promoção dos princípios e direitos básicos a ser observados no mercado laboral, constituindo-se em uma oportunidade que possuem os Estados para aderir à rede de proteção mínima do trabalho e do trabalhador, mediante a efetivação e concretização deste importante princípio protetivo do trabalhador e do mercado laboral. Isso favorece, inclusive, a concorrência leal, pois evita que empresários, pessoas naturais, capitalistas oportunistas façam uso desse tipo de trabalho para reduzir custos e praticar no mercado econômico preços mais baixos em cristalino prejuízo daqueles capitalistas que produzem a partir da valorização do trabalho humano.

A liderança desse processo de eliminação de todas as formas de trabalho obrigatório ou forçado é papel a OIT, juntamente com os Estados-Membros, como é o caso da Argentina e do Brasil. Devem, através de políticas públicas, conscientizarem os trabalhadores e a sociedade de que não é mais possível permitir a prática de trabalho nessas condições.

2.1.2.4. A efetiva abolição do trabalho infantil

O trabalho da criança e do adolescente representa uma das principais preocupações da comunidade internacional encabeçada pela OIT e seus Estados-Membros que vêm realizando há algumas décadas peças publicitárias e relatórios, além dos documentos

(43) ORGANIZAÇÃO INTERNACIONAL DO TRABALHO. *Combate ao trabalho escravo:* um manual para empregadores e empresas. Brasília: OIT, 2011. "A questão do trabalho forçado está sujeita a instrumentos internacionais amplamente ratificados e, na iniciativa privada, muitos códigos, acordos e iniciativas fazem referência à proibição do trabalho forçado. A eliminação de todas as formas de trabalho forçado ou compulsório é um dos princípios fundamentais estabelecidos na Declaração da OIT sobre os Princípios e Direitos Fundamentais no Trabalho, de 1998. Apesar de a questão do trabalho forçado ser abordada em muitos instrumentos internacionais, o entendimento dela é limitado; às vezes, ela é até mesmo ignorada. Para a comunidade empresarial, o trabalho forçado pode não ter sido prioridade no passado, mas hoje há um interesse crescente em evitar o risco de ser associado a ele, especialmente através de atividades ao longo da cadeia de fornecimento. Atualmente, os crescentes processos de globalização abriram as economias, gerando cadeias de fornecimento cada vez maiores. De um lado, as empresas fortaleceram e aprofundaram sua gestão da cadeia de fornecimento. De outro, o público em geral está mais consciente da evolução internacional e está se tornando consciente das situações de trabalho forçado através das atividades de organizações não-governamentais, grupos lobistas, a mídia e outros, onde as situações de trabalho forçado ganharam maior atenção por meio de alguns exemplos amplamente divulgados."

normativos da Organização, alertando para a necessidade de promoção de políticas públicas voltadas para erradicar o trabalho infantil e não meras campanhas publicitárias que nem sempre conseguem atingir o seu público alvo, muito embora sejam importantes(44).

(44) ORGANIZAÇÃO INTERNACIONAL DO TRABALHO. *Dia Mundial Contra o Trabalho Infantil 2011:* Cuidado! Crianças em Trabalhos Perigosos. Fim ao Trabalho Infantil: GENEBRA (Notícias da OIT) - O mais recente Relatório Global da OIT sobre trabalho infantil estima que 115 milhões de crianças estão envolvidas em trabalhos perigosos. Este trabalho, por sua natureza ou circunstância em que é executado, pode prejudicar a saúde, a segurança e a moral da criança. Crianças trabalhando em diferentes setores e ocupações podem ser expostas a riscos e o problema é global, afetando países industrializados e em desenvolvimento. O trabalho infantil perigoso está entre as piores formas de trabalho infantil, que a comunidade internacional definiu como prioridade para a eliminação até 2016. A necessidade de ações urgentes para alcançar esse objetivo foi tema da Conferência Global sobre Trabalho Infantil de 2010 que adotou o Mapa da Rota para a eliminação das piores formas de trabalho infantil e endossou o Plano de Ação Global da OIT. Em 2011, o Dia Mundial Contra o Trabalho Infantil dará destaque ao trabalho infantil perigoso, chamando atenção para a urgência de ações para solucionar o problema. Nesse dia Mundial nós conclamamos todos para: • Uma nova urgência na identificação e eliminação do trabalho infantil perigoso, como um importante meio para se alcançar o objetivo de eliminar as piores formas de trabalho infantil, • Reconhecer que o trabalho perigoso é parte de um problema maior, que demanda esforços de escala global, nacional e local para a eliminação do trabalho infantil através da educação, proteção social e estratégias que promovam o trabalho decente e produtivo para jovens e adultos. • Fortalecer ações tripartites no tema do trabalho infantil perigoso tendo como base os padrões internacionais e a experiência de organizações de empregadores e trabalhadores na área de saúde e segurança. Que tipo de trabalho e quais os impactos nas crianças? Algumas indústrias ou tipos de trabalho podem compreender riscos específicos, mas qualquer tipo de trabalho infantil pode ser ou se tornar perigoso, dependendo das condições em que é exercido. Quanto mais perigosa a atividade, mais extremas são suas consequências. A recomendação n. 190 da OIT dá orientações sobre alguns dos fatos que devem ser considerados para determinar uma atividade perigosa. Elas incluem: • Trabalho que exponha a criança ao abuso físico, psicológico ou sexual; • Trabalho subterrâneo, subaquático, em alturas ou em espaços confinados; • Trabalho com máquinas perigosas, equipamentos e ferramentas ou que envolvam o manuseio ou transporte de muito peso; • Trabalho em ambiente insalubre que pode, por exemplo, expor crianças a substâncias perigosas, agentes ou processos, ou níveis de temperaturas, de ruídos ou vibrações que possam ser danosos à saúde; • Trabalhar em situações particularmente difíceis como longas jornadas ou durante o período noturno ou trabalhar em confinamento ou nas dependências do empregador. Baseado nesses fatores, o impacto do trabalho de crianças pode variar de um agravo relativamente pequeno, a um dano permanente ou até a morte. Além do mais, alguns dos problemas psicológicos ou físicos que resultam do trabalho não são óbvios ou não surgem por muitos anos, como nos caos de intoxicação por metais pesados ou dificuldades de desenvolvimento social ou intelectual. Como o trabalho infantil perigoso é definido? Os principais parâmetros internacionais sobre trabalho infantil são a Convenção da OIT n. 138, sobre a idade mínima para admissão ao emprego ou ao trabalho e a Convenção n. 182 da OIT sobre a proibição das piores formas de trabalho infantil e suas respectivas Recomendações n. 146 e n. 190. Essas importantes normas internacionais determinam que as formas perigosas de trabalho infantil devem ser definidas por cada país. As normas internacionais determinam que cada Estado-membro identifique e elimine o trabalho infantil perigoso. É estipulado que fica a cargo das autoridades competentes, em consulta com organizações de empregadores e trabalhadores, determinar quais as atividades perigosas para o contexto nacional. Muitos países já estabeleceram listas de trabalho infantil perigoso. Um dos objetivos do Dia Mundial é assegurar que todos os países adotem normas para uma base sólida de ação. Como enfrentar o problema da melhor maneira? A experiência da OIT é que a combinação de diversos tipos de ação é a forma mais efetiva, como por exemplo: • Melhoria da qualidade de informação sobre crianças e acidentes ocupacionais e doenças, incluindo a análise de sexo e idade das crianças envolvidas; • Informação, tanto de adultos quanto de crianças sobre o conhecimento dos riscos; • Desenvolvimento de políticas e atualização legal para a proteção das crianças; • Promoção efetiva de ações de observância legal pela integração de ações de inspeção do trabalho em coordenação com outros atores; e • Trabalhar com representantes de organizações de trabalhadores e empregadores para assegurar que o trabalho seja seguro para todos. Os governos têm a responsabilidade de assegurar que crianças abaixo da idade mínima estejam inseridas na educação e que os adolescentes em idade legal para trabalhar possam fazê-lo em condições seguras. Aumentando os esforços para integração de políticas Trabalho infantil perigoso não pode ser resolvido isoladamente. É parte de um problema global do trabalho infantil, que é estreitamente ligado à pobreza e condições de trabalho. Para tanto, medidas para enfrentar a questão também são ligadas a respostas políticas

É bem verdade que em todas as fases da história humana sempre houve a exploração do trabalho infantil. O marco inicial mais claro para a busca pela eliminação dessa prática foi a Revolução Industrial e, desde então, grande parte dos países onde estão essas crianças e adolescentes não se têm mostrado capazes de erradicar tal prática — em especial os países latino-americanos e africanos, justamente por não possuírem uma adequada proteção social que lhes dê acesso à educação qualitativa e adequada, a serviços públicos de saúde e direitos fundamentais. Os núcleos familiares são desestruturados devido, em parte, à condição indigna em que os genitores se encontram, pois também vivem em situação de penúria e na maioria das vezes em completo estado de abandono.

Porém, este não é o único fator, pois nos países periféricos, do ponto de vista social, o trabalho é visto como uma condição de afirmação social, logo os indivíduos são estimulados desde cedo a exercer um labor, abdicando do direito de ser criança, privando crianças e jovens da possibilidade de progresso e de prosperidade, o que representa um ato ilegal e, acima de tudo, imoral, demonstrando desde logo a completa

---

mais amplas. Educação é a primeira prioridade: 69 milhões de crianças com idade para educação primária, das quais mais da metade são meninas e 71 milhões de crianças abaixo da idade de educação secundária não estão matriculadas em escolas. Muitas outras que estão matriculadas não frequentam a escola regularmente, muitas vezes por causa dos custos com a educação. A garantia de acesso à educação básica gratuita, compulsória e de qualidade para todas as crianças até a idade mínima para o trabalho é uma estratégia chave para o enfrentamento de todas as formas de trabalho infantil. Oportunidades de treinamento vocacional e outras medidas para assistir àqueles que têm idade mínima para trabalhar, oferecendo acesso ao trabalho decente e produtivo também são importantes. Estratégias de proteção social podem apoiar famílias pobres e assegurar que a assistência seja provida quando as famílias enfrentam crises econômicas, como o desemprego, ou outros fatores resultantes da perda de renda familiar. Uma base de proteção social que assegure acesso a serviços básicos como educação e saúde pode ser um elemento para os esforços de erradicação da pobreza. Estratégias de emprego que assegurem que pais e adolescentes com idade mínima para trabalho tenham a possibilidade de trabalho decente é um fator chave para eliminar o trabalho infantil. Programas de treinamento para o mercado de trabalho podem ajudar adolescentes trabalhadores em situação de trabalhos perigosos a melhorar suas situações de trabalho ou assisti-los para que ocupem trabalhos decentes. Avanços também são necessários para a melhoria do sistema nacional de segurança e saúde ocupacional e serviços de fiscalização, assegurando sua intervenção em atividades agrícolas e da economia informal, onde grande parte do trabalho infantil é encontrado. Ações tripartites para o enfrentamento do trabalho infantil perigoso Embora a responsabilidade primária para enfrentamento das piores formas de trabalho infantil seja dos governos, a questão do trabalho infantil perigoso é de responsabilidade de governos, empregadores e trabalhadores. Como mencionado acima, as normas da OIT estabelecem o envolvimento de empregadores e trabalhadores na determinação do que é considerado trabalho infantil perigoso. Os parceiros sociais também podem assistir o governo para garantir que os sistemas e programas nacionais de segurança e saúde ocupacional estejam alinhados com os padrões da OIT. É importante se apoiar na experiência do setor privado e organizações de trabalhadores para lidar com questões de segurança no ambiente de trabalho. O movimento mundial contra o trabalho infantil Organizações da sociedade civil têm um importante papel no mundo todo no movimento contra o trabalho infantil. Muitos adquiriram valiosas experiências na eliminação do trabalho infantil perigoso. Essa experiência pode ajudar a informar e guiar ações e esforços futuros. Junte-se a nós no dia 12 de junho de 2011! O Dia mundial Contra o Trabalho Infantil promove a sensibilização e ação para resolver este problema social. O apoio ao Dia Mundial tem crescido a cada ano. Em 2011 nós esperamos que o Dia Mundial seja amplamente apoiado por governos, organizações de empregadores e de trabalhadores, agências das Nações Unidas e todos aqueles preocupados com a prevenção e eliminação do trabalho infantil perigoso. • Nós esperamos que você e sua organização participem do Dia Mundial Contra o Trabalho Infantil de 2011. Junte-se a nós e una sua voz ao movimento mundial contra o trabalho infantil. 1 Outras formas de trabalho infantil especificadas pela lista das piores formas de trabalho infantil especificadas pelas normas da OIT são formas análogas da escravidão, exploração sexual e uso do trabalho de crianças em atividades ilícitas. Disponível em: <www.oit.org.br>. Publicado em: 3 jun. 2011. Acesso em: 20 jan. 2013.

omissão da sociedade e do Estado. Dessa forma, cria duas ilhas bem definidas: a primeira, dos abastados economicamente onde os filhos têm garantido o direito de ser criança e de receber uma educação qualitativa; e a outra dos filhos dos pobres, que não têm assegurado esses direitos, e quando têm acesso à escola pública, esta não possui a qualidade necessária a assegurar a isonomia entre os estudantes, pois a falta de estrutura, de capacitação dos profissionais que lidam com essas crianças e adolescentes, a falta de uma rede social básica de proteção de suas famílias termina por aprofundar mais ainda essa diferença.

Entretanto, na contramão do que foi afirmado acima, os Estados, como é o exemplo do Brasil, têm alardeado em publicidades que está havendo uma redução do número de analfabetos e um aumento do acesso à educação. Quando se busca, porém, uma análise mais profunda do que está sendo feito, observa-se que está havendo um "estelionato educacional", onde as salas de aula são lotadas de crianças que estão ali apenas para que seus pais não percam o direito de receber uma bolsa social, cujo valor é ínfimo, constatando-se, ainda, que as escolas não possuem estrutura para dar o acompanhamento necessário ao aprendizado dessas crianças e adolescentes, fazendo com que fique prejudicada a relação ensino-aprendizagem. De que adianta, então, dar acesso à escola, mas não estrutura para que os professores e demais sujeitos envolvidos no processo de aprendizagem possam exercer sua atividade de forma digna, dando também dignidade a essas crianças? Ainda, de que adianta uma sala de aula com 50 ou 60 crianças ou adolescentes se o professor não tem condições sequer de atender de forma individualizada os discentes? Certamente, não adianta nada, serve apenas para que os marqueteiros governamentais brinquem com os números em publicidades tecnologicamente avançadíssimas.

Essas questões determinam a falta de estímulo da criança e do adolescente em permanecer na escola. A maioria delas tem como destino o mercado de trabalho, a sua mão de obra explorada por pessoas inescrupulosas, com possibilidade de vir a causar dano à sua segurança, saúde, moral e, principalmente, à sua dignidade, constituindo-se em uma das piores formas de trabalho definidas pela Convenção n. 182 da OIT.

A prática do trabalho infantil fere, acima de tudo, as Convenções da OIT n. 182 e 190, que definem o direito da criança de ter oportunidade para o desenvolvimento físico, mental e moral de modo a que todo o seu potencial seja aproveitado e direcionado para atividades que cumpram esses direitos antes que possam ingressar no mercado laboral, sob pena de restar prejudicada a sua dignidade humana. O menor pode exercer atividades laborativas, mas na condição de aprendiz e em atividades estritamente relacionadas com as atividades educacionais de forma que a atividade de aprendiz sirva para potencializar as demais atividades definidas nas Convenções n. 180 e 190 da OIT, que são reafirmadas pela Declaração de 1998 da Organização protetiva do trabalho e do trabalhador.

Representa, portanto, a Declaração da OIT, uma reafirmação e a promoção dos direitos da criança e do adolescente definidos nas Convenções tratadas neste item, como também um instrumento de proteção mínima do trabalho e do trabalhador.

O princípio de eliminação do trabalho infantil possui de forma objetiva uma diretriz política para ser adotada pelos Estados-Membros da OIT. A Argentina e o Brasil têm no organismo internacional o grande propulsor de projetos de cooperação para a promoção do respeito à condição de criança e de adolescente como ser humano detentor de dignidade assegurada pelo Estado e pela sociedade, mediante a promoção de uma igualitária, isonômica e correta formação educacional e profissional. O Estado tem a obrigação de dotar a criança ou o jovem do direito de livremente escolher a profissão que deseja seguir, sendo este mais um direito inerente a sua condição humana.

Assim, observa-se que o trabalhador somente terá a sua valorização quando todos os direitos que compõem a rede de proteção básica definida pela OIT em sua Declaração de 1998 for plenamente observada no que tange à efetivação e concretização dos princípios e direitos nela definidos. O Brasil e a Argentina, como Estados que compõem uma proposta de mercado comum, devem empreender políticas públicas de cooperação para que um possa aprender com o outro, identificando erros, acertos e caminhos a ser seguidos para a concretização dos princípios definidos pela OIT em sua declaração e reafirmados no âmbito do MERCOSUL na Declaração Sociolaboral que tem entre os principais atores a Argentina e o Brasil.

Cumprir os princípios definidos pela OIT representa uma forma de assegurar formalmente e do ponto de vista legal o direito à proteção integral da criança e do adolescente no mercado laboral, preservando a sua dignidade, muito embora esses direitos somente serão concretizados mediante a fiscalização do cumprimento das normas de proteção do trabalhador, em especial crianças e adolescentes.

2.2. A adesão aos documentos da OIT de proteção da criança e do adolescente no mercado de trabalho pela Argentina e pelo Brasil

De maneira geral, é possível especificar que o Direito Internacional, para ter eficácia dentro do território nacional, precisa definir em que medida há, no plano interno, em especial sob o aspecto constitucional, a possibilidade de recepção dos princípios e direitos que foram estabelecidos no plano internacional(45).

Assim, as convenções e demais documentos da OIT para terem eficácia no plano interno precisam, no primeiro momento, de uma adesão pelo Estado-Membro que, de forma soberana, declara ter a intenção de cumprir o documento ou norma internacional e, posteriormente, de adotar os procedimentos legislativos internos para que a norma ou documento internacional seja observado — compreendendo, nos países democráticos, como é o caso do Brasil e da Argentina, a necessidade de aprovação por parte do Senado e da Câmara dos Deputados.

(45) ORGANIZAÇÃO INTERNACIONAL DO TRABALHO. CONVENÇÃO NÚMERO 182 SOBRE AS PIORES FORMAS DE TRABALHO INFANTIL. ARTIGO 6º – 1. Todo membro deverá elaborar e implementar programas de ação para eliminar, como medida prioritárias, as piores formas de trabalho infantil. 2. Esses programas de ação deverão ser elaborados e implementados em consulta com as instituições governamentais competentes e as organizações de empregadores e de Trabalhadores, levando em consideração as opiniões de outros grupos interessados, caso apropriado.

Esses procedimentos, em princípio, são de natureza meramente formais, pois o que torna efetiva uma norma internacional no plano interno é a sua aplicação por parte dos órgãos estatais responsáveis, em especial os do Judiciário, e, acima de tudo, sua concretização mediante a produção de efeitos.

Neste aspecto, o governo argentino tem, ao longo do tempo, apresentado resultados de efetivação das normas sociais de proteção ao ser humano melhores do que o Brasil. A principal causa é a cultura do povo, bem como da história recente que tinha baixo índice de desenvolvimento humano, qualidade de vida, baixíssimos indicadores de analfabetismo e de pessoas abaixo da linha de pobreza até o início da década de 1980.

Essa questão em relação à Argentina foi e é marcada pela busca do intitulado Estado de Direito Social, que tem seu elemento originário nos processos de transformação e derivações do Estado Liberal clássico, tendo como elemento marcante o empreendimento de buscas para as contradições sociais produzidas e identificadas pelo liberalismo. Esses fatos exigiram a incorporação pelo Estado não apenas de direitos civis e políticos, mas, em essencial, dos direitos sociais compreendidos como os direitos humanos ligados diretamente ao homem como elemento central, ou ainda como direitos fundamentais, incluídos os voltados para a proteção do trabalhador e do mercado de trabalho, justamente o que propõe a OIT em seus documentos.

Essas necessidades trouxeram mudanças nas relações entre o Estado e os indivíduos, na medida em que impôs modificações na forma de organização estatal, bem como em sua forma de atuação, tudo para que o Estado pudesse adequar e atender melhor as demandas impostas pela ordem social.

Sobre esta questão, o Direito Internacional apresenta-se como uma ferramenta de aproximação das legislações dos países, uma vez que propõe uma flexibilização dessas normas a partir da adoção de princípios básicos por todos para proteção do indivíduo e da preservação de sua dignidade humana.

Em relação à proteção da criança e do adolescente, estudos realizados pela Organização Internacional do Trabalho sobre a prevenção e erradicação do trabalho infantil nos países do MERCOSUL identificaram que a Argentina assumiu o compromisso de adequar suas normas internas aos conteúdos das Convenções n. 138 (idade mínima de admissão ao trabalho ou emprego, 1973), n. 182 (proibição das piores formas de trabalho infantil, 1999), além de ter assumido o compromisso formal de seguir as orientações constantes na Declaração de Princípios e Direitos Fundamentais no Trabalho da OIT e todo o conteúdo da convenção internacional sobre os direitos da criança elaborada e aprovada pela Organização das Nações Unidas.

É importante frisar que os países que compõem o MERCOSUL e o Chile, em julho de 2002, elaboraram e aprovaram uma agenda comum para o desenvolvimento de planos sub-regionais para a erradicação dessa prática nefasta que é o trabalho infantil.

Sob o aspecto geral e formal percebe-se de forma cristalina que a Argentina tem aderido aos documentos internacionais que expõem, disciplinam e definem estratégias de combate ao trabalho infantil — embora ainda seja necessário fazer uma análise mais detida sobre a questão, mediante o estudo dos documentos específicos que tratam da questão no plano interno desse importante país cuja essencialidade para o desenvolvimento do MERCOSUL, sob todos os aspectos (políticos, educacionais, sociais e laborais), não precisa ser enfocado.

2.2.1. A observância desses documentos pela Argentina

A humanidade encontra-se em um momento importante em sua história onde há a necessidade de as ciências buscarem a sinergia necessária à harmonização dos interesses econômicos e sociais, em especial aqueles apresentados pelas novas formas de emprego, de realização de atividades e de busca pelo aumento da produtividade.

Esse intento exige uma maior proteção do trabalhador e do mercado laboral, independente da condição em que é inserido no mercado laboral ou no sistema produtivo. A situação exige uma reanálise do que foi feito até o momento, bem como uma redefinição dos caminhos que serão adotados para a proteção daqueles que trabalham no processo produtivo, mediante a exigência de mão de obra cada vez mais qualificada, e a geração de uma massa de trabalhadores que fica a mercê do subemprego ou do emprego em condições indecentes e imorais. Esses fatores expõem muitas vezes filhos de trabalhadores que não conseguem o mínimo necessário à sua subsistência e terminam entregando suas crianças a pessoas que vão explorar o seu trabalho, ou até mesmo os seus corpos, em essência, a sua dignidade, quando na verdade deveriam estar nas mãos de educadores, obtendo informações e formação para tornarem-se, no tempo certo, profissionais mais completos e preparados pela o mercado laboral.

Esta é uma das nuances do princípio protetor do trabalhador nas relações laborais, justamente por ser um instrumento de definição da necessidade de melhores condições de trabalho, sendo aplicado para coibir ações maliciosas, ilícitas e imorais de capitalistas que exploram a mão de obra do trabalhador e, no caso em debate, da criança e do adolescente.

Segundo a OIT, em pesquisa publicada no ano de 2006, o trabalho infantil na Argentina atinge 6,5% das crianças e 21,1% dos adolescentes das regiões da Grande Buenos Aires, na província de Mendonça, e em duas sub-regiões integradas por três províncias do noroeste do país: Jujuy, Salta e Tucumán, além de duas províncias localizadas no nordeste do país, no caso Formosa e Chaco.

Esta pesquisa toma por base uma amostragem de aproximadamente 14 mil domicílios, representando uma população equivalente a 50% da população da Argentina.

Se os danos são assustadores, quando a análise é feita em relação ao sexo é importante frisar que a maior parte das crianças e de adolescentes que possuem atividades laborativas é do sexo masculino, muito embora exista uma grande parcela de meninas que trabalham em atividades domésticas.

Deve ser também ressaltado que a maior parte das crianças e adolescentes que exercem atividades laborativas ocorre na zona rural, pois no caso de adolescentes na zona rural cerca de 35,5% dos adolescentes exercem atividades laborativas.

Segundo os dados da OIT, na província de Mendoza existe uma maior proporção de crianças e de adolescentes exercendo uma atividade laborativa; nas demais regiões, identificou-se que as crianças e adolescentes, embora não sejam exploradas por atividades econômicas formais, têm atividades domésticas muito intensas, o que não deixa de ser um mecanismo de exploração do trabalho infantil.

Ainda segundo a OIT, a principal forma de trabalho infantil na Argentina é realizada por meio da ajuda aos pais ou outros familiares, embora exista um percentual de 30% de crianças e adolescentes que exerçam atividades econômicas por conta própria. Essas atividades são completamente desprovidas de qualquer proteção estatal, verificando-se que aproximadamente 18,6% dessas crianças e adolescentes chegam a laborar por 10 e até 36 horas semanais e 15% dos adolescentes chegam a trabalhar quase 36 horas semanais, o que caracteriza, para a OIT, uma jornada de trabalho normal.

Na zona rural, cerca de 10% dos meninos e 15% das meninas exercem atividades em horário noturno, o que para a OIT é terminantemente proibido, caracterizando trabalho indecente. Já nas áreas urbanas, a OIT identificou que aproximadamente 30% das crianças exercem atividades laborativas nas ruas ou em meios de transporte, geralmente alternativos, não formais e em sinais de trânsito.

O mais alarmante de tudo isso, se não bastasse a imoralidade do trabalho de crianças e adolescentes, é que a OIT em seus estudos constatou que também são exploradas sob o aspecto remuneratório, pois as crianças recebem aproximadamente 21 dólares mensais e os adolescentes recebem valores aproximados equivalentes a 97 dólares. Apenas 10% dos jovens que exercem atividades laborativas recebem algum tipo de assistência ou benefício trabalhista, o que demonstra que a Argentina, que não possui uma realidade muito diferente do Brasil, embora tenha aderido aos documentos internacionais voltados para a proteção da criança e do adolescente, não tem conseguido erradicar essa prática danosa à dignidade humana.

Constata-se que não há efetivação nem concretização dos princípios e direitos fundamentais do trabalhador definidos nas convenções, recomendações e na Declaração da OIT, existindo apenas o compromisso formal e o discurso político.

Ainda segundo a OIT, é possível constatar que entre as principais causas desse déficit de condição laboral e a exploração da mão de obra infantil na Argentina está a exclusão e a falta de efetividade dos sistemas educacionais, especialmente em relação aos adolescentes que aproximadamente 26% deles laboram, mas não frequentam escolas. Os casos são acentuados nas regiões rurais das províncias argentinas, sobretudo nas mais pobres, situadas nas regiões noroeste e nordeste, onde a pobreza e a falta de condições econômicas e sociais influenciam a evasão escolar e intensificam a utilização do trabalho infantil.

Outra constatação da OIT foi a de que a escassez de escolas nas proximidades das residências das crianças e adolescentes, a falta de vagas e a condição econômica dos núcleos familiares representam algumas das razões para que ocorram faltas, atrasos, repetências e abandono da escola, contribuindo para que essas crianças e adolescentes sejam encaminhadas para o mercado de trabalho, que, muitas vezes, dada a condição de ilegalidade termina por explorar essa mão de obra de maneira indecente.

É importante ressaltar que iniciam o exercício de atividades laborativas em média aos 9 anos e meio, no caso das crianças, e, no caso dos adolescentes, em torno dos 14 anos. Já as crianças e adolescentes que residem nas zonas rurais, o início de sua atividade laborativa é bem mais cedo do que a média urbana, talvez devido à necessidade do núcleo familiar de aumentar a produtividade e a renda da família, ou seja, novamente a condição econômica do núcleo familiar contribui para a utilização dessa prática imoral do trabalho infantil(46).

É prudente enfocar que as normas internas da Argentina dispõem sobre a necessidade de cumprimento dos compromissos firmados no plano internacional, que, segundo a constituição da Nação Argentina, em seu art. 75, inciso 22, é obrigação do Congresso aprovar e dar vigência aos tratados e acordos internacionais firmados com as demais nações e com Organizações internacionais, tendo as normas internacionais, após a aprovação pelo Congresso, *status* superior às demais leis internas.

Do ponto de vista constitucional, os tratados internacionais e as demais normas definidas no plano internacional que versam sobre direitos humanos de modo geral possuem o *status* de normas constitucionais, tendo o reconhecimento de que as mesmas são complementos dos direitos e garantias fundamentais reconhecidos e definidos na Constituição da Nação Argentina. Já as normas que tratam de outros temas, definidas no plano internacional, são incluídas como normas constitucionais desde que tenham a aprovação por dois terços dos membros de cada uma das Câmaras Legislativas argentinas.

A República Argentina ratificou as convenções da OIT que tratavam do trabalho das crianças e adolescentes. Definindo mesma providência, foi adotada em relação à Declaração Universal dos Direitos das Crianças, sendo que esta última foi incorporada ao Ordenamento Jurídico Interno por meio da Lei n. 23.849, e a Convenção n. 138 da OIT por intermédio da Lei n. 24.650 de 11 novembro de 1996; a convenção n. 182 por intermédio da Lei n. 25.255 em 5 de fevereiro de 2001.

Ressalte-se que as principais normas que tratam da questão do trabalho infantil, além da Constituição da Nação, são: Lei n. 20.744, que versa sobre o Contrato de Trabalho, devidamente regulamentada pelo Decreto n. 390/1976, especificamente do artigo 187 ao

---

(46) ORGANIZAÇÃO INTERNACIONAL DO TRABALHO. *Trabajo infantil en Argentina.* Concurso y Exposición de pinturas "Pinto pintar. PRONIÑO y Berni". Dibujos realizados por los niños de las escuelas beneficiarias del Programa PRONIÑO en base a la obra de Antonio Berni "Juanito Laguna": Buenos Aires, 2006 "Para la OIT, el trabajo infantil es aquel que se realiza por debajo de la edad mínima de admisión al empleo fijada en cada país. También se considera trabajo infantil aquellas actividades económicas realizadas por debajo de los 18 años que interfieran en la escolarización, se realicen en ambientes peligrosos o en condiciones que afecten el desarrollo de niños, niñas y adolescentes. El término trabajo infantil se refiere a cualquier trabajo que es física, mental, social o moralmente perjudicial o dañino para el niño y afecta su escolaridad, al privarlo de la oportunidad de ir a la escuela, obligarlo a abandonar prematuramente las aulas o exigirle que combine la asistencia a la escuela con largas jornadas de trabajo pesado. Las peores formas de trabajo infantil son aquellas que esclavizan al niño, lo separan de su familia, lo exponen a graves peligros y enfermedades o lo dejan abandonado a su suerte en las calles de las grandes ciudades, en muchos casos, desde temprana edad".

n. 195, e a Lei n. 26.061, que versa sobre a proteção integral dos Direitos das Meninas, Meninos e dos Adolescentes, datada de 11 de setembro de 2005, sendo que em seu art. 25 há o tratamento específico ao trabalho dos adolescentes, como também o Código Penal de 1912 que tipifica como crime o trabalho infantil irregular e em condições indecentes.

A Constituição Argentina deixou a cargo das Províncias o disciplinamento de vários temas não abrangidos de forma específica pelo texto da Constituição, autorizando-lhes competência legislativa para estabelecer regras de proteção ao trabalho infantil que não sejam contrárias aos princípios definidos pela Constituição(47).

2.2.2. A observância dos documentos da OIT pelo Brasil para a proteção da criança e do adolescente no mercado de trabalho

A proteção à criança e ao adolescente no mercado laboral brasileiro passou a ser objeto de preocupação mais maciça há pouco tempo devido à cultura do trabalho como uma solução para a pobreza. Até o início da década de 90, a sociedade brasileira tinha, de modo geral, arraigada a ideia de que o trabalho, inclusive para as crianças e adolescentes, era uma maneira correta de afirmação social, mesmo com os documentos definidos pela OIT (convenções, recomendações), além das Declarações sobre direitos humanos as ONU e o Pacto de São José da Costa Rica, que preveem a proteção àqueles dotados de hipossuficiência e de vulnerabilidade, por meio de princípios e garantias previamente estabelecidas em lei como direitos e garantias fundamentais.

Essa questão somente veio a ser objeto de um enfrentamento mais específico por parte do governo brasileiro a partir da década de 90, com o início da compreensão do inteiro teor da carta constitucional brasileira de 1998, que trouxe várias disposições definindo as circunstâncias em que crianças e adolescentes podem exercer atividades laborativas. Esta questão será objeto de estudo do próximo capítulo.

A mudança de postura teve início com a criação do Estatuto da Criança e do Adolescente, em 1990, que, em linhas gerais, definiu a impossibilidade de sujeição de crianças e de adolescentes ao exercício de atividades laborativas, especificando, no caso dos adolescentes, as circunstâncias e condições para o exercício de atividades laborativas. Essa proteção à criança e ao adolescente inserida no ECA não trata apenas de questões laborativas, mas decorre das pressões de organismos internacionais, como a OIT, e principalmente por força das mobilizações levadas a efeito por movimentos sociais de luta pelos direitos humanos, como também de entidades representativas de trabalhadores, que, por causa da informalidade do trabalho das crianças e dos adolescentes, aderiu à luta, contribuindo para que o mercado de trabalho se livrasse desse ato de imoralidade.

---

(47) BALESTRA, Ricardo R. *Manual de derecho internacional privado.* Buenos Aires: Abeledo-Perrot. "En lo que hace a la materia de forma o procedimiento, como asimismo a aquéllas reservadas a las subdivisiones políticas dentro de un mismo Estado, pudi; haber también concurrencia de competencias legislativas y jurisdiccionales. Es el caso de los países como el nuestro que. según la Constitución Nacional tiene uniformada su legislación de fondo (en los códigos civil, comercial, penal, y de minería, legislación del trabajo y seguridad social) pero que ha dejado en las provincias o sus municipios la facultad de reglar todas las matérias no delegadas a la Nación o Gobierno Federal".

O Brasil, no ano de 1992, reconheceu de maneira formal a existência de trabalho infantil em seu território, o que, até o início da década de 90, era negado pelas autoridades governamentais que preferiam fechar os olhos para esta prática. Também em 1992, o Brasil aderiu formalmente a um dos programas elaborados pela OIT voltados para a busca da erradicação do trabalho infantil, o Programa Internacional para a Eliminação do Trabalho Infantil, como uma tentativa de eliminar este problema, que não era e não é tão simples de resolver devido ao aspecto que foi relatado no início deste item, ou seja, a questão de o trabalho ser visto como uma condição de afirmação social.

Essa iniciativa representou um dos primeiros passos dados pelo Brasil para o enfrentamento da questão que teve o seguimento em 1994 e 1996 com a criação, formatação e implementação de um Fórum Nacional para debater propostas e definir estratégias de erradicação do trabalho infantil, reunido de forma plural com a participação de órgãos não governamentais, governamentais, sociedade civil organizada. Criou-se o Programa de Erradicação do Trabalho Infantil (PETI), que prevê a possibilidade de concessão de auxílios econômicos ou pecuniários às famílias que possuem crianças exercendo atividades laborativas para que retirem as crianças e adolescentes das atividades laborativas e lhes assegure tempo para frequentar a escola.

Nesse sentido, este talvez seja um dos programas que mais vem produzindo efeitos no Brasil, dados os índices de redução do trabalho infantil, muito embora outras questões devam também ser analisadas, como a qualidade e as condições em que os serviços educacionais são prestados, além da utilização de programas como este para fins de manutenção de grupos políticos no poder.

Essas questões, muitas vezes, põem em xeque alguns dos fundamentos do Estado brasileiro como instrumentos de proteção da pessoa humana, no caso a criança e o adolescente, pois o Estado não consegue exercer de forma concreta a sua soberania, na medida em que alguns exploradores da mão de obra infantil decidem não cumprir as normas estabelecidas pelo Estado. Além disso, deve ser dito que esta pratica desrespeita os valores sociais do trabalho e da livre iniciativa, na medida em que, na prática, deixam os exploradores contratar trabalhadores que de fato possam realizar as atividades e consequentemente receber um salário pelos serviços prestados, além de exigir os direitos e garantias legalmente disciplinados.

Ainda sobre a questão da utilização do trabalho infantil como violação dos fundamentos do Estado brasileiro, é necessário enfocar que também resta violada a dignidade da pessoa humana, pois a criança e o adolescente em idade educacional são privadas do direito de gozar desta fase da vida em que o acúmulo de conhecimentos e experiências servirá para a sua completa formação e alcance de uma melhor e mais qualificada colocação no mercado laboral, uma vez que não lhes são assegurados o direito de se realizarem de conformidade com o seu ser, do meio em que vive, no momento histórico que participa, não sendo justo tirar das crianças e adolescentes as suas esperanças e inclinações[48].

(48) REALE, Miguel. *Estado democrático de direito e o conflito das ideologias*. São Paulo: Saraiva, 1998. "[...] o fato de poder e dever cada homem se realizar de conformidade com o seu ser pessoal, na condicionalidade de

Resta comprovado que a continuidade da utilização do trabalho infantil traz sérios prejuízos ao mercado laboral e evidencia que o Estado brasileiro não tem se mostrado com a competência suficiente para proteger os fundamentos básicos definidos pelo legislador Constituinte, em especial aqueles relacionados com o mercado de trabalho, que se deprecia por não garantir os valores sociais do trabalho tanto no que diz respeito às condições de trabalho como à remuneração e, ainda, pela inobservância do direito de ser criança e de ter acesso à educação. Dessa forma, comprova-se que o Estado brasileiro não observa os documentos emanados da OIT, pois suas proposições ficam apenas no campo político e formal, não sendo uma prática constante e concreta. Segundo estudos da OIT e de outros organismos internacionais e nacionais, não há no Brasil a plena proteção da criança e do adolescente, pois o próprio Estatuto da Criança e do Adolescente, que dispõe sobre a impossibilidade de tratamento da criança e do adolescente no mercado laboral, é desrespeitado(49).

A constatação feita pela OIT de que existe trabalho infantil no Brasil demonstra claramente que os direitos definidos no ECA não têm efetividade, pois o Estado não consegue inserir as crianças e sua família de forma eficaz nos programas sociais de combate ao trabalho infantil, nem cumprir os dispositivos legais constantes do Estatuto em relação às regras que disciplinam as relações do trabalho para a criança e o adolescente(50).

Observa-se, de forma oportuna, que existe o compromisso formal do Estado que, porém, não consegue dar efetividade à proteção da criança e do adolescente no que concerne ao trabalho infantil.

2.3. As constatações da OIT sobre o seguimento e o cumprimento dos seus pela Argentina e pelo Brasil quanto ao trabalho infantil

A Argentina e o Brasil são Estados inseridos dentro de um contexto de globalização econômica em que a busca pela produtividade e pela agregação de valor aos

---

sua natureza e do meio histórico a que pertence, não exclui, mas antes exige o reconhecimento de ser ele partícipe de uma tarefa ou empenho comum a toda espécie humana, ou por outras palavras, de que os seus atos transcendem o círculo de seus interesses, ou dos grupos em que mais imediatamente se inserem, por serem, pura e simplesmente, atos humanos, suscetíveis de uma qualificação deontológica de alcance universal. Donde resulta a emergência de uma multiplicidade de ideologias, em função das quais cada um de nós situa e legitima as suas inclinações e esperanças".

(49) BRASIL. Lei n. 8.069/90. Estatuto da criança e do Adolescente ao prever em seu art. 53 que: "A criança e o adolescente têm direito à educação, visando o pleno desenvolvimento de sua pessoa, preparo para o exercício da cidadania e qualificação para o trabalho assegurando-lhes: I - igualdade de condições para o acesso e permanência na escola; III – atendimento educacional especializado aos portadores de deficiência, preferencialmente na rede regular de ensino.

(50) Art. 60. É proibido qualquer trabalho a menores de catorze anos de idade, salvo na condição de aprendiz. Art. 61. A proteção ao trabalho dos adolescentes é regulada por legislação especial, sem prejuízo do disposto nesta lei. Art. 62. Considera-se aprendizagem a formação técnico-profissional ministrada segundo as diretrizes e bases da legislação de educação em vigor. Art. 63. A formação técnico-profissional obedecerá aos seguintes princípios: I – garantia de acesso e frequência obrigatória ao ensino regular; II – atividade compatível com o desenvolvimento do adolescente; III - horário especial para o exercício das atividades. Art. 64. Ao adolescente até catorze anos de idade é assegurada bolsa de aprendizagem. Art. 65. Ao adolescente aprendiz, maior de catorze anos, são assegurados os direitos trabalhistas e previdenciários.

produtos e o aumento de ganhos de capital por parte de empresas e do próprio Estado impõe, muitas vezes, a flexibilização das normas que disciplinam as relações laborais. Assim, a proteção do trabalhador e do trabalho tem sido cada vez mais prejudicada pela interpretação maliciosa que os detentores do capital dão às regras que disciplinam as relações jurídico-laborais.

Nesse aspecto, é importante verificar que esses Estados assumiram compromissos formais no plano internacional de proteger o trabalhador e o mercado laboral, empreendendo esforços no sentido de implementar a rede de proteção mínima do trabalhador representada pelas convenções fundamentais, ressaltadas pela Declaração de 1998 da OIT sobre princípios e direitos fundamentais do trabalhador. Este documento representa uma reafirmação dos compromissos firmados pelos Estados que compõem a OIT, entre eles a Argentina e o Brasil.

Para tanto, esses Estados devem honrar a obrigação de dar efetividade aos direitos fundamentais do trabalhador, entre os quais os direitos econômicos, sociais e culturais, empreendendo políticas públicas nos planos sociais, econômicos, legislativos e judiciais para que posteriormente não sejam acusados pelas organizações internacionais de violação do dever de proteção do trabalhador e do mercado de trabalho[(51)].

É fato que a Argentina e o Brasil possuem instrumentos legais de proteção da criança e do adolescente, entretanto, em estudos recentes sobre o tema, a OIT observou que existia um vácuo entre a existência formal da lei e a prática cotidiana em relação ao trabalho infantil nos dois países. No entender da OIT ambos ainda não foram capazes de erradicar esta prática imoral do trabalho infantil.

De acordo com a OIT, na Argentina existe, de forma cristalina, trabalho infantil na região da Grande Buenos Aires, em Mendoza e em duas sub-regiões do país compostas pelas províncias de Jujuy, Salta e Tucumán, além de duas províncias da região nordeste, Formosa e Chaco. Esse estudo levou em conta uma área onde se encontra aproximadamente 50% da população da Argentina[(52)].

Segundo a pesquisa, é possível observar que o trabalho infantil representa um total de 20,1% dos adolescentes e 6,5% das crianças, sendo este um dado geral, conforme já explorado em itens anteriores.

A pesquisa revela ainda que a quantidade de crianças e adolescentes com idades entre 5 e 13 anos e 14 e 17 anos de idade representa um total de aproximadamente 193.095, no primeiro grupo, e de 263.112 no segundo, respectivamente, o que perfaz um total de 456.207 de crianças e adolescentes em idade educacional exercendo atividades laborativas em condições de indecência, ilegalidade e indignidade.

---

(51) KELLER, Werner. *O direito ao trabalho como direito fundamental:* instrumentos de efetividade. São Paulo: LTr, 2011. "Nesse sentido, vê-se que os Estados devem cumprir com a obrigação de efetivar os direitos econômicos, sociais e culturais por meio de políticas públicas econômicas, sociais, judiciais e legislativas, já que a ausência de programas de implementação, como medidas de supressão ou subjugação desses direitos, compõe violação às suas obrigações".

(52) ORGANIZAÇÃO INTERNACIONAL DO TRABALHO. *Infância e adolescência:* trabalho e outras atividades econômicas. Instituto Nacional de Estatísticas e Censo – INDEC: Buenos Aires, 2006.

Ainda sobre esta questão, é importante ressaltar que as amostras realizadas em 2004 e 2006 demonstram os altos índices de repetência, faltas e dificuldades de aprendizagem na escola, o que compromete os resultados educacionais da criança e do adolescente(53).

Entretanto, uma vez detendo-se aos dados, é possível observar que o problema é bem mais grave do que se mostra inicialmente, de forma que outros direitos definidos pela OIT como fundamentais são igualmente violados, mesmo no já imoral trabalho infantil.

Muito embora esses dados sejam importantes e oficiais, é preciso verificar que não apresentam a realidade exata, inclusive pelo tempo em que a pesquisa foi feita. Para piorar essa situação, o Ministério do Trabalho, Emprego e Seguridade Social da Argentina divulgou no ano de 2011, especialmente no mês de junho, em entrevista a um canal de televisão especializado em notícias na Argentina, que as políticas públicas efetivadas pelo governo levam em consideração os dados da pesquisa da EANNA, publicadas em 2006, mas efetivamente realizadas em 2004. Isso é bastante preocupante, pois significa que o Estado não possui controles e políticas eficazes, já que toma por base dados, no mínimo, cinco anos atrasados, fato que demonstra o desconhecimento do Estado em relação à realidade atual(54).

Essa afirmação é feita a partir da constatação de que se os dados forem analisados a luz do sexo, raça, e origem econômica das crianças e adolescentes as diferenças são bastante profundas, mostrando a não efetividade de políticas públicas voltadas para a erradicação do trabalho infantil, da discriminação de gênero, de trabalho forçado e em condições indignas, ratificando a não observância dos princípios e direitos fundamentais definidos pela OIT em sua Declaração de 1998 e o não cumprimento efetivo e concreto das convenções fundamentais que tratam da proteção à criança e ao adolescente no mercado laboral(55).

---

(53) MABE, Rafael Lirman. Los responsables de la problemática del trabajo infantil en la Argentina y sus consecuencias. *In: Revista de Derecho Laboral y Seguridade Social*, Abeledo Perrot, mar. 2012, p. 387 e 394. "La EANNA contabilizó que en el total de los aglomerados relevados trabaja el 6,5% de los niños y niñas de 5 a 13 años y el 20,1% de los que tienen entre 14 y 17 años arrojando la cantidad de 193.095 y 263.112, respectivamente, los cuales totalizan 456.207 niños". [...] "En la EANNA se registro que – Sólo el 75% de los jovenes que trabajan assiste a la escuela. – El 43,3% de los jovenes trabajadores repetieron de año o de grado. – El 22,2% de los jovenes trabajadores tuvo llegadas tarde frecuentes. – El 25,8% de los jovenes trabajadores tuvo inassistencias frecuentes. Es decir que, al analizar la trayectoria educativa de los jovenes trabajadores encuestados por la EANNA 2004 y la 2006, se observa que la exclusión del sistema educativo de los niños que trabajan comienza a manifestar-se claramente em la adolescencia, y que la inserción laboral deteriora gravemente los logros escolares y se expressa em los mencionados indicadores (altos porcentajes de inasistencias, llegadas tarde y repeticiones muy superiores a las que caracterizan a quienes no trabajan)."

(54) MABE, Rafael Lirman. Los responsables de la problemática del trabajo infantil en la Argentina y sus consecuencias. *In: Revista de Derecho Laboral y Seguridade Social*, Abeledo Perrot, mar. 2012, p. 388. "El próprio MTEySS informó en junio de 2011 al canal de televisión TN que, según sus cálculos, hay 456.000 niños y niñas que trabajan en la Argentina, lo que significa que la cartera laboral continua tomando como referencia los resultados de la EANNA, pese a que han transcurrido siete largos años desde su realización (y que hace vários años funcionarios del MTEySS informaron que la ampliación de la encuesta es el objetivo 'inmediato'). Disponível em: <www.tn.com.ar/sociedad/00058100/trabajo-infantil-cada-minuto-muere-un-nino-por-realizar-actividades-periglosas>".

(55) SPRANDEL, Marcia Anita; ANTÃO DE CARVALHO, Henrique José; AKIO MOTONAGA, Alexandre. *Legislação comparada sobre o trabalho de crianças e adolescentes nos países do Mercosul.* Brasília: OIT, 2006 [...] Los resultados de la investigación demuestran que el trabajo infantil compreende el 6,5% de los niños y el 20%

Segundo a periodista Carbajal, os dados divulgados sobre o trabalho infantil na Argentina são imprecisos, sendo este um dos fatores que contribuem para as dificuldades na erradicação do trabalho infantil naquele país[(56)], evidenciando que há apenas compromissos formais e políticas públicas ineficientes de combate ao trabalho infantil.

---

de los adolescentes. Su magnitude varía según el sexo, afectando principalmente a niños y adolescentes de sexo masculino. En contrapartida las atividades domésticas intensas están más difundidas entra las mujeres, especialmente las adolescentes. Por su parte, el porcentaje de niños de 5 a 13 años que trabajan es mayor en las zonas rurales que en las urbanas y la diferencia resulta aún mayor en el caso de los adolescentes. En las zonas rurales el 35,5% de los adolescentes realiza alguna actividad laboral. La mayor proporción de niños y adolescentes trabajadores corresponde a la província de Mendoza, mientras que las subregiones NEA y NOA se caracterizan por una elevada proporción de niños, niñas y adolescentes en atividades domésticas intensas. Cuatro atividade laborales concentran el 63% de los niños trabajadores y el 56% de los adolescentes. Entre ellas, se incluyen atividades de riesgo que se encuadran en las peores formas de trabajo infantil, como la de recolectores de papel y la venta en las calles en condiciones precarias. La forma preponderante de trabajo es la ayuda a los padres y otros familiares. Sin embargo, cerca del 30% de los niños, niñas y adolescentes trabajan por cuenta propia, evidenciando una relación de trabajo particularmente desprotegida para los grupos de edades analizados. El 18,6% de los ninõs trabajan entre 10 y 36 horas semanales y el 15% de los jóvenes trabaja al menos 36 horas semanales, lo que corresponde al tiempo completo de la jornada adulta. En el área rural, el 10% de los niños y más del 15% de las niñas realizan sus atividades en las calles y/o medios de transporte. El promedio de las remuneraciones de los niños y adolescentes es reducida: los niños reciben, mensualmente, el equivalente a 21 dólares y los adolescentes el equivalente a 97 dolares. Apenas el 10% de los jóvenes que ejercen atividades laborales recibe algún beneficio laboral. El principal déficit educativo asociado a la condición laboral — la exclusión del sistema educacional — se manifesta claramente entre los adolescentes, una vez que cerca del 26% de los que trabajan no frecuentan la escuela. Esta situación es particularmente significativa en las áreas rurales y en las subregiones del NEA y del NOA, que incluyen a las províncias más pobres de Argentina. Las razones del abandono del sistema educativo están vinculadas a factores de oferta (escasez de escuelas cercanas, falta de vacantes y otras). Esto se expresa en elevados porcentajes de ausencias, atrasos y repeticiones de año. Los niños y adolescentes que trabajan comenzaron a hacerlo muy temprano (las niñas a los 9 años y médio, en promedio, y los adolescentes alredor de 14 años). El inicio es todavia más precoz para los niños y niñas residentes em áreas rurales, que empiezan a trbajar un año antes que sus pares urbanos, en promedio.

(56) MABE, Rafael Lirman. Los responsables de la problemática del trabajo infantil en la Argentina y sus consecuencias. *In: Revista de Derecho Laboral y Seguridade Social*, Abeledo Perrot, mar. 2012, p. 388. "La periodista Carbajal aclara asimismo en dicho artículo periodístico que el mapa presentado por la Dra. Rey Méndez muestra las localidades y el tipo de plantaciones en las que trabajan niños y niñas, pero "no" precisa el número de niños/as que se encuentran en esa situación en cada lugar". In: CARBAJAL, Mariana. *Un mapa del trabajo infantil*, 13 jun. 2007. Disponível em: <www.pagina12.com.ar/diario/sociedad/3-86498-2007-06-13.html>.

Capítulo 3 — As Normas de Proteção do Trabalho Infantil nas Constituições Vigentes da Argentina e do Brasil

Com a necessidade de promover a proteção da criança e do adolescente no mercado laboral, através de normas internacionais elaboradas pela OIT e com o surgimento do MERCOSUL, o Brasil e a Argentina, na qualidade de protagonistas políticos da região, têm a obrigação de dirigir a elaboração de políticas públicas conjuntas e o combate à exploração do trabalho infantil em seus territórios para servir como exemplo para os demais membros do MERCOSUL. Nesse sentido, tudo começa com a inserção de princípios e regras protetivos da criança e do adolescente em seus ordenamentos jurídicos internos.

3.1. A proteção do trabalho infantil na Constituição Federal da Argentina

As teorias que tratam dos direitos sociais de proteção da criança e do adolescente têm sido bastante difundidas. Em algumas circunstâncias, porém, o capital visa apenas ao lucro fácil, sem preocupação com a função social. Além disso, há omissão estatal no que tange a existência e fiscalização de políticas públicas de proteção do trabalhador, muito embora as correntes e políticas públicas de proteção da criança e do adolescente têm nas inserções praticas o elemento de maior dificuldade, pois o Estado e seus parceiros não têm tido o êxito suficiente para transportar a teoria para a prática. Claro que esta não é uma missão fácil, justamente por depender de diversos fatores de integração, mais especificamente entre o Estado e os atores da sociedade envolvidos no processo de proteção da criança e do adolescente[57].

Uma das situações que verificamos no âmbito constitucional de vários países do MERCOSUL e de outras regiões é que existe uma tentativa principalmente teórica de proteger os direitos fundamentais do trabalhador, mediante a inserção nas normas constitucionais de princípios e diretrizes que demonstram a inserção da teoria de proteção aos direitos sociais, em especial aqueles vinculados à criança e ao adolescente, no mercado laboral. Entretanto, esta inserção se dá, na maioria das vezes, apenas no campo teórico, faltando ao Estado e a sociedade dar efetividade aos direitos sociais por meio

(57) SOUTO MAIOR, Jorge Luiz. As tutelas inibitórias na proteção dos direitos humanos: Uma análise na ótica do direito do trabalho. *In: Trabalho infantil e direitos humanos.* São Paulo: LTr, 2005. p. 210. "A teoria sobre os direitos humanos tem sido bastante difundida, atingindo, hoje, quase um nível de domínio público. O grande desafio atual — que nem é tão atual assim, já que existe desde sempre — é transportar a teoria para a realidade. Conseguimos, de forma inabalável, formular conceitos precisos sobre, por exemplo, o princípio da não discriminação, mas, em concreto, em inúmeras citações a discriminação habita nosso cotidiano como coisa normal. Na verdade, não professamos uma situação discriminatória, mas ao não percebermos que ela se concretiza em determinados fatos acabamos legitimando-a na realidade ao mesmo tempo em que, na teoria, a incriminamos.

de práticas concretas e resultados das políticas públicas, mediante a concretização de ações que modifiquem a realidade das pessoas que têm os seus direitos sociais violados, como é o caso da criança e do adolescente.

Pelo que foi verificado até o momento tal realidade não é diferente na Argentina, pois, sob o aspecto constitucional, houve a inserção dos direitos humanos de um modo geral e em especial de proteção da criança e do adolescente no mercado laboral. Tudo isso aconteceu a partir da influencia decisiva de algumas constituições, como a mexicana de 1917 e a alemã de 1919(58).

Na Argentina foram incluídos na atual constituição alguns dispositivos voltados para a proteção da criança e do adolescente, mediante uma reforma constitucional realizada no ano de 1994. No texto anterior, não havia praticamente disposição referente à proteção do labor dos menores e adolescentes existindo uma breve e indireta preocupação com o tema cujo objetivo principal era a proteção integral da família e a compensação econômica familiar que não tinham crianças e adolescentes em idade educacional exercendo atividades laborativas, muito embora a proteção não ocorresse enquanto menores trabalhadores, mas enquanto membros de uma família.

Na reforma constitucional realizada em 1994 houve a ampliação das regras de combate ao trabalho infantil. Entre as principais modificações constitucionais pode ser elencada a do art. 75 da Constituição da Nação Argentina, que em seu artigo 22 dá *status* constitucional aos tratados e convenções internacionais sobre direitos humanos. Incluiu-se neste rol de documentos internacionais as convenções que tratam da proteção à criança e ao adolescente, como é o caso das seguintes: Convenção sobre os direitos das crianças; Declaração americana sobre os direitos e deveres do homem; Declaração Universal dos Direitos Humanos; o Pacto Internacional de Direitos Econômicos, Sociais e Culturais; o Pacto Internacional de Direitos Civis e Políticos; e a Convenção Americana Sobre Direitos Humanos, além da Convenção Internacional Sobre Pessoas Desaparecidas.

São esses documentos que garantem em termos legais a proteção integral da criança e do adolescente na Argentina. O texto constitucional também atribuiu ao Congresso da Nação a obrigação de legislar e adotar ações voltadas para garantir o

(58) GRISOLIA, Julio Armando. *Manual de derecho laboral.* Buenos Aires: Lexis Nexis, 2008. p. 49. "Hacia fines del siglo XIX y comienzos del XX, a los partidos tradicionales de la burguesía de corte liberal y capitalista se sumaron los representantes de las clases medias y trabajadoras. Ello trajo como consecuencia el traslado a los parlamentos de los antagonismo que hasta ese momento sólo venían produciéndose en el ámbito social. El afianzamiento de estos nuevos sectores y la sanción de leyes orientadas a mejorar las condiciones de la vida y de la prestación laboral de los trabajadores provoco la aparición de lo que hoy llamamos "Estado social de Derecho", que se caracteriza por la introdución de derechos y principios sociales en los textos constitucionales de los Estados. Em consecuencia, se pude definir al constitucionalismo social como la corriente de opinión que há introducido en las constituciones de los Estados, en forma explícita, derechos y garantias de contenido social – cláusulas sobre salario justo, igual remuneración por igual tarea, derecho de huelga, vivenda digna, etc. – que en las constituciones clásicas estaban implícitos. Como ejemplos cabe citar dos Constituciones cuya influencia fue decisiva em la construcción de esta nueva corriente: la mexicana 1917 y la alemana de 1919 (Constitución de Weimar).

gozo, a igualdade de oportunidades em relação aos direitos definidos pela Constituição e tratados internacionais que disponham sobre a proteção da criança e do adolescente, em especial os que se encontram em situação de desamparo(59).

Essas normas definidas na Constituição Argentina constituem-se em uma rede de proteção mínima para a criança e o adolescente, impondo ao Estado, em especial ao Poder Legislativo, a obrigação de elaborar normas voltadas para a melhoria da qualidade de vida das crianças e dos adolescentes, além de seus núcleos familiares, com o intuito de eliminar toda e qualquer forma de trabalho infantil, não podendo a criança ser tratada como um adulto em miniatura, evitando, assim, equívocos de tratamento(60).

Para cumprir com este objetivo, o artigo 14 bis da Constituição Argentina define que o trabalhador gozará de uma proteção voltada para a preservação de sua dignidade, da valorização do seu trabalho, sobretudo, em relação à proteção das crianças, mulheres, anciãos e portadores de incapacidades para o trabalho.

Como forma de assegurar o cumprimento das normas internacionais que o Estado Argentino assumiu o compromisso formal de cumprir, definiu em seu artigo 15 a impossibilidade de existência de trabalho escravo no território argentino. O constituinte argentino definiu que os tratados e convenções internacionais que versem sobre direitos humanos, uma vez aprovados pelo Congresso, com quórum de dois terços em cada uma das Câmaras Legislativas, passa a ter a natureza de norma constitucional(61).

---

(59) LITTERIO, Liliana Hebe. *El trabajo infantil y adolescente en la Argentina:* las normas y la realidad. Buenos Aires: Errepar, 2010. "Por su parte, el articulo 75, inciso 23, de la Constitución Nacional, le atribuye al Congreso de la Nación la potestade de legislar y promover medidas de acción positiva que garanticen la igualdad real de oportunidades y de trato, y el pleno goce y ejercicio de los derechos reconocidos por la Constitución y los tratados internacionales, en particular respecto de los niños, las mujeres, los ancianos y los discapacitados. Dicha disposición también le reconece al órgano legislativo nacional la faculdade de dictar un régimen de seguridade social especial e integral en protección del niño en situación de desamparo, desde al embarazo hasta la finalización del período de enseñanza elemental, régimen que hasta el presente no há sido dictado."

(60) LIPOVETZKY, Jaime C. *Tratado de derecho del trabajo en la integración regional:* derecho comparado argentino – brasileño y latinoamericano. Buenos Aires: Cathedra Jurídica, 2009. v. 2. "[...] El niño empieza a ser considerado, pero su imagen está teñida por el pensamento de la época anterior; se lo mira como in adulto en miniatura. Um ejemplo de ello se pone de manifiesto en la biografia del barón de Mauá, banqueiro en la época del emperador Don Pedro II (1840/1889) quien actuó como financista em la Guerra de la Triple Alianza (Argentina, Brasil y Uruguai contra Paraguay). De él queremos referirnos a su infância, que transcurrió em Rio de Janeiro durante la segunda década del siglo XIX, donde com 9 años de edad, em las cercanias del puerto de aquella ciudad, y alejado de su família, trabajó em uma típica proveeduria naval cuyo proprietário emigró a GranBretaña, dejándolo como único encargado de los negocios que, sin duda, eran complejos. Claro que para la misma época, Pedro II fue designado regente del Brasil con 5 años de edad, y luego emperador cuando fue declarado mayor de edad a los 14 años cumplidos".

(61) ARGENTINA, *Constitución Nacional*. Constitución de la Nación Argentina. Artículo 14 bis. El trabajo en sus diversas formas gozará de la protección de las leyes, las que asegurarán al trabajador: condiciones dignas y equitativas de labor; jornada limitada; descanso y vacaciones pagados; retribución justa; salario mínimo vital móvil; igual remuneración por igual tarea; participación en las ganancias de las empresas, con control de la producción y colaboración en la dirección; protección contra el despido arbitrario; estabilidad del empleado público; organización sindical libre y democrática, reconocida por la simple inscripción en un registro especial. Artículo 15. En la Nación Argentina no hay esclavos: los pocos que hoy existen quedan libres desde la jura de esta Constitución; y una ley especial reglará las indemnizaciones a que dé lugar esta declaración. Todo contrato de compra y venta de personas es un crimen de que serán responsables los que lo celebrasen, y el escribano o funcionário que lo autorice. Y los esclavos que de cualquier modo se introduzcan quedan libres por el solo hecho de pisar el territorio de la República. Los demás tratados y convenciones sobre derechos

Já em seu artigo 23, o legislador constituinte demonstrou uma importante preocupação, sob o aspecto formal, com a criança enquanto sujeito de direito exposto a condições de vulnerabilidade, prevendo que o Estado deva adotar medidas efetivas para a proteção das crianças e jovens em condições de vulnerabilidade e que garanta o pleno gozo dos direitos e garantias fundamentais definidos pelo Legislador Constituinte. A maior proteção, porém, é destinada à criança em estado de desamparo, o que, de certa forma, possibilita reduzir a atuação do Estado, já que, de forma específica, o constituinte definiu que o foco de atuação estatal deve recar sobre a criança em idade escolar, no caso, o ensino fundamental.(62)

O legislador constituinte argentino também reservou dispositivo sobre os tratados e documentos pertinentes às propostas de integração latino-americana, estabelecendo a necessidade de tais documentos, observada a pertinência e a oportunidade a ser apreciada e aprovada pelo Congresso, mediante maioria absoluta. Muito embora esta seja uma forma de preservar a soberania do Estado, observa-se que há o interesse na integração dos países que possuem problemas sociais bem parecidos, mas que comportam soluções muitas vezes distintas devido às questões sociais e culturais, que demandam um tratamento mais específico no âmbito de cada país(63). Entretanto, estabelecer o elemento conveniência como critério de aprovação e de eficácia dos documentos emanados, por exemplo, do MERCOSUL, torna temerária a integração, bem como o futuro do próprio grupo econômico e social, na medida em que cada país se fecha em suas questões internas, passando a não adotar medidas para solucionar os problemas sociais do bloco, como é o caso do trabalho infantil e de adolescentes que é prestado em condições indignas e imorais. Entretanto, este não é um problema apenas da Argentina, conforme será demonstrado no decorrer do presente trabalho.

---

humanos, luego de ser aprobados por el Congreso, requerirán del voto de las dos terceras partes de la totalidad de los miembros de cada Cámara para gozar de la jerarquía constitucional. Sistema Argentino de Información Jurídica. Disponível em: <http://www.infojus.gov.ar> Acesso em: 26 dez. 2011.

(62) ARGENTINA, *Constitución Nacional*. Constitución de la Nación Argentina. 23. Legislar y promover medidas de acción positiva que garanticen la igualdad real de oportunidades y de trato, y el pleno goce y ejercicio de los derechos reconocidos por esta Constitución y por los tratados internacionales vigentes sobre derechos humanos, en particular respecto de los niños, las mujeres, los ancianos y las personas con discapacidad. Dictar un régimen de seguridad social especial e integral en protección del niño en situación de desamparo, desde el embarazo hasta la finalización del período de enseñanza elemental, y de la madre durante el embarazo y el tiempo de lactancia. Sistema Argentino de Información Jurídica. Disponível em: <http://www.infojus.gov.ar> Acesso em: 26 dez. 2011.

(63) ARGENTINA, *Constitución Nacional*. Constitución de la Nación Argentina. 24. Aprobar tratados de integración que deleguen competencias y jurisdicción a organizaciones supraestatales en condiciones de reciprocidad e igualdad, y que respeten el orden democrático y los derechos humanos. Las normas dictadas en su consecuencia tienen jerarquía superior a las leyes. La aprobación de estos tratados con Estados de Latinoamérica requerirá la mayoría absoluta de la totalidad de los miembros de cada Cámara. En el caso de tratados con otros Estados, el Congreso de la Nación, con la mayoría absoluta de los miembros presentes de cada Cámara, declarará la conveniencia de la aprobación del tratado y sólo podrá ser aprobado con el voto de la mayoría absoluta de la totalidad de los miembros de cada Cámara, después de ciento veinte días del acto declarativo. La denuncia de los tratados referidos a este inciso, exigirá la previa aprobación de la mayoría absoluta de la totalidad de los miembros de cada Cámara. Sistema Argentino de Información Jurídica. Disponível em: <http://www.infojus.gov.ar> Acesso em: 26 dez. 2011.

3.2. As normas infraconstitucionais de proteção da criança e do adolescente no mercado de trabalho argentino

Após a especificação no texto constitucional argentino de que a criança e o adolescente possuem direito a uma proteção contra as investidas do capital, mediante a prática do trabalho infantil, o legislador infraconstitucional passou a ter a responsabilidade de estabelecer de forma ordinária normas voltadas para a proteção da criança e do adolescente no mercado laboral, definindo as hipóteses em que o trabalho dos adolescentes é permitida, bem como definindo que é impossível que crianças laborem ou invés de estar estudando.

Efetivamente, foi com a reforma Constitucional de 1994 mediante a introdução do artigo 14 bis que o Estado Argentino passou a dispor de forma mais específica, sob a ótica constitucional, de instrumentos de proteção da criança e do adolescente no mercado de trabalho, uma vez que foi introduzida a previsão sobre a proteção integral da família através de uma compensação financeira para o núcleo familiar que não permitam que suas crianças laborem. Esta disposição constitucional, embora importante, tem recebido críticas devido ao objetivo de proteger a criança e o adolescente enquanto membros de um núcleo familiar e não enquanto pessoas vulneráveis(64), embora os dispositivos em comento tenham trazido uma maior proteção à criança e ao adolescente visando proibir a existência de trabalho infantil e de adolescentes, inclusive aqueles em situação de desamparo, devendo, nestes casos, o legislador ordinário elaborar normas de proteção através de regimes de seguridade social(65).

3.2.1. Principais características do trabalho infantil na Argentina

O pleno cumprimento dos direitos humanos, em especial da dignidade humana, parece ficar cada vez mais distante quando analisadas as circunstâncias em que o trabalhador costuma prestar os seus serviços, sendo esta uma realidade mais difícil quando analisados os cenários e situações dos países mais pobres, muito embora essa realidade também aconteça em países ricos, mas de populações pobres com baixo investimento em educação, além de outros fatores, como a desigualdade social, onde se encontram distâncias muito grandes entre ricos e pobres, por causa da disparidade na distribuição de renda.

Muitas vezes, esses países possuem normas de proteção da criança e do adolescente. Entretanto, essas normas não são cumpridas devido à escassez de recursos

---

(64) ETALA, Carlos Alberto. *Contrato de trabajo*. Buenos Aires: Astrea, 2005. p. 498.

(65) LITTERIO, Liliana Hebe. *El trabajo infantil y adolescente en la Argentina:* las normas y la realidade. Buenos Aires: Errepar, 2010. p. 25. "[...] la reforma de 1994, nuestra Constitución práticamente no contenia disposición alguna que se refiriera al trabajo de las personas menores. Solamente existían en ella referencias indirectas que las comprendían, como las cláusulas incluídas em el artículo 14 bis sobre la protección integral de la família y la compensación económica familiar, que protegen a las personas menores, pero no en cuanto a trabajadores, sino como integrantes de una família. A partir de la reforma constitucional mencionada se amplía notablemente el esquema de protección de las personas menores. [...] Dicha disposición también le reconoce al órgano legislativo nacional la faculdad de dictar un régimen de seguridad social especial e integral en protección del niño en situación de desamparo, desde el embarazo hasta la finalización del período de enseñanza elemental, régimen que hasta el presente no ha sido dictado".

por parte do Estado, às dificuldades econômicas enfrentadas pelas famílias ou ainda à falta de fiscalização por parte dos órgãos governamentais, que, muitas vezes, tentam coibir esta prática, mas devido á falta de estrutura de pessoal e física terminam por ter comprometida a sua atuação.

Pelos documentos e leis analisados para a elaboração da presente tese fica claro que na Argentina a realidade não é diferente de muitos países em desenvolvimento.

Essa afirmativa pode ser feita devido à constatação de que existem normas jurídicas que possibilitam a proteção da criança e do adolescente no mercado laboral, contudo falta o pleno cumprimento dos direitos desse grupo social vulnerável, havendo uma dívida social muito grande com os indivíduos que compõem a infância e a juventude.

A realidade argentina apresenta crianças em situação de exploração em vários setores da atividade econômica, muitas vezes escondidos por trás de idades que possuem autorização legal para o exercício de atividades laborais(66).

Conforme estudos realizados e catalogados pela Organização Internacional do Trabalho, foram encontradas crianças e adolescentes em atividades laborativas características de trabalho infantil nas províncias de Buenos Aires, Mendoza, Jujuy, Salta,Tucumán, Formosa e Chaco.

Esses estudos foram realizados em 14 mil domicílios, o que representa um total de aproximadamente 50% da população Argentina. No estudo, levantaram-se também informações de que o trabalho infantil atinge 6,5% das crianças do país e 20,1% dos adolescentes. Esses quantitativos são agravados ou aumentados quando o comparativo é feito em relação ao sexo, pois a maioria das crianças e adolescentes em situação de trabalho infantil é do sexo masculino. Entretanto, quando analisados o tipo de trabalho prestado por essas crianças e adolescentes na zona rural, representam 35,5% do total. As atividades domésticas são preferencialmente exercidas pelas mulheres, fato que torna as crianças e adolescentes do sexo feminino marginalizadas e exploradas duplamente, pelo fato de ser criança ou adolescente e pela sua condição de mulher.

As pesquisas demonstraram também que a principal forma de trabalho infantil existente na Argentina consiste na ajuda aos pais ou outros membros da família para fins de complementação ou de sustento do núcleo familiar(67).

---

(66) LITTERIO, Liliana Hebe. *El trabajo infantil y adolescente en la Argentina*. Buenos Aires: Errepar, 2010. p. 75. "La apremiante realidade nacional da cuenta de una abrumadora presencia de niños explotados en todo tipo de atividades, por debajo de las edades autorizadas, en condiciones de la más absoluta insalubridade y peligrosidad, durante jornadas extenuantes, sin ningún derecho a descanso. Del mismo modo, presenta una enorme cantidad de adolescentes que trabajan en forma clandestina y en condiciones de ilimitada irregularidad. Como si todo esto fuera poco, se suman las aberrantes atividades delictivas a las que son sometidos con frecuencia los niños y los adolescentes".

(67) SPRANDEL, Marcia Anita; ANTÃO DE CARVALHO, Henrique José; AKIO MOTONAGA, Alexandre. *Legislação comparada sobre o trabalho de crianças e adolescentes nos países do MERCOSUL*. Brasília: OIT, 2006. "Na Argentina, os dados foram recolhidos na região da Grande Buenos Aires (GBA), na província de Mendoza e em dias sub-regiões do país integradas por três províncias do noroeste (NOA): Jujuy, Salta e Tucumán, e duas do nordeste (NEA): Formosa e Chaco. A amostra para as quatro sub-regiões foi de 14 mil domicílios. O conjunto da população coberta representa, aproximadamente, 50% do restante do país. Os resultados da pesquisa

3.2.1.1. Meios de prevenção ao trabalho infantil na Argentina

A República Argentina possui um arcabouço legal voltado para a proteção do trabalho infantil[(68)], a começar pela sua Constituição, que já foi objeto de apreciação no item anterior, onde constam disposições de proteção da família como um dos instrumentos legais de proteção integral da criança e do adolescente, com o foco principal na família para que esta tenha a incumbência de proteger a criança e os adolescentes.

O disposto no artigo 75 da Constituição Argentina, em especial o seu inciso 22, dá o *status* de norma constitucional a várias normas internacionais de proteção dos direitos humanos, como a Convenção de Direitos das Crianças, entre outras.

No tocante às normas de cunho infraconstitucional tem-se que a Ley n. 22.061, que trata da proteção integral da criança e do adolescente, inclui em seu arcabouço de disposições mecanismos de proteção dos direitos laborais das crianças e dos adolescentes.

Já no tocante ao momento em que a criança e o adolescente podem ingressar no mercado laboral, o Estado argentino possui a Lei n. 26.390, que define a política geral para o trabalho dos menores, bem como proíbe de forma expressa o trabalho infantil, além de aumentar a idade mínima para o trabalho dos adolescentes e definir as condições em que este trabalho pode ser prestado.

Esta lei ainda modificou todas as normas referentes ao trabalho agrário e ao trabalho doméstico, elevando a idade para o exercício desses trabalhos, de 14 para 16 anos de idade. A medida é aplicável apenas aos novos contratos firmados após o dia 25 de maio de 2010.

É importante enfocar que essa modificação realizada no Código Civil Argentino e, por conseguinte, em sua norma disciplinadora do Contrato de Trabalho, tem por objetivo proibir o trabalho infantil e proteger o trabalho dos adolescentes entre 16 e 18

---

demonstram que o trabalho infantil atinge 6,5% das crianças e 20,1% dos adolescentes. A sua magnitude varia segundo o sexo, afetando principalmente crianças e adolescentes do sexo masculino. Em contrapartida, as atividades domésticas intensas estão mais difundidas entre as mulheres, especialmente as adolescentes. Por sua vez, a porcentagem de crianças de 5 a 13 anos que trabalham é maior nas zonas rurais que nas urbanas e a diferença é ainda maior no caso dos adolescentes. Nas zonas rurais 35,5% dos adolescentes realizam alguma atividade laboral. A maior proporção de crianças e adolescentes trabalhadoras foi encontrada na província de Mendoza, enquanto as sub-regiões NEA e NOA se caracterizam por uma elevada proporção de crianças e adolescentes em atividades domésticas e 56% dos adolescentes. Entre elas, se incluem atividades de risco que se enquadram nas piores formas de trabalho infantil como a de catadores de papel e a de vendas nas ruas em condições precárias."

(68) TALLER LATINO AMERICANO: Para la formación de estadísticos y diseño de encuestas sobre trabajo infantil. OIT: Cartagena de Indias, Colômbia,1998. "En argentina, como en la mayoria de los países de la región, la información acerca de los menores trabajadores se encuentra afectada por limitaciones que se relacionan, no sólo con los aspectos de cobertura sino también, a la posibilidad de obtener datos desagregados que permitan caracterizar el trabajo de los menores. Esta situación se debe en parte a que mientras algunos de los instrumentos estadísticos excluyen a una proporción importante de los menores del levantamiento del dato referido a la condición de actividad, otros están estructurados de tal forma que no logran hacer estadísticamente visibre el trabajo de los menores, sin olvidar la resistencia de los adultos a declarar la actividad laboral de los menores.

anos[69]. Sobre esta questão, verifica-se também que o legislador argentino fez a opção por excluir das regras de vedação as pessoas que exercem as suas atividades laborais em regime familiar, desde que os menores ou adolescentes não extrapolem uma jornada diária de três horas a quinze horas semanais, além de não poderem essas atividades ser exercidas em situações que configurem penosidade, insalubridade e periculosidade, além de ter que frequentar a escola[70].

Ainda sobre essas questões é importante demonstrar que o Código Penal Argentino, como também as leis 26.364 e 26.388, define o que é considerado para o Estado como piores formas de trabalho infantil. Isso é uma clara demonstração da preocupação dos legisladores, da sociedade e dos governos argentinos na busca pela não utilização de mão de obra infantil, para que essas crianças e adolescentes possam dispensar o seu tempo em atividades educativas e colher os frutos de uma infância saudável, mediante a obtenção de informações, nos meios educacionais que contribuam para a sua formação e para o seu crescimento enquanto ser humano, de modo que a sua dignidade seja preservada tornando-se um adulto mais saudável e consciente de seu papel na sociedade, além de ter, devido à maior qualificação e conjunto de conhecimentos adquiridos, a oportunidade de galgar um melhor espaço profissional.

Pode-se citar no âmbito da legislação argentina a Lei n. 25.143, que define regras para a contratação de menores na condição de aprendizes, sendo destinada aos adolescentes.

Contudo, existe também um pacto federal destinado à regulamentação das inspeções no âmbito do mercado laboral pelas autoridades responsáveis pela fiscalização do cumprimento das normas laborais.

Ainda sobre a questão, deve ser ressaltada a existência de normas protetivas da criança e do adolescente nas constituições das províncias que reconhecem os direitos sociais. São reconhecidos também os direitos das crianças e dos adolescentes ao definir a necessidade de proteção e amparo, além de prever a criação de órgãos cuja incumbência é a erradicação do trabalho infantil, nos moldes definidos pela OIT em sua constituição,

---

(69) SARDEGNA, Paula. Trabajo de niños y adolescentes desde un enfoque bioético que propicia conductas resilientes. *In: Abeledo-Perrot*, Junio, p. 1.017, 2012. "Con la sanción de la ley n. 26390 se modifico todo el título respectivo de la Ley de Contrato de Trabajo y las normas sobre trabajo agrário — ley n. 22.248 — y trabajo doméstico — dec.-ley n. 326/1956 —, para elevar la edad de prohibición de emplearlos de 14 a 16 anos, además de ponerlos bajo el paraguas del Código Civil en matéria de acidentes laborales. Ahora bien, esta probibición de emplear a los menores de 16 años no se aplico a los contratos vigentes y, hasta el 25.5.2010, esse tope fue de 15 años. [...] La citada ley n. 26.390 sustituyó la denominación del tit. VIII de la Ley de Contrato de Trabajo, la que quedó redactada de la seguiente manera: "De la prohibición del trabajo infantil y de la proteción del trabajo adolescente", con lo que pretendido adecuar el linguaje normativo a la realidade, al ser más compreensiva de las distintas etapas del desarrollo del menor. [...] Las personas desde los 16 y hasta 18 años podrán celebrar toda clase de contratos de trabajo, em las condiciones previstas em los arts. 32 y ss., LCT.

(70) SARDEGNA, Paula. Trabajo de niños y adolescentes desde un enfoque bioético que propicia conductas resilientes. *In: Abeledo Perrot*, Junio, p. 1.017, 2012. "La ley inova al incorporar el art. 189 bis, estableciendo un régimen diferencial para las empresas de família, disponiendo que 'las personas mayores de 14 y menores a la edad indicada en el artículo anterior podrán ser acupados en empresas cuyo titular sea su padre, madre o tutor, em jornadas que no podrán superar las tres horas diarias y las quince horas semanales, siempre que no se trate de tareas penosas, perigrosas y/o insalubres, y que cumplan com la asistencia escolar'. [...] La empresa de la família del trabajador menor que pretenda acogerse a esta excepcion a la edad mínima de admisión al empleo deberá obtener autorización de la autoridade administrativa laboral de cada jurisdición".

convenções de proteção da criança e do adolescente; o trabalho de crianças em meios de comunicação e o disciplinamento das inspeções do trabalho de crianças e adolescentes. Essas duas últimas normas constam e vigem no arcabouço normativo da província de Buenos Aires.

É justamente a província de Buenos Aires que possui a maior quantidade de normas provinciais destinadas à proteção da criança e do adolescente, como o disposto no artigo 39 da Constituição da Cidade Autônoma de Buenos Aires, que reafirma o reconhecimento das crianças e dos adolescentes a condição de sujeitos ativos de direitos, garantindo no que tange aos aspectos formais, legais a sua proteção integral. Estabelece que os mesmos devam ser respeitados, escutados, consultados e informados de seus direitos e das obrigações que a sociedade e o Estado possuem em relação a ele, mediante proteção integral de sua intimidade e privacidade, podendo, inclusive, requerer o cumprimento de direitos nas hipóteses em que estejam desamparados, exigindo as intervenções dos órgãos competentes para garantir a sua proteção, em especial no mercado laboral.

Mesmo existindo na província de Buenos Aires um conjunto normativo voltado para a proteção da criança e do adolescente no mercado laboral, foi na província de Mendoza que teve início o processo de adequação da legislação das províncias aos princípios e dispositivos da Convenção da OIT sobre os direitos das crianças, sancionando-se o Regime Jurídico de Proteção da Menoridade por meio da Lei n. 6.354, no ano de 1995. A partir deste marco, teve início um processo de adequação das normas das províncias aos ditames da Convenção da OIT em comento.[71]

A Constituição em estudo apresenta também um conjunto de princípios e regras de proteção prioritária nas políticas públicas destinadas às crianças e adolescentes, com a obrigação de promover a manutenção de suas famílias mediante a responsabilidade da Cidade de Buenos Aires, pela proteção aos núcleos familiares; proteção, amparo e cuidado com as vítimas de exploração sexual e violência, com meios voltados para a

---

(71) LITTERIO, Liliana Hebe. *El trabajo infantil y adolescente en la Argentina:* las normas y la realidad. Buenos Aires: Errepar, 2010. p. 34. "Como adelantamos, el proceso de adecuación de la legislación a los postulados de dicha Convención se inicio en la Argentina en la província de Mendoza, donde se sancionó el Regimén Juridico de Protección de la Minoridad a través de la ley n. 6.354, en 1995. Otras províncias la siguieron aprobando leyes sobre proteción integral . Así, Chubut sancionó la ley n. 4.347 de Proteción Integral de la Niñez, la Adolescencia y la Família; Salta la ley n. 7.039 de Proteción de la Niñez y Adolescencia; San Juan la ley n. 7.338 de Protección Integral de los Derechos de los Niños y Adolescentes; Jujuy la ley n. 5.288 de Protección Integral de la Niñez, Adolescencia y Família; Tierra de Fuego, Antártida e Islas del Atlantico Sur la ley n. 521 de Protección Integral de los Derechos del Niños, Niñas, Adolescentes y sus Familias; Missiones la Ley 3.820 de Protección Integral del Niño y del Adolescente y su decreto reglamentario n. 871/05; Neuquén la lei 2.302 de Protección Integral del Niño y del Adolescente; La Pampa la ley n. 1.343 de Protección da Minoridad; Rio Negro la ley n. 4.109 de Protección Integral de los Derechos de las Niñas, Niños y Adolescentes; Buenos Aires la ley n. 13.298 de Promoción y Protección Integral de los Derechos de los Niños.

Asimismo, luego de sancionarse en el orden nacional la ley n. 26.061, varias províncias adhirieron a ella y algunas adecuaron la legislación a sus pautas.

La província de Chaco adhirió a traves de la ley n. 5.681; Corrientes lo hizo por medio de la ley n. 5.773; San Juan a através de la ley n. 7.889; Santa Fé mediante la ley n. 12.967; Catamarca por medio de la ley n. 5.292; Córdoba a traves de la ley n. 9.396 y la Pampa mediante la ley n. 1.556.

proteção contra o tráfico de menores, definindo como obrigatórios a institucionalização dos meios de proteção da criança e do adolescente.

Existem outras normas provinciais e locais voltadas para a busca pela erradicação do trabalho infantil, entretanto, essas normas, em sua maioria, repetem aquilo que foi disposto na Constituição da República Argentina, bem como nas normas e documentos internacionais emanados da OIT, muito embora a Lei n. 26.390 trate da proibição do trabalho infantil e da proteção do trabalho dos adolescentes que atende ao disposto na Convenção da OIT sobre os direitos das crianças que promove a doutrina da proteção integral em conjunto com vários outros documentos da OIT.

3.2.1.2. A observância da Convenção n. 138 da OIT pela Argentina

A Convenção n. 138 da OIT foi aprovada e ratificada pela Argentina, diferentemente de outros países da América do Sul que não trilharam pelo mesmo caminho e passaram muito tempo tendo essa situação regida por leis especiais que tratavam da questão como mera irregularidade desrespeitando o preceito definido pela OIT em sua Convenção de proteção das crianças da necessidade de proteção e promoção primordial dos interesses das crianças e jovens.

Além das questões legais, a Argentina criou a Comissão Nacional Para Erradicação do Trabalho Infantil na Argentina, CONAETI-Arg, no ano de 2000, bem como no ano de 2006 elaborou o Plano Nacional para a Erradicação do Trabalho Infantil. Além dessas questões, o Estado argentino também definiu 14 anos como idade mínima para o exercício de atividades laborais no ato de ratificação da Convenção n. 138 da OIT, definindo ainda na Lei do Contrato de Trabalho n. 20.744, em seu artigo 189, proibições a ocupações por menores de 14 anos, o que significou um relevante avanço na legislação ao dotar os órgãos de fiscalização de instrumentos legais capazes de contribuir para as suas atividades.

Deve também ser ressaltado que a Argentina, em sua Lei de Contrato de Trabalho, definiu e disciplinou no art. 187, § 2º, as circunstâncias em que crianças e adolescentes podem ser inseridas em programas de orientação e aprendizagem profissional, regulando na Lei n. 25.013, art. 1º, o reconhecimento do contrato de aprendizagem como contrato de trabalho.

Entretanto, a legislação argentina, segundo dados da OIT, deixa margem para que menores de 14 anos possam exercer atividades laborativas, pois permite que essas crianças possam trabalhar em empresas compostas apenas e tão somente por membros de suas famílias. Ressalta, apenas, que a atividade não pode ser prejudicial, nociva ou perigosa ao regular desenvolvimento físico e mental da criança, não podendo apresentar riscos a sua saúde. Isso é conforme definido na Lei n. 22.248, que disciplina o Plano Nacional de Trabalho Agrário na Argentina e permite o trabalho de crianças e adolescentes em propriedades agrárias exploradas em regime familiar. Essas aberturas deixam margem para que as próprias famílias utilizem esta conduta imoral do trabalho infantil, restringindo os sonhos, a dignidade e a possibilidade de desenvolvimento socioeducativo e profissional da criança e do adolescente.

Sobre a questão da idade mínima para o trabalho, deve ser enfocado que, em reforma recente do Código Civil Argentino, através da Lei n. 26.579, reconhece-se que a incapacidade cessa para todos os efeitos a partir do momento em que o indivíduo completa 18 anos[(72)].

Esse dispositivo, constante no art. 126 do Código Civil Argentino, adequou os dispositivos da norma civil às disposições referentes à idade laboral, definidas na Lei n. 20.744, o que é importante para fins de evitar qualquer tipo de interpretação voltada para beneficiar pessoas que façam uso do trabalho infantil, já que adequou o texto normativo à realidade. O legislador argentino, recentemente, através da Lei n. 26.390, proibiu o trabalho aos menores de 16 anos em atividades domésticas, muito embora esta regra não se aplique aos contratos de trabalho firmados até o dia 25 de maio de 2010. Esta Lei também exclui de forma acertada os menores de 14 anos do mercado de trabalho, impedindo-os de exercer qualquer atividade laborativa[(73)].

Ainda em relação à Convenção n. 138 da OIT, a Argentina, por meio do Decreto 4910/57, responsabiliza o Ministério do Trabalho pela fiscalização da observância dos regimes legais laborais pelos agentes econômicos, em especial aos menores de 18 anos em atividades artísticas, que, embora não pareçam, caracterizam trabalho infantil, mas muitas vezes é esquecido pelos próprios veículos de comunicação, de arte e cultura que fazem uso desta mão de obra.

Ainda sobre o trabalho das crianças em atividades artísticas, a legislação Argentina prevê, por meio do Decreto n. 4.364/66, que o referido trabalho somente é possível mediante a observância das seguintes regras: a) o horário não pode ultrapassar meia noite; b) deve ser resguardada a saúde e a moralidade do trabalhador; c) o trabalho não pode em hipótese alguma prejudicar a instrução da criança e do adolescente; d) deve ser respeitado um repouso de 14 horas consecutivas. São essas, portanto, as condições para que o Ministério do Trabalho autorize a prestação de serviços artísticos por crianças e adolescentes na Argentina.

Por decisão do CONAETI-Arg., os empregadores estão obrigados a possuir e manter atualizado um livro especial com dados dos trabalhadores, porém falha ao não exigir a averbação dos dados referentes à idade dos trabalhadores registrados no citado

(72) LITTERIO, Liliana H. La ley que modifica la mayoría de edad frente a algunas normas del derecho del trabajo y de la seguridade social. *In: Revista del trabajo*, Buenos Aires, La Ley, n. 3, p. 487, 2010. "Acaba de ser sancionada la ley n. 26.579 que modifica al Código Civil (y al de Comercio), fundamentalmente en lo que hace a la mayoría de edad de las personas y a otras importantes cuestiones vinculada al tema."

(73) SARDEGNA, Paula. Trabajo de niños y adolescentes desde un enfoque bioético que propicia conductas resilientes. *In: Abeledo-Perrot*, Junio, p. 1.016-1.017, 2012. "El Código Civil argentino legisla sobre los menores a partir del Libro I, sec 1ª, tit. IX; allí se indicaba que eran tales las personas menores de 21 años; con la reforma introducida por la ley n. 26.579 se considera así a los menores de 18 anos, conforme el nuevo texto del art. 126 de aquel código de fondo, edad a partir de la cual cesa la incapacidade de los menores, al igual que si han obtenido título habilitante para el ejercicio de una profisión, pudiendo ejercerla por cuenta propia sin necesidad de previa autorización y administrar y disponer libremente de los bienes que adquieren con el producto de su trabajo, y estar en juicio civil o penal por acciones vinculadas a ello, conforme el art. 128, CCiv. Edad que ahora coincide em la Ley de Contrato de Trabalho n. 20.744 (t.o. 1976), la que, por su art. 32, otorga plena capacidade laboral a los mayores de 18 años".

livro, fato que afronta e demonstra o cumprimento parcial da Convenção n. 138 da OIT, por ser contrário ao disposto no artigo 9º do documento internacional.

3.2.1.3. Providências adotadas pelo Estado argentino para o cumprimento da Convenção n. 182 da OIT

A Convenção n. 182 da OIT versa sobre as piores formas de trabalho infantil, elencando em seus dispositivos algumas das circunstâncias em que esse trabalho pode comprometer o desenvolvimento físico e mental da criança, além de contribuir de maneira decisiva para que venha a ter a sua vida laboral e profissional restrita às atividades tidas como degradantes, cuja remuneração é bem inferior, e aumentando as suas possibilidades de aprofundar a sua situação de miserabilidade ou a manutenção nesta atividade.

Em relação a isso, podem ser citados os trabalhos realizados por crianças e adolescentes em situação análoga à de escravo, bem como em atividades penosas em que não são observados os direitos de liberdade do trabalhador, como também os trabalhadores são submetidos a jornadas excessivas em atividades periculosas, insalubres e penosas, o que é uma prática indecente.

Na Argentina, a Constituição Nacional estabelece, em seu artigo 15, a abolição da escravidão e qualifica como crime todo ato que venha a ser caracterizado como compra e venda de pessoas. No caso, proíbe de forma expressa qualquer negócio jurídico que tenha por objeto a pessoa. Outro importante dispositivo colocado à disposição das autoridades para coibir o trabalho infantil diz respeito ao disposto no artigo 140 do Código Penal Argentino, que prevê como crime o ato de reduzir uma pessoa à servidão. O mesmo diploma legal, em seu artigo 127-bis, penaliza aquele que promover ou facilitar a entrada em solo Argentino de menor de 18 anos para exercer a prostituição, conduta esta que é agravada nas circunstâncias em que a vítima tiver menos de 13 anos.

Outro importante dispositivo voltado para a proteção da criança e do adolescente é o disposto na Lei n. 26.061, que prevê em seu artigo 9 que as crianças e adolescentes possuem o direito de não ser submetidas, entre outras situações, a sequestros ou tráfico para qualquer finalidade.

Várias outras normas foram elaboradas e sancionadas pelo Estado Argentino voltadas para dar efetividade à convenção n. 182 da OIT, tais como a Lei n. 25.632, que acolheu a convenção internacional sobre delinquência organizada transnacional e seus protocolos complementares para prevenir, reprimir o tráfico de pessoas, principalmente, de grupos vulneráveis, como é o caso das mulheres e das crianças, por qualquer meio.

Pode também ser destacada a Lei n. 25.763, que aprovou o protocolo sobre a venda de crianças e a prostituição infantil, além da utilização de crianças em material pornográfico, o que demonstra uma preocupação do Estado Argentino em proteger a dignidade da criança e do adolescente.

Já a Lei n. 25.871, de 2003, que trata das migrações em seu artigo 116, tipifica como crime o tráfico de pessoas com o objetivo de promover, facilitar o cruzamento ilegal de pessoas pelos limites fronteiriços nacionais, com a finalidade de obtenção de benefícios indiretos ou diretos, existindo ainda uma conduta agravante para as circunstâncias em que a vítima for criança ou adolescente, conforme disposição constante no artigo 121 do Código Penal. Define, ainda, em seu artigo 125, que deve ser condenado por crime de reclusão quem facilite ou promova a exploração sexual de menores de 18 anos, mesmo que a vítima tenha consentido; nos mesmos moldes, prevê a repressão penal contra aqueles que produzam, publiquem ou exibam material pornográfico contendo exibição de menores de 18 anos, conforme artigo 128 do Código Penal.

Outro importante dispositivo que contribui para pôr fim ao trabalho da criança e do adolescente é a Lei n. 24.429, que retira a obrigatoriedade de prestação do serviço militar para os homens e mulheres com idade entre 18 e 24 anos de idade, muito embora persista a previsão de que em circunstâncias excepcionais, poderá o Poder Executivo por ato próprio convocar, com base na Lei n. 17.531, os cidadãos que no ano da prestação do serviço venham a completar 18 anos, portanto poderá pessoas com até 17 anos ser convocadas para exercer atividades laborativas junto as forças armadas. Isso representa, também, uma forma de trabalho condenada pela OIT, já disciplinado pela Lei n. 25.616, que aprovou o protocolo sobre os direitos da criança em relação a sua participação em conflitos armados.

Pode também ser citada como norma voltada para o cumprimento das recomendações e resoluções da OIT a Lei n. 25.763, que aprovou o protocolo que proíbe a venda, prostituição e utilização de crianças em materiais pornográficos, o que representa mais um avanço no combate ao trabalho infantil e a utilização de crianças em atividades laborais indecentes, imorais e ilegais.

Ainda, os artigos 176 e 191 da LCT argentina proíbem a realização de tarefas penosas, perigosas ou insalubres a menores de 18 anos. Já o artigo 112 da LCT proíbe os trabalhos agrícolas perigosos às crianças e adolescentes.

Recentemente, em 19 de junho de 2013, o Ministério do Trabalho e Emprego da Argentina publicou um novo Plano Nacional para a Prevenção e Erradicação do Trabalho Infantil e Proteção do Trabalho Adolescente, além das leis n. 26.061 e 26.844, do Decreto n. 719 de 30 de agosto de 2000, combinados com os atos de ratificação das Convenções da OIT n. 138 e 182, e do conteúdo da Convenção sobre os direitos das crianças que possui natureza constitucional, conforme expressa disposição inserida no art. 75, inciso 22 da Constituição Argentina(74).

O novo plano nacional argentino voltado para a prevenção e erradicação do trabalho infantil coloca textualmente como objetivo a abolição do trabalho infantil. Define que seja atribuição da CONAETI-Arg o acompanhamento e desenvolvimento de estudos, pesquisas e políticas voltadas para o cumprimento do citado objetivo, mas, acima de tudo, não define prazos, o que demonstra, mais uma vez o que vem sendo

(74) ARGENTINA. Ministerio de Trabajo, emplego y seguridade social. Plan Nacional para la prevención y erradicación del trabajo infantil y protección del trabajo adolescente. Resolución n. 532/2013. Buenos Aires, 2013.

sustentado no presente trabalho, ou seja, que o governo trata a questão de forma meramente política, elaborando documentos que apenas repetem conteúdos de normas já existentes.

A definição de políticas públicas consistentes, definindo os mecanismos que serão utilizados, os prazos que precisam ser observados pelo governo e pela sociedade, as responsabilidades de cada um é essencial para o sucesso de qualquer política pública, o que mais uma vez não foi feito.

3.3. A proteção do trabalho infantil na Constituição Federal brasileira de 1988

No Brasil, indiscutivelmente, a questão do trabalho infantil representa um dos maiores problemas sociais e trabalhistas da atualidade. Isso se dá devido à existência maciça de setores da economia que utilizam a força de trabalho de crianças e de adolescentes. Os empresários e a sociedade fingem desconhecer o problema, mesmo não sendo novo, pois seus registros originários datam do final do século XIX e início do século XX com o processo de industrialização, ajudado pelo medo da sociedade de que a ociosidade e a criminalidade aumentassem devido à escassez de trabalho, além da informalidade e falta de documentos por parte dos menores, fatos que dificultavam qualquer ação de combate ao trabalho infantil[(75)].

Sobre a questão, é evidente que o trabalho possui um caráter nobre ao contribuir para a sensibilização e formação do ser humano. Entretanto, existem outros elementos que devem ser ressaltados e igualmente preservados e incentivados, como a família, a educação, a vida, o lazer e a saúde, o direito de ser criança e de sonhar para, justamente, não retirar da criança e do adolescente de forma precoce o direito ao desenvolvimento físico e psíquico. Essas são as razões que o legislador constituinte trouxe ao disciplinamento da valorização do trabalho humano, aliado ao princípio da dignidade humana, um dos fundamentos da República Federativa do Brasil.

Nesse aspecto, o legislador constituinte brasileiro incluiu como direito fundamental a dignidade humana, disposição diretamente relacionada com o trabalhador. Nesse

---

(75) LIBERATI, Wilson Donizeti; DIAS, Fábio Muller Dutra. *Trabalho Infantil.* São Paulo: Malheiros, 2006. "Assim, o trabalho infantil se expandiu rapidamente no Brasil com o processo de industrialização do país, no final do século XIX e no início do século XX. E, a exemplo da Europa, os empregadores das indústrias no Brasil constataram, com a escravidão, que as crianças representavam mão de obra mais barata, facilmente adaptável e manipulada com extrema destreza, dada a sua ingenuidade. O crescimento da criminalidade nos grandes centros, como Londres, e a crescente ocupação das ruas por crianças e adolescentes acabaram por delinear condutas sociais também em centros como São Paulo, no final do século XIX e início do século XX. Assim, de forma notável, divulga-se a influência das ruas na vida de crianças e adolescentes. [...] Com a Primeira Guerra Mundial, um grande número de europeus ocupou o território brasileiro em busca de melhores condições de vida e rapidamente tomaram as indústrias que começavam a se expandir no país. Pelo fato de grande parte desses imigrantes serem pobres, não só os adultos trabalhavam nas fábricas como também as crianças, que, desde os 8 anos de idade, já possuíam a responsabilidade de ajudar no sustento de suas famílias. Esse trabalho precoce era constante, uma vez que a maioria dessas crianças não possuía, sequer, certidão de nascimento, o que tornava muito difícil a identificação da sua verdadeira idade. Dessa forma, o único tipo de denúncia que ressaltava a exploração do trabalho infantil vinha da imprensa, já que a maioria da sociedade se preocupara com a criminalidade infantil, protegendo, indevidamente, o trabalho infantil como forma de combater a ociosidade".

sentido, não há como separar o homem do seu trabalho, principalmente por ter repetido essa mesma regra entre os fundamentos da ordem econômica. A interpretação dada à dignidade humana presente desde o início do texto constitucional significa que houve a preocupação em dispor sobre a proteção da pessoa humana que trabalha, não podendo o trabalho ser visto sem a perspectiva do trabalhador, como também este dissociado da pessoa humana. A dignidade humana está diretamente ligada ao princípio da proteção, pois serve para este como instrumento de justificação e aplicação, devendo o princípio protetor[76] ser concretizado, sempre, à luz da dignidade da pessoa humana, essencialmente nos casos em que exista a possibilidade de flexibilização das normas trabalhistas.

A observância desses princípios de forma indissociável é imprescindível quando a matéria está relacionada às normas que estejam voltadas para permitir o trabalho de menores.

Sendo assim, não podem o Estado e a sociedade, a pretexto de atender a nova ordem econômica imposta pelo processo de globalização econômica, permitir a flexibilização de normas do trabalho no Brasil sem que os direitos fundamentais do trabalhador sejam assegurados[77].

O trabalho, então, representa um direito para assegurar a sobrevivência própria e do núcleo familiar, como também contribuir para o desenvolvimento do país, além de ter acesso aos direitos fundamentais[78].

Sobre o trabalho infantil, é importante destacar que as atividades laborativas exercidas por crianças e adolescentes compreendem parte significativa da mão de obra produtiva que foi utilizada e contribuiu para o desenvolvimento de vários países pelo mundo e nos mais variados segmentos produtivos, muito embora seja prudente

(76) CAVALCANTE, Ricardo Tenório. *Jurisdição, direitos sociais e proteção do trabalhador:* a efetividade do direito material e processual do trabalho desde a teoria dos princípios. Porto Alegre: Livraria do Advogado, 2008. "Parece claro que o fundamento dogmático primeiro da proteção do trabalhador repousa no princípio da dignidade da pessoa humana, insculpido no art. 1º, inciso III, que tem qualidade de direito fundamental por ostentar inclusive o valor de princípio fundamental da República Federativa do Brasil. Tudo está no fato de que a proteção é da pessoa-que-trabalha. [...] labora em equívoco, inclusive, parte da doutrina quando sustenta que o princípio da proteção é menor do que o princípio da dignidade da pessoa humana. Porque a proteção da dignidade da pessoa-que-vota, da pessoa-que-tem-filhos, da pessoa-que-quer-moradia e assim por diante. São manifestações de um mesmo estuário. E não há relação de superioridade ou de inferioridade entre os valores que se equivalem".

(77) GENOVA, Leonardo. *O princípio da proteção no século XXI:* os novos desafios do trabalhador brasileiro. São Paulo: LTr, 2009. "A Carta Magna é um importante instrumento para o direito do trabalho; mas, a finalidade dada a ela, ou seja, a proteção ao trabalhador, conquistada por esses longos anos, está se deparando com a flexibilização decorrente da globalização. [...] Em 2002, após décadas de espera, a classe trabalhadora teoricamente chegou ao poder representado pelo governo Lula; entretanto, na prática, somente os líderes sindicais empossados nos cargos do poder, enquanto os milhares de trabalhadores brasileiros são iludidos pela política neoliberal, esperando um milagre para conter o desemprego e a flexibilização das normas trabalhistas".

(78) OLIVEIRA, Oris. *O trabalho da criança e do Adolescente*. São Paulo: LTr, 1994. p. 17. "O direito enuncia o trabalho fundamentalmente como um 'direito-dever': direito de trabalhar, dever de trabalhar. Direito de trabalhar não só como meio de assegurar a própria subsistência e do núcleo familiar, mas também de ter acesso a outros bens, tais como educação, escola, cultura, lazer, saúde. É um direito público subjetivo, quer dizer, o cidadão pode exigir do Estado políticas públicas que concretizem a oportunidade de trabalho para todos e não para alguns".

destacar que o nível de desenvolvimento econômico e social existente em um país é elemento decisivo para que o trabalho infantil seja ou não utilizado(79), não sendo a realidade brasileira diferente dos demais países cujo desenvolvimento econômico e social deixa a desejar(80).

No Brasil, a Constituição Federal de 1988 tem entre outros objetivos e características a de resgatar princípios e valores cuja imprescindibilidade dispensa qualquer comentário no tocante à preservação dos direitos fundamentais do trabalhador e, acima de tudo, da dignidade humana.

Esta preocupação do legislador constituinte brasileiro fica patente quando são observados os dispositivos que fundamentam a República Federativa do Brasil, ao ser inserida a dignidade humana e a valorização do trabalho humano como princípios a ser observados por todos aqueles que estejam sujeitos à ordem constitucional brasileira, que, ao lado dos direitos definidos no artigo sétimo, compreendem a rede de proteção mínima do trabalhador brasileiro, servindo de norte para os demais dispositivos da constituição Federal de 1988, bem como para as demais normas infraconstitucionais(81).

É importante observar que os direitos dos cidadãos definidos na Constituição Federal de 1988 representam avanços importantes na perspectiva de garantia das liberdades individuais e coletivas, em especial os direitos fundamentais que servem para impedir que o Estado adote medidas voltadas para agressões e violações dos direitos individuais do cidadão, além de impor que o mesmo adote medidas efetivas para a proteção dos direitos do trabalhador(82), principalmente diante do novo modelo

---

(79) TRABALHO DECENTE. Primera edición, Ginebra — Suiza: *Oficina Internacional del Trabajo*, 1999, p. 18. "El trabajo infantil plantea un acuciante problema, económico, social y de derechos humanos. Se piensa que en el mundo trabajan 250 millones de niños, privados de una educación adecuada, de salud y de los derechos fundamentales. Ellos son los que más sufren, pero sus países padecen también las consecuencias: cuando se renuncia a lo que pueden aportar al porvenir los menores de edad se recorta la capacidade nacional de progresar y prosperar".

(80) LIBERATI, Wilson Donizeti; DIAS, Fábio Muller Dutra. *Trabalho infantil*. São Paulo: Malheiros, 2006. "Fato inegável é que atividades laborativas desempenhadas por crianças e adolescentes representam parte da mão de obra produtiva, que percorreu todo o período de desenvolvimento dos países nos mais variados setores de produção. Como visto, são vários os motivos ressaltados como determinantes para o ingresso de crianças, precocemente, no mercado de trabalho, como fatores históricos e culturais enraizados em inúmeras sociedades, e que são levados adiante, como simples costume de um povo. Todavia, não há dúvida de que a realidade que paira no desenvolvimento sócio-economico de cada país é fator primordial para a exploração do trabalho infantil, tendo, como fonte, as desigualdades sociais".

(81) JUCÁ, Francisco Pedro. A *constitucionalização dos direitos dos trabalhadores e a hermenêutica das normas infraconstitucionais*. São Paulo: LTr, 1997. "[...] é importante perceber que sua preocupação intensa e permanente com a democracia, o direito e a cidadania, são o ressaibo de duas décadas de regime de exceção, de eleições excessivamente indiretas e restritas, de suspensão de garantias individuais clássicas – as liberdades públicas – e, sobretudo, de um processo decisório de governo centralizado, autoritário e excludente da grande maioria da sociedade civil, dividida por uma polarização ideológica não muito verdadeira, porém intensa".

(82) CANOTILHO, José Joaquim Gomes. *Direito Constitucional*. 6. ed. Coimbra: Almedina, 1995. "Os direitos fundamentais cumprem a função de direitos de defesa dos cidadãos sob uma dupla perspectiva: (1) constituem, num plano jurídico-objetivo, normas de competência negativa para os poderes públicos, proibindo fundamentalmente as ingerências destes na esfera jurídica individual; (2) implicam, num plano jurídico-subjetivo, o poder de exercer positivamente direitos fundamentais (liberdade positiva) e de exigir omissões dos poderes públicos, de forma a evitar agressões lesivas por parte dos membros (liberdade negativa)".

econômico que se encontra implantado no Brasil, que representa, sob muitos aspectos, uma nova investida do capital sobre o trabalho, na medida em que permite que persista no Brasil a existência de trabalho infantil em vários setores da economia, inclusive em setores que produzem bens de consumo acessíveis apenas por aqueles que possuem um maior poder aquisitivo e que tiveram acesso às melhores oportunidades de educação e emprego[(83)].

A proteção ao trabalhador e ao mercado laboral na CF/88 está inserida em vários dispositivos constitucionais. Entre eles podem ser citados: o art. 1º, incisos III e IV[(84)], ao definir o trabalho como um valor social, que representa um dos fundamentos do Estado Democrático de Direito; o art. 3º, I e III da CF/88[(85)], que versam sobre o modelo de sociedade buscado pela República Federativa do Brasil, como também o compromisso de erradicar a pobreza assegurando a todos igualdade de oportunidade, não importando a região do país que o cidadão se encontre.

Podem também ser citados como instrumentos de proteção do homem trabalhador os dispositivos específicos, inseridos no art. 7º e 8º da CF/88[(86)], que representam a rede

---

(83) GENOVA, Leonardo. *O princípio da proteção no século XXI:* Os novos desafios do trabalhador brasileiro. São Paulo: Ltr, 2009. "O novo sistema econômico implantado atualmente é uma nova estratégia de exploração do trabalho e supervalorização dos ganhos empresariais ou, ao menos, uma tentativa de manter, em tempos de extrema competitividade capitalista, esses ganhos em patamares que permitam a reprodução do capital. No Brasil, o direito do trabalho e o direito social são direitos recentes, conquistados no século passado. Entretanto, inúmeras normas trabalhistas ainda não são respeitadas, o que influencia na demora de uma eficiente democratização social, principalmente com a chegada da globalização.

(84) Art. 1º A República Federativa do Brasil, formada pela união indissolúvel dos Estados e Municípios e do Distrito Federal, constitui-se em Estado Democrático de Direito e tem como fundamentos: [...] III – a dignidade da pessoa humana; IV – os valores sociais do trabalho e da livre iniciativa;

(85) Art. 3º Constituem objetivos fundamentais da República Federativa do Brasil: I – construir uma sociedade livre, justa e solidária; [...] III – erradicar a pobreza e a marginalização e reduzir as desigualdades sociais e regionais.

(86) Art. 7º São direitos dos trabalhadores urbanos e rurais, além de outros que visem à melhoria de sua condição social: I – relação de emprego protegida contra despedida arbitrária ou sem justa causa, nos termos de lei complementar, que preverá indenização compensatória, dentre outros direitos; II – seguro-desemprego, em caso de desemprego involuntário; III – fundo de garantia do tempo de serviço; IV – salário mínimo, fixado em lei, nacionalmente unificado, capaz de atender a suas necessidades vitais básicas e às de sua família com moradia, alimentação, educação, saúde, lazer, vestuário, higiene, transporte e previdência social, com reajustes periódicos que lhe preservem o poder aquisitivo, sendo vedada sua vinculação para qualquer fim; V – piso salarial proporcional à extensão e à complexidade do trabalho; VI – irredutibilidade do salário, salvo o disposto em convenção ou acordo coletivo; VII – garantia de salário, nunca inferior ao mínimo, para os que percebem remuneração variável; VIII – décimo terceiro salário com base na remuneração integral ou no valor da aposentadoria; IX – remuneração do trabalho noturno superior à do diurno; X – proteção do salário na forma da lei, constituindo crime sua retenção dolosa; XI – participação nos lucros, ou resultados, desvinculada da remuneração, e, excepcionalmente, participação na gestão da empresa, conforme definido em lei; XII – salário-família pago em razão do dependente do trabalhador de baixa renda nos termos da lei (Inciso com redação dada pelo art. 1º da Emenda Constitucional n. 20, de 15.12.1998); XIII – duração do trabalho normal não superior a oito horas diárias e quarenta e quatro semanais, facultada a compensação de horários e a redução da jornada, mediante acordo ou convenção coletiva de trabalho; XIV – jornada de seis horas para o trabalho realizado em turnos ininterruptos de revezamento, salvo negociação coletiva; XV – repouso semanal remunerado, preferencialmente aos domingos; XVI – remuneração do serviço extraordinário superior, no mínimo, em cinquenta por cento à do normal; XVII – gozo de férias anuais remuneradas com, pelo menos, um terço a mais do que o salário normal; XVIII – licença à gestante, sem prejuízo do emprego e do salário, com a duração de cento e vinte dias; XIX – licença-paternidade, nos termos fixados em lei; XX – proteção do mercado de trabalho da mulher, mediante incentivos específicos, nos termos da lei; XXI – aviso prévio proporcional ao tempo de serviço, sendo no mínimo de trinta dias, nos termos da lei; XXII – redução dos riscos

de proteção mínima definida pelo legislador constituinte brasileiro para o trabalhador, impedindo, no caso, o exercício de atividades laborais por crianças e adolescentes menores de 14 anos, salvo na condição de aprendiz(87), além das restrições quanto à forma, condições e horários de trabalho.

Na Constituição Federal Brasileira de 1988 houve ainda a preocupação de dispor sobre o trabalho e a necessidade de sua proteção pelo Estado e pela iniciativa privada. O artigo 170 da CF/88 prevê no *caput*(88) a valorização do trabalho humano como um

---

inerentes ao trabalho, por meio de normas de saúde, higiene e segurança; XXIII – adicional de remuneração para as atividades penosas, insalubres ou perigosas, na forma da lei; XXIV – aposentadoria; XXV – assistência gratuita aos filhos e dependentes desde o nascimento até 5 (cinco) anos de idade em creches e pré-escolas (Inciso com redação dada pelo art. 1º da Emenda Constitucional n. 53, de 19.12.2006); XXVI – reconhecimento das convenções e acordos coletivos de trabalho; XXVII – proteção em face da automação, na forma da lei; XXVIII – seguro contra acidentes de trabalho, a cargo do empregador, sem excluir a indenização a que este está obrigado, quando incorrer em dolo ou culpa; XXIX – ação, quanto aos créditos resultantes das relações de trabalho, com prazo prescricional de cinco anos para os trabalhadores urbanos e rurais, até o limite de dois anos após a extinção do contrato de trabalho; a) (Revogada pelo art. 1º da Emenda Constitucional n. 28, de 25/5/2000); Dispositivo revogado: a) cinco anos para o trabalhador urbano, até o limite de dois anos após a extinção do contrato; b) (Revogada pelo art. 1º da Emenda Constitucional n. 28, de 25.5.2000) Dispositivo revogado: b) até dois anos após a extinção do contrato, para o trabalhador rural;" (Inciso com redação dada pelo art. 1º da Emenda Constitucional n. 28, de 25.5.2000). XXX – proibição de diferença de salários, de exercício de funções e de critério de admissão por motivo de sexo, idade, cor ou estado civil; XXXI – proibição de qualquer discriminação no tocante a salário e critérios de admissão do trabalhador portador de deficiência; XXXII – proibição de distinção entre trabalho manual, técnico e intelectual ou entre os profissionais respectivos; XXXIII – proibição de trabalho noturno, perigoso ou insalubre a menores de dezoito e de qualquer trabalho a menores de dezesseis anos, salvo na condição de aprendiz, a partir de quatorze anos; (Inciso com redação dada pelo art. 1º da Emenda Constitucional n. 20, de 15.12.1998; XXXIV – igualdade de direitos entre o trabalhador com vínculo empregatício permanente e o trabalhador avulso. Parágrafo único – São assegurados à categoria dos trabalhadores domésticos os direitos previstos nos incisos IV, VI, VIII, XV, XVII, XVIII, XIX, XXI e XXIV, bem como a sua integração à previdência social.

Art. 8º É livre a associação profissional ou sindical, observado o seguinte: I – a lei não poderá exigir autorização do Estado para a fundação de sindicato, ressalvado o registro no órgão competente, vedadas ao Poder Público a interferência e a intervenção na organização sindical; II – é vedada a criação de mais de uma organização sindical, em qualquer grau, representativa de categoria profissional ou econômica, na mesma base territorial, que será definida pelos trabalhadores ou empregadores interessados, não podendo ser inferior à área de um Município; III – ao sindicato cabe a defesa dos direitos e interesses coletivos ou individuais da categoria, inclusive em questões judiciais ou administrativas; IV – a Assembleia geral fixará a contribuição que, em se tratando de categoria profissional, será descontada em folha, para custeio do sistema confederativo da representação sindical respectiva, independentemente da contribuição prevista em lei; V – ninguém será obrigado a filiar-se ou a manter-se filiado a sindicato; VI – é obrigatória a participação dos sindicatos nas negociações coletivas de trabalho; VII – o aposentado filiado tem direito a votar e ser votado nas organizações sindicais; VIII – é vedada a dispensa do empregado sindicalizado a partir do registro da candidatura a cargo de direção ou representação sindical e, se eleito, ainda que suplente, até um ano após o final do mandato, salvo se cometer falta grave nos termos da lei. Parágrafo único – As disposições deste artigo aplicam-se à organização de sindicatos rurais e de colônias de pescadores, atendidas as condições que a lei estabelecer.

(87) DOWER, Nelson Godoy Bassil. *Instituições de direito publico e privado.* São Paulo: Saraiva, 2005. "Ao menor aprendiz será pago um salário nunca inferior a meio salário mínimo, durante a primeira metade da duração máxima prevista para pelo menos 2/3 do salário mínimo (CLT art. 80)". O parágrafo único deste artigo é importante: "considera-se aprendiz o menor de 14 (catorze) a 18 (dezoito) anos, sujeito à formação profissional metódica do ofício em que exerça o seu trabalho". O art. 80 foi Revogado pela Lei n. 10.097, de 19.12.2000, DOU 20.12.2000.

(88) Art. 170 – A ordem econômica, fundada na valorização do trabalho humano e na livre iniciativa, tem por fim assegurar a todos existência digna, conforme os ditames da justiça social, observados os seguintes princípios: I – soberania nacional; II – propriedade privada; III – função social da propriedade; IV – livre concorrência; V – defesa do consumidor; VI – defesa do meio ambiente, inclusive mediante tratamento diferenciado conforme

princípio fundamental da ordem econômica e, no inciso VIII, prevê de forma programática a busca do pleno emprego; o artigo 193 prevê que a ordem social pressupõe a observância do primado do trabalho.

Esses dispositivos constitucionais demonstram o reconhecimento por parte do legislador constituinte de que o trabalho representa uma das atividades que mais contribuíram e contribuem para o desenvolvimento humano e para inclusão do homem na sociedade. Entretanto, é necessário que este trabalho seja decente.

Outro importante avanço existente na legislação pátria diz respeito às mudanças introduzidas pela Emenda Constitucional n. 45, datada de 31 de dezembro de 2004, ao prever que "os tratados e convenções internacionais sobre direitos humanos que forem aprovados em cada Casa do Congresso Nacional, em dois turnos, por três quintos dos votos dos respectivos membros, serão equivalentes às emendas constitucionais".

Esse dispositivo representou um marco no disciplinamento dos direitos humanos no Brasil, incluindo nesse conteúdo os documentos internacionais que dispõem sobre direitos das crianças e de adolescentes cuja dignidade e integridade física e mental devem ser preservadas. Essa proteção não é novidade, pois a Constituição Federal Brasileira de 1988 estabeleceu em seu art. 227 os direitos da criança e do adolescente, cuja responsabilidade pela garantia e efetividade é conjunta e prioritária da família, da sociedade e do Estado, que têm em conjunto o dever de garantir as condições necessárias ao completo desenvolvimento e à proteção integral da criança e do adolescente[(89)].

---

o impacto ambiental dos produtos e serviços e de seus processos de elaboração e prestação (Inciso com redação dada pelo art. 1º da Emenda Constitucional n. 42, de 19.12.2003); VII – redução das desigualdades regionais e sociais; VIII – busca do pleno emprego;

(89) Art. 227 – É dever da família, da sociedade e do Estado assegurar à criança, ao adolescente e ao jovem, com absoluta prioridade, o direito à vida, à saúde, à alimentação, à educação, ao lazer, à profissionalização, à cultura, à dignidade, ao respeito, à liberdade e à convivência familiar e comunitária, além de colocá-los a salvo de toda forma de negligência, discriminação, exploração, violência, crueldade e opressão. (*Caput* do artigo com redação dada pelo art. 2º da Emenda Constitucional n. 65, de 13.7.2010); § 1º O Estado promoverá programas de assistência integral à saúde da criança, do adolescente e do jovem, admitida a participação de entidades não governamentais, mediante políticas específicas e obedecendo aos seguintes preceitos: (*Caput* do parágrafo com redação dada pelo art. 2º da Emenda Constitucional n. 65, de 13.7.2010): I – aplicação de percentual dos recursos públicos destinados à saúde na assistência materno-infantil; II – criação de programas de prevenção e atendimento especializado para as pessoas portadoras de deficiência física, sensorial ou mental, bem como de integração social do adolescente e do jovem portador de deficiência, mediante o treinamento para o trabalho e a convivência, e a facilitação do acesso aos bens e serviços coletivos, com a eliminação de obstáculos arquitetônicos e de todas as formas de discriminação; (Inciso com redação dada pelo art. 2º da Emenda Constitucional n. 65, de 13.7.2010); § 2º A lei disporá sobre normas de construção dos logradouros e dos edifícios de uso público e de fabricação de veículos de transporte coletivo, a fim de garantir acesso adequado às pessoas portadoras de deficiência.; § 3º O direito a proteção especial abrangerá os seguintes aspectos: I – idade mínima de quatorze anos para admissão ao trabalho, observado o disposto no art. 7º, XXXIII; II – garantia de direitos previdenciários e trabalhistas; III – garantia de acesso do trabalhador adolescente e jovem à escola (Inciso com redação dada pelo art. 2º da Emenda Constitucional n. 65, de 13.7.2010); IV – garantia de pleno e formal conhecimento da atribuição de ato infracional, igualdade na relação processual e defesa técnica por profissional habilitado, segundo dispuser a legislação tutelar específica; V – obediência aos princípios de brevidade, excepcionalidade e respeito à condição peculiar de pessoa em desenvolvimento, quando da aplicação de qualquer medida privativa da liberdade; VI – estímulo do Poder Público, através de assistência jurídica, incentivos fiscais e subsídios, nos termos da lei, ao acolhimento, sob a forma de guarda, de criança ou adolescente órfão ou abandonado; VII – programas de prevenção e atendimento especializado à criança, ao adolescente e ao jovem dependente de entorpecentes e drogas afins (Inciso com redação dada

São também responsabilidade dos pais a educação e o amparo dos filhos, nos termos do art. 229 da Constituição Federal de 1988(90).

Portanto, a proteção da criança e do adolescente, em termos de norma constitucional, são responsabilidades do Estado, mas também da sociedade e da família, que têm a obrigação de garantir a dignidade desses seres indefesos e em formação para evitar que sejam submetidos às piores formas de trabalho ou até mesmo a trabalhos indecentes(91), sendo impedidas de ser criança e reduzidas as perspectivas de futuro, dada a inexistência de acesso a educação de qualidade e aos mecanismos formadores capazes de garantir o seu desenvolvimento, econômico, social e psíquico. O acesso ao trabalho decente é o único mecanismo que, ladeado por uma educação de qualidade, pode assegurar ao jovem, e ao homem de um modo geral, o acesso a uma quantidade de serviços e de bens através de uma remuneração capaz de prover o seu sustento e de sua família, sendo este o caminho que a sociedade possui para encontrar e desenvolver talentos.

---

pelo art. 2º da Emenda Constitucional n. 65, de 13.7.2010); § 4º A lei punirá severamente o abuso, a violência e a exploração sexual da criança e do adolescente; § 5º A adoção será assistida pelo Poder Público, na forma da lei, que estabelecerá casos e condições de sua efetivação por parte de estrangeiros; § 6º Os filhos, havidos ou não da relação do casamento, ou por adoção, terão os mesmos direitos e qualificações, proibidas quaisquer designações discriminatórias relativas à filiação; § 7º No atendimento dos direitos da criança e do adolescente levar-se-á em consideração o disposto no art. 204; § 8º A lei estabelecerá: I – o estatuto da juventude, destinado a regular os direitos dos jovens; II – o plano nacional de juventude, de duração decenal, visando à articulação das várias esferas do poder público para a execução de políticas públicas.

(90) Art. 229 – Os pais têm o dever de assistir, criar e educar os filhos menores, e os filhos maiores têm o dever de ajudar e amparar os pais na velhice, carência ou enfermidade.

(91) GUIMARÃES, José Ribeiro Soares. *Perfil do Trabalho Decente no Brasil:* um olhar sobre as Unidades da Federação. / José Ribeiro Soares Guimarães. Brasília: OIT, 2012. "Em 1999 a OIT formalizou o conceito de Trabalho Decente como uma síntese da sua missão histórica de promover oportunidades para que homens e mulheres obtenham um trabalho produtivo e de qualidade, em condições de liberdade, equidade, segurança e dignidade humanas. O Trabalho Decente é o ponto de convergência dos quatro objetivos estratégicos da OIT (o respeito aos direitos no trabalho, a promoção do emprego, a extensão da proteção social e o fortalecimento do diálogo social), e condição fundamental para a superação da pobreza, a redução das desigualdades sociais, a garantia da governabilidade democrática e o desenvolvimento sustentável". [...] O Trabalho Decente é um direito das jovens gerações, sendo fundamental para garantir oportunidades de ocupação de qualidade para a juventude no presente, tornando também factível a construção de melhores trajetórias ocupacionais futuras. O trabalho tem intensa presença na vida dos e das jovens brasileiros/as. Com efeito, mesmo considerando a diminuição das taxas de participação no mercado de trabalho nos últimos anos, cerca de 21 milhões de adolescentes e jovens entre 15 e 24 anos trabalhavam ou procuravam trabalho no Brasil no ano de 2009, de acordo com os dados da PNAD. Um dos principais traços estruturais do mercado de trabalho dos e das jovens no Brasil (assim como em diversos outros países) é a prevalência de taxas de desemprego significativamente mais elevadas do que àquelas correspondentes à população adulta. Com efeito, em 2009, enquanto a taxa total de desemprego (referente aos trabalhadores de 16 a 64 anos de idade) era de 8,4%, entre os jovens (15 a 24 anos de idade) essa cifra alcançava 17,8%, ou seja, era mais do que duas vezes superior. A magnitude da taxa de desemprego juvenil também contribui — juntamente com a representatividade estrutural dos jovens na PEA — para que seja expressivo o número de jovens entre o contingente total de desempregados. De fato, em 2009, 46,3% (3,7 milhões) do total de 8 milhões de trabalhadores e trabalhadoras desempregados existente no país eram jovens (tinham entre 15 e 24 anos de idade). A taxa de desemprego entre os jovens declinou de 18,1% para 15,5% entre 2004 e 2008 (o correspondente a 2,6 p.p.), acompanhando a mesma tendência observada para a taxa correspondente à população de 16 a 64 anos de idade (que diminuiu de 9,0% para 7,2% durante o mesmo período). A desocupação caiu tanto entre os jovens quanto entre os adultos em função dos níveis de crescimento econômico e do conseqüente desempenho favorável do mercado formal de trabalho [...].

Esse esforço de produção legislativa não é suficiente para solucionar o problema do trabalho infantil, pois tudo passa pela conscientização da sociedade brasileira, que deve buscar caminhos para eliminar todas as formas de trabalho infantil, em especial aqueles serviços prestados por crianças e adolescentes em condições degradantes, como é o caso da pequena mineração, que ocorre no Brasil em várias regiões mineradoras[(92)]. Isso representa uma afronta ao princípio da dignidade humana e de valorização do trabalho, que compreende condições para que as atividades econômicas sejam exercidas no Brasil de forma livre, embora muitos dos casos de trabalho infantil não necessariamente representem exemplos de exploração do capital sobre o trabalho. Muitas vezes, essa prática está arraigada nas formas tradicionais de organização das famílias, bem como na natureza cultural, representadas pela incapacidade de proporcionar as condições mínimas para que as crianças permaneçam na escola e condições econômicas.

Esses fatores, juntamente com o desempenho de atividade laboral por crianças e adolescentes, representa um elemento inibidor do desenvolvimento educacional do indivíduo, na medida em que diminui seu rendimento escolar, retirando-lhe oportunidades, em especial a de buscar um maior nível de escolaridade, o que, sem sombra de dúvidas, limita a sua possibilidade de ter acesso a um trabalho decente.

O acesso ao trabalho decente representa também um mecanismo de transformação do crescimento e desenvolvimento econômico, que trará estímulo à possibilidade de provimento pelos pais das condições alimentares, de lazer e de educação necessárias aos filhos, afastando-os do trabalho infantil. Este é o objetivo de todos os dispositivos estabelecidos na Constituição Federal de 1988: que as famílias busquem e que o Estado garanta as condições mínimas de desenvolvimento humano para que as crianças e os adolescentes não sejam privados de sua infância e adolescência e possam ingressar no mercado laboral no momento apropriado e em igualdade de condições de buscar um trabalho decente.

Permitir a existência de trabalho infantil no Brasil, seja pelo Estado ou pela sociedade, representa negar todo o conteúdo de proteção definido na Constituição Federal de 1988. Significa, ainda, uma negação às normas reconhecedoras dos direitos econômicos, sociais e culturais que constituem e dão densidade ao princípio da socialidade, instrumento de

---

(92) CASTILHOS, Zuleica C.; LIMA, Maria Helena Machado Rocha; CASTRO, Nuria Fernández. *Gênero e trabalho infantil na pequena mineração:* Brasil, Peru, Argentina, Bolívia. Rio de Janeiro: CETEM/CNPQ, 2006. "Trabalhos recentes apontam a necessidade de considerar outros fatores que podem também determinar a existência de trabalho infantil. Schwarstman (2004) observou que o trabalho infantil nas zonas rurais tem menos a ver com a exploração que com as tradições familiares ou com a ausência e ou precariedade das escolas. São fatores importantes, portanto, os de natureza cultural que dizem respeito às formas tradicionais e familiares da organização econômica e da incapacidade do sistema escolar em manter as crianças na escola. O trabalho infantil nas atividades de mineração está sempre relacionado às piores formas de trabalho, que impõe danos físicos e mentais às crianças. É comum se falar dos benefícios do trabalho infantil em algumas atividades, pois nem todo tipo de trabalho é tão danoso, podendo estar associado à disciplina e ao treinamento para o trabalho futuro. No entanto, existem fortes evidências de que o trabalho de crianças e adolescentes, seja qual for, traz impactos negativos à educação e aos rendimentos futuros, sendo um poderoso inibidor de oportunidades e ganhos futuros, incluindo o de maior escolaridade". (ILAHI *et al.*, 2004).

eficácia e concretude do princípio democrático que possui uma dimensão econômica, social e política[93].

Ainda sobre a questão, é importante destacar que a Constituição Federal Brasileira de 1988 inclui, entre os direitos sociais a serem garantidos plenamente pelo Estado e como um dever da família e da sociedade em geral, a proteção à infância. Essa proteção está diretamente vinculada à necessidade de impedir o exercício de qualquer tipo de trabalho por crianças em idade não laboral, além de criar critérios para que adolescentes possam exercer atividades laborativas somente quando não prejudicar a sua saúde e educação, devendo ser assegurado à criança e ao adolescente o direito de brincar e de ter as mesmas condições e oportunidades que qualquer outro ser humano, independentemente de qualquer elemento econômico, social, de gênero, ou étnico. Esta proteção está dentro do conteúdo disposto no art. 6º da Constituição Federal de 1988, em relação à proteção aos desamparados para tanto considerados como vulneráveis.

É, portanto, obrigação do Estado brasileiro adotar todas as medidas para assegurar o pleno cumprimento dos princípios de proteção do trabalho e do trabalhador, seja quando elaborar políticas públicas de trabalho, normas ou até mesmo a sua interpretação pelos tribunais. Os princípios servem justamente para garantir a base de todo e qualquer ordenamento jurídico, embora os do direito do trabalho possuam ainda a função de atualização, recriação e reestruturação das relações do trabalho, fato[94] que vincula ainda mais o Estado e a sociedade brasileira ao cumprimento dos princípios fundamentais do trabalho definidos pela OIT e reafirmados pelo MERCOSUL, com a anuência do Estado brasileiro, além daqueles esculpidos na Constituição Federal de 1988.

3.3.1. As normas infraconstitucionais de proteção da criança e do adolescente no mercado de trabalho brasileiro

A utilização de mão de obra infantil no Brasil acontece há muito tempo. Nesse aspecto, necessariamente, tem-se que anotar como marco histórico desta prática reprovável e indigna o período da escravatura, em que crianças eram submetidas a longas jornadas de trabalho em trabalhos agrícolas e domésticos em fazendas pertencentes a fazendeiros e senhores de engenho.

Nesse período, um negro saudável de 14 anos de idade era considerado mercadoria de grande valia, pois poderia exercer atividades laborais mais pesadas. Alguns, tidos como privilegiados, dada a predileção de seus senhores e a confiança, podiam exercer atividades domésticas. No caso das mulheres menores, eram submetidas aos trabalhos

---

(93) CANOTILHO, José Joaquim Gomes. *Direito constitucional.* 3. ed. Coimbra: Almedina, 1999. "As normas reconhecedoras de direitos econômicos, sociais e culturais, densificam o princípio da socialidade que, por sua vez, concretiza o princípio democrático na sua dimensão de democracia econômica, social e política."

(94) RODRIGUEZ, Américo Plá. *Princípios de direito do trabalho.* São Paulo: LTr, 2004. "[...] inspira o legislador, servindo de fundamento para o ordenamento jurídico. A normativa atua como fonte supletiva, no caso de ausência de lei. São meios de integração de direito. E, a interpretativa opera como critério orientador do juiz ou do intérprete".

domésticos, além de serem muitas delas utilizadas para satisfação da lascívia dos seus senhores.

Esta realidade no Brasil começou a mudar com a Lei do Ventre Livre, que alforriava os filhos de escravos, e com a Lei Áurea (1888), que concedeu a liberdade aos escravos. Entretanto, como eles não tinham nenhum preparo para o trabalho sob outro regime a não ser o escravo, além da concorrência com a mão de obra europeia que chegava para tomar o lugar anteriormente exercido pelos negros, estes tiveram sua oportunidade de sobrevivência e de labor diminuída. Há resquícios dessa desigualdade até os dias atuais, mediante a presença, no território brasileiro, de trabalho escravo e, acima de tudo, da permanência da cultura e da utilização da mão de obra de crianças e adolescentes em condições indignas.

O Brasil foi um dos primeiros países da América Latina que buscou disciplinar o trabalho do menor. Essa norma é datada de 1891, pelo então Presidente Deodoro da Fonseca. A norma (Decreto n. 1.313) em estudo era voltada para o disciplinamento do trabalho dos menores nas atividades industriais situadas na área compreendida pelo Distrito Federal. Após essa regra inicial, foi elaborado e entrou em vigor no Rio de Janeiro o Decreto n. 1.801, de 1917, que definia medidas garantistas para os menores. Esse Decreto é criticado por sua ineficácia e falta de concretude como norma protetiva.

Esses diplomas legais iniciais de proteção do trabalho da criança e do adolescente no Brasil seguem uma lógica que teve início na Inglaterra (1802); idade mínima de 9 anos para realização de trabalhos em oficinas e na indústria do algodão, sendo que sua carga horária não poderia exceder 12 horas; na Alemanha (1833), as normas fixavam regras para o trabalho de menores entre 9 e 16 anos, limitando sua jornada de trabalho a um período de 10 horas diárias e na França (1813), de limitação da idade para que os menores pudessem exercer atividades laborativas a dez anos, não sendo permitido o trabalho de menores em minas.

Importante norma, sob o aspecto histórico, foi promulgada na Itália (1886), vedando a utilização de menores entre 9 e 10 anos em atividades industriais e em minas. A norma proibia também que os trabalhos fossem realizados em atividades subterrâneas quando as atividades não fossem condizentes com o porte físico dos menores, além de vedar a realização de atividades laborativas por menores de idade inferior a 15 anos e as atividades desempenhadas perigosas e insalubres. Essas normas, entretanto, não eram necessariamente observadas pelos detentores do capital[95].

Essas disposições de outros países, ao lado dos documentos e normas da OIT, terminaram por influenciar a adoção de regras protetivas do trabalhador menor no Brasil, orientando e influenciando, como o Código de Menores, promulgado no ano de 1927, que previa a proibição do trabalho de menores de 12 anos, e o trabalho noturno aos menores de 18 anos[96].

---

(95) VIVOT, Julio J. Martinez. *Los menores y las mujeres en el derecho del trabajo*. Buenos Aires: Astrea, 1981. p. 16.

(96) KELLER, Werner. *O direito ao trabalho como direito fundamental:* instrumentos de efetividade. São Paulo: LTr, 2011.

Além disso, deve ser ressaltado o Decreto n. 423, que ratificou as Convenções da Organização Internacional do Trabalho ns. 5, 6 e 7, que tratam, respectivamente, da idade mínima para admissão nos trabalhos industriais, datada de 1919, ratificada pelo Brasil em 16.4.1934; trabalho noturno dos menores nas indústrias, datada de 1919, ratificada pelo Brasil em 26.4.1934; e a última sobre a idade mínima para admissão de menores em trabalho marítimo, datada de 1920, revista em 8.6.1936, período em que foi ratificada pelo Brasil.

Sobre essas Convenções, é importante informar que, com exceção da n. 6, as demais foram denunciadas pelo Brasil como resultado da ratificação da Convenção n. 138, em 28.6.2001. No caso das Convenções ns. 5 e n. 7, como resultado da ratificação em 9.1.1974 da Convenção n. 58, todas emanadas da OIT e elaboradas de conformidade com a Constituição da Organização Internacional[97] e ratificadas de conformidade com a Constituição Federal brasileira[98].

Outro marco de combate ao trabalho infantil no Brasil foi a criação do CONAETI--Br, no ano de 2002, além do Programa de Erradicação do Trabalho infantil (PETI), no ano de 1996, como também o estabelecimento do Plano Nacional de Prevenção e Erradicação do Trabalho Infantil e de Proteção ao Trabalhador Adolescente, no ano de 2004, como instrumentos de busca pela eliminação de qualquer forma de afronta à dignidade humana.

A Emenda Constitucional n. 20, de 15 de dezembro de 1998, veda qualquer possibilidade de trabalho a menores de 16 anos, exceto na condição de aprendiz, na condição de 14 anos, e ressalva também o tipo de trabalho desenvolvido, que não pode ser insalubre, periculoso, noturno[99] ou que exponha à dignidade do menor prejudicando o seu normal desenvolvimento psíquico e social. Este é mais um instrumento de ratificação da Convenção n. 138 da OIT que versa sobre a idade mínima para admissão no trabalho ou emprego, como pode também ser observado com o disposto no art. 7º, XXXIII da CF/88.

A idade mínima para o trabalho no Brasil foi regulamentada pela Lei n. 10.097, de 19.12.2000, que alterou os arts. 402 e 403 da CLT. Não há qualquer previsão legal para trabalhos realizados por menores de 16 anos, mesmo que sejam leves, pois, conforme expressa disposição constitucional já tratada aqui, o trabalho somente é permitido aos menores de 16 anos, desde que tenham, no mínimo, 14 anos, na condição de aprendiz, observada a compatibilidade de horários com os estudos.

---

(97) Disponível em: <http://www.oit.org.br/convention>.

(98) DOWER. Nelson Godoy Bassil. *Instituições de direito público e privado*. São Paulo: Saraiva, 2005. "A Constituição Federal vedou o trabalho noturno, perigoso ou insalubre aos menores de 18 anos, bem como qualquer trabalho aos menores de 16 anos, salvo nas condições de aprendiz (art. 7º, XXXIII), a partir de 14 anos. Praticamente, a lei admite o trabalho dos 16 anos em diante". O menor entre 16 e 18 anos só pode celebrar contrato de trabalho assistido ou autorizado, mas se os pais verificarem que o trabalho é imoral ou prejudicial à saúde do filho, terão o direito de fazer cessar o contrato, visto que, nessa idade, a lei ainda o considera parcialmente capaz.

(99) BRASIL. *Consolidação das Leis do Trabalho*. Presidência da República: Brasília, 2012, art. 405 que proíbe o trabalho noturno, ou em locais e serviços perigosos, insalubres ou moralmente danosos.

Já o Estatuto da Criança e do Adolescente, em seu art. 149, prevê a possibilidade da autoridade judiciária (juiz da infância e da juventude), autorizar, através de portaria própria ou de alvará, a participação de crianças e de adolescentes em espetáculos públicos, certames de beleza e ensaios. Contudo, essas atividades têm que ser autorizadas com muita cautela, pois as crianças devem ter resguardado o seu direito à educação, ao lazer, à saúde e à sua integridade física e moral.

Sob o aspecto legal, não é apenas do Estado a garantia da criança autorizada a participar de atividades laborais, nos termos do art. 149 do ECA, mas é, sobretudo, do contratante-empregador. Mesmo havendo a autorização legal, algumas reportagens mostram que crianças e adolescentes recebem autorização para o exercício dessas atividades, mas o Estado não tem feito o devido acompanhamento, causando prejuízos à integridade física e psíquica das crianças e dos adolescentes, que após o trabalho, devido à falta de acompanhamento psicológico, terminam por não compreender o assédio ocorrido durante a atividade. Isso traz vários conflitos psíquicos e termina por prejudicar o desenvolvimento físico e mental da criança e do adolescente que muitas vezes prejudica a sua educação.

É importante ressaltar que, mesmo nos casos de autorização judicial para o exercício das atividades definidas no art. 149 do ECA, é obrigatória a anotação da Carteira de Trabalho das crianças e dos adolescentes que exerçam as atividades delineadas no artigo supra, conforme determina o CONAETI-Br.

Para efeito de caracterização do menor como criança ou adolescente, o Estatuto da Criança e do Adolescente Brasileiro, Lei n. 8.069/90, define, em seu art. 2º, que criança é toda pessoa que possua idade inferior a 12 anos e adolescente, entre 12 e 18 anos de idade.

Ainda sobre este diploma legal, é importante destacar que ele ressalta, nos mesmos moldes da Constituição Federal de 1988, que não poderá o menor de 18 anos exercer atividades laborativas que possam ser danosas à sua formação educacional e moral, bem como aquelas definidas como insalubres, perigosas ou danosas.

Devem ser destacadas, ainda, as disposições inseridas no Código Penal Brasileiro que tipificam como crime e definem proteções contra atos praticados contra menores, como a redução análoga à condição de escravo (no caso de prática contra o menor, criança ou adolescente, o crime recebe um aumento de pena, art. 149), a frustração de direito garantido pela legislação trabalhista, nos termos do art. 203. Pode ainda ser destacada a disposição constante no art. 206 do Código Penal em relação ao aliciamento de menores para fins de emigração, bem como o aliciamento de trabalhadores de um local para trabalhar em outro do território nacional, constituindo conduta agravada se a vítima for menor de 18 anos, conforme expressa disposição inserida no art. 207 do Código Penal.

Nos arts. 231 e 231-A do Código Penal Brasileiro o legislador tipificou como crime o tráfico internacional de pessoas para fins de prostituição, estabelecendo conduta agravada quando a vítima for criança ou adolescente.

Ainda em relação ao Código Penal, devem ser também destacados os arts. 240, 241 e 244-A do ECA, que regulamentam no plano infraconstitucional o disposto no art. 227, § 4º, da Constituição Federal de 1988, no tocante à punição mais severa para os crimes de exploração sexual de crianças e adolescentes.

Outros importantes marcos da legislação brasileira são os Decretos ns. 5.015 e 5.016, datados de 12 de março de 2004, que ladeados pelo Decreto n. 5.017 de mesma data promulgam no território brasileiro a Convenção de Palermo. No caso do primeiro e dos demais, cumprem a função de promulgar os protocolos adicionais relacionados ao tráfico de trabalhadores migrantes e de pessoas.

Deve ser destacado que o Decreto n. 5.006, datado de 8 de março de 2004, promulgou, no Brasil, as disposições do Protocolo Facultativo sobre os Direitos referentes ao envolvimento de crianças em conflitos armados, algo que o Brasil ainda não conseguiu erradicar, bastando observar a utilização de crianças por traficantes em localidades periféricas e de condições sociais precárias das grandes e médias cidades brasileiras.

No tocante aos direitos das crianças e dos adolescentes foi o Decreto n. 5.007, datado de 8 de março de 2004, que promulgou no Estado brasileiro o Protocolo Facultativo à Convenção sobre os Direitos das Crianças, no tocante a venda de crianças, à prostituição infantil e a pornografia infantil. Sobre esta questão importante dispositivo legal de agravação de pena ocorre com a entrada em vigor da Lei n. 10.764, de 12 de novembro de 2003, que prevê o aumento de pena e o agravamento para os crimes cometidos em razão do exercício de cargo ou função pública e que de alguma forma contribua com esta conduta para expor a imagem de criança de forma pejorativa na internet.

Ainda sobre as disposições infraconstitucionais de proteção da criança e do adolescente no Brasil, não pode deixar de serem apresentadas as disposições sobre o corrompimento e a facilitação para a corrupção de pessoa menor de 18 anos, para com ela praticar, ou induzi-la a praticar, ato ilícito, nos termos da Lei n. 2.252/54, além da Lei n. 6.368/76, que trata do tráfico ilícito e do uso de substâncias entorpecentes, criminalizando condutas e estabelecendo aumentos de penas para os casos que tiverem como vítima ou fizer uso de menores de 21 anos em associação[(100)].

Sobre essa questão, o Superior Tribunal de Justiça também vem se posicionando no sentido de buscar responsabilizar os indivíduos que fizerem uso de crianças e adolescentes

---

(100) BRASIL. SUPREMO TRIBUNAL FEDERAL. HC N. 74.370/SP – SÃO PAULO – *HABEAS CORPUS* – Relator(a): Min. SYDNEY SANCHES – Julgamento: 10.9.1996 – Órgão Julgador: Primeira Turma – Publicação: DJ 8.11.1996 – PP-43203 – EMENTA VOL-01849-03 PP-00514 – Parte(s) PACTE.: MARCELO MURINO – IMPTE.: EDENIR RODRIGUES DE SANTANA – COATOR: TRIBUNAL DE JUSTIÇA DO ESTADO DE SÃO PAULO – EMENTA: – DIREITO PENAL E PROCESSUAL PENAL. TRÁFICO DE ENTORPECENTES. CONDENAÇÃO: JUSTA CAUSA. DESCLASSIFICAÇÃO. PENA: CAUSA DE AUMENTO (art. 18, inciso III, da Lei n. 6.368, de 21.10.1976). PROVAS. *"Habeas Corpus"*. 1. Não é o *"Habeas Corpus"* instrumento processual adequado para provocar o reexame das provas em que se baseou a condenação, seja para o efeito de reconhecimento de falta de justa causa para esse resultado, seja para propiciar uma desclassificação (no caso, de crime de tráfico de entorpecentes,para o de porte). 2. Se a causa de aumento de pena, prevista no inc. III do art. 18 da Lei Anti-Tóxicos, consistente em visar o delito amenor de 21 anos de idade, é reconhecida com base nos elementos de convicção, constantes dos autos, não pode essa conclusão ser revista em "Habeas Corpus", porque também nesse ponto demandaria reexame de provas. 3. "H. C." indeferido.

em suas práticas criminosas, como também nas situações em que as condutas sejam destinadas a atingi-los[(101)].

(101) BRASIL. SUPERIOR TRIBUNAL DE JUSTIÇA. "CRIMINAL. *HABEAS CORPUS*. TRÁFICO ILÍCITO DE ENTORPECENTES. PENA-BASE FIXADA ACIMA DO MÍNIMO LEGAL. DECISÃO FUNDAMENTADA. CAUSA DE DIMINUIÇÃO DE PENA DO ART. 33, § 4º, DA LEI N. 11.343/06. INAPLICABILIDADE. QUANTIDADE E ACONDICIONAMENTO DAS DROGAS. DELITO PRATICADO EM LOCAL DE COMÉRCIO DE ENTORPECENTES, COM ENVOLVIMENTO DE MENORES. CAUSA DE AUMENTO DE PENA DO ART. 40, INCISO VI. APLICABILIDADE. ORDEM DENEGADA. I. Mostra-se suficientemente fundamentado o acórdão que estabelece a pena-base acima do mínimo legal com supedâneo na quantidade de drogas apreendidas — acondicionadas em mais de uma centena de porções — nos termos do art. 42 da Lei n. 11.343/06. II. Se o Tribunal a quo reconheceu o envolvimento da paciente com a atividade criminosa de tráfico de drogas, circunstância que, por si só, impede a aplicação da minorante, e que a quantidade de droga apreendida afasta a possibilidade da benesse ora pleiteada, mostra-se inviável a aplicação da causa de diminuição de pena delineada no § 4º do art. 33 da Lei de Tóxicos no presente caso. III. Embora não haja prova nos autos, o acórdão recorrido menciona expressamente a idade das menores envolvidas, de quinze e dezesseis anos de idade, além de relatar que foi aplicado a ambas medida socioeducativa de liberdade assistida, restando indiscutível sua menoridade penal. IV. A desconstituição da decisão, em relação à menoridade das envolvidas, dependeria de aprofundado reexame do contexto fático-probatório dos autos, vedado em sede de *habeas corpus*. V. Não se verifica constrangimento ilegal na aplicação da causa de aumento de pena do art. 40, inciso VI, da Lei n. 11.343/06 no patamar de 1/2 (um meio) se evidenciada a utilização de duas adolescentes como instrumento para livrar-se da sanção penal. VI. Ordem denegada. (HC 170.118/SP, rel. ministro GILSON DIPP, QUINTA TURMA, julgado em 16.6.2011, DJe 1º.7.2011).

HABEAS CORPUS. TRÁFICO DE ENTORPECENTES E VENDA OU FORNECIMENTO DE SUBSTÂNCIAS TÓXICAS A CRIANÇAS OU ADOLESCENTES (ARTS. 33 DA LEI N. 11.343/2006, E 243 DO ESTATUTO DA CRIANÇA E DO ADOLESCENTE). AUSÊNCIA DE LAUDO QUE COMPROVE A SUBSTÂNCIA ENTORPECENTE, OU A IDENTIFICAÇÃO DO PRODUTO QUE CONTENHA COMPONENTE CAPAZ DE CAUSAR DEPENDÊNCIA. IMPOSSIBILIDADE DE COMPROVAÇÃO DA MATERIALIDADE DOS DELITOS. 1. Conquanto existam precedentes que, na hipótese de inexistência de apreensão da droga ou dos produtos cujos componentes possam causar dependência física ou psíquica, dispensam laudo para comprovar a materialidade, respectivamente, dos delitos de tráfico de entorpecentes (art. 33 da Lei n. 11.343/2006) e venda ou fornecimento de substâncias tóxicas para crianças ou adolescentes (art. 243 da Lei n. 8.069/1990), a melhor compreensão é a que defende a indispensabilidade da perícia nos crimes em questão. 2. A constatação da aptidão da substância ou elemento contidos no produto para produzir dependência, ou seja, para viciar alguém, só é possível mediante perícia, já que tal verificação depende de conhecimentos técnicos específicos. Doutrina. 3. O art. 50, § 1º, da Lei n. 11.343/2006 não admite a prisão em flagrante e o recebimento da denúncia sem que seja demonstrada, ao menos em juízo inicial, a materialidade da conduta por meio de laudo de constatação preliminar da substância entorpecente, que configura condição de procedibilidade para a apuração do ilícito de tráfico. Precedentes. OFERTA DE BEBIDA ALCOÓLICA, MACONHA E COCAÍNA A ADOLESCENTES. ALEGAÇÃO DE DUPLA INCRIMINAÇÃO. PACIENTE DENUNCIADO PELA PRÁTICA DOS CRIMES DISPOSTOS NOS ARTS. 33 DA LEI N. 11.343/2006, E 243 DA LEI N. 8.069/1990. SUBSIDIARIEDADE DO ART. 243 DO ECA. 1. O delito de venda ou fornecimento de substâncias tóxicas para crianças ou adolescentes é subsidiário, consoante previsão do próprio tipo penal, no qual consta que a pena para o ilícito é de 02 (dois) a 04 (quatro) anos de detenção, se o fato não constituir crime mais grave. 2. Tendo sido o paciente acusado de oferecer drogas como cocaína e maconha para as adolescentes, não há que se falar em infração penal do Estatuto da Criança e do Adolescente, mas sim no crime de tráfico de drogas constante da Lei n. 11.343/2006, que inclusive institui, no art. 40, inciso VI, uma causa de aumento de pena quando a prática da infração envolver ou visar criança ou adolescente. OFERTA DE BEBIDA ALCOÓLICA A ADOLESCENTES. IMPOSSIBILIDADE DE ENQUADRAMENTO NO ART. 243 DO ESTATUTO DA CRIANÇA E DO ADOLESCENTE. NÃO CARACTERIZAÇÃO DA INFRAÇÃO PENAL PREVISTA NO ART. 63 DA LEI DE CONTRAVENÇÕES PENAIS. 1. A conduta de oferecer bebidas alcoólicas a adolescentes, não contemplada no art. 33 da Lei de Drogas, também não está abrangida no tipo do art. 243 do Estatuto da Criança e do Adolescente, porquanto "a distinção estabelecida no art. 81 do ECA das categorias 'bebida alcoólica' e 'produtos cujos componentes possam causar dependência física ou psíquica' exclui aquela do objeto material previsto no delito disposto no art. 243 da Lei n. 8.069/1990; caso contrário, estar-se-ia incorrendo em analogia in malam partem." (REsp n. 942288/RS, de minha relatoria, QUINTA TURMA, julgado em 28.2.2008, DJe 31.3.2008). 2. Além de não se enquadrar no tipo do art. 243 da Lei n. 8.069/1990, a conduta imputada ao paciente tampouco pode ser abarcada pelo art. 63 da Lei de Contravenções Penais, no qual se prevê o ilícito consistente no ato de servir bebida alcoólica a menor de 18 anos. 3. Isso porque, no caso

3.3.2. Principais características do trabalho infantil no Brasil

Segundo pesquisas do PNAD, publicadas em 2004, sobre o mercado laboral brasileiro, o trabalho infantil no Brasil teve início, de forma mais específica, durante o período da escravatura e continua existindo, de forma latente, nos dias atuais.

Assim, o trabalho infantil possui, em alguns aspectos, características novas pela forma e pelas modalidades de trabalho existentes no âmbito da nova ordem econômica mundial. Para se ter uma ideia, até 2004, encontravam-se direta ou indiretamente em situação de trabalho infantil algo em torno de 250 mil crianças entre 5 e 9 anos; aproximadamente 1,7 milhão entre 10 e 14 anos.

Apesar das dificuldades econômicas e das diferenças sociais existentes no Brasil, a divisão de responsabilidades, definida dentro do pacto federativo, e a redução das desigualdades regionais previstas na Constituição Federal de 1988, ainda são, em muitos aspectos, utópicas, devido, acima de tudo, às inconsistências das políticas públicas de proteção da criança e do adolescente. Ressalte-se que muitas delas foram idealizadas e propostas pela Organização Internacional do Trabalho e por órgãos ligados a Organização das Nações Unidas.

Segundo dados do PNAD, historicamente, no Brasil, o número de trabalhadores infantis do sexo masculino é superior ao feminino, muito embora este seja um dado que merece especial atenção, levando em conta os tipos e as regiões onde o trabalho é prestado. Segundo dados da OIT e do PNAD, em pesquisas realizadas no ano de 2005, a região Sudeste apresenta o menor índice de ocupação de postos de trabalho por crianças e adolescentes, com algo em torno de 8,6% de seres humanos com idade inferior a 18 anos exercendo atividades laborais. Em seguida, a região Centro-Oeste, com 10,5% de crianças e adolescentes exercendo trabalhos informais e ilegais. A região

---

dos autos, a denúncia narra que o paciente teria somente oferecido bebidas alcoólicas as menores, e não as servido. 4. Ausente a similitude entre os verbetes "oferecer" e "servir", impõe-se reconhecer que, in casu, a conduta de ofertar bebida alcoólica a adolescentes, descrita na inicial acusatória, é atípica. SUBMISSÃO DE CRIANÇA OU ADOLESCENTE À EXPLORAÇÃO SEXUAL OU À PROSTITUIÇÃO (ART. 244-A DO ESTATUTO DA CRIANÇA E DO ADOLESCENTE). ALEGADA INÉPCIA DA PEÇA VESTIBULAR. INCRIMINAÇÃO DE SIMPLES INTENÇÃO OU VONTADE NÃO EXTERIORIZADA PELO PACIENTE. DESCRIÇÃO SUFICIENTE DA CONDUTA. INEXISTÊNCIA DE CONSTRANGIMENTO ILEGAL. DENEGAÇÃO DO *WRIT* QUANTO AO PONTO. CONCESSÃO PARCIAL DA ORDEM. 1. De acordo com a inicial acusatória, o paciente, juntamente com seu sobrinho, corréu na ação penal, teria dito para as adolescentes que elas deveriam manter relações sexuais com um suposto cliente que chegaria de Salvador, em troca de R$ 50,00 (cinquenta reais), além de se oferecerem aos clientes que porventura chegassem ao bar. 2. A simples afirmação do órgão ministerial de que, com este proceder, o paciente pretendia submetê-las à prostituição, não pode ser entendida, como pretende o impetrante, como a se incriminar um simples pensamento ou uma mera vontade não externada. 4. Ao contrário, percebe-se que o órgão ministerial descreveu suficientemente a suposta prática delituosa, permitindo a ampla defesa por parte do paciente e de seu sobrinho, corréu no processo criminal em comento. 5. O trancamento de ação penal é medida excepcional, só admitida quando restar provada, inequivocamente, sem a necessidade de exame valorativo do conjunto fático ou probatório, a atipicidade da conduta, a ocorrência de causa extintiva da punibilidade, ou, ainda, a ausência de indícios de autoria ou de prova da materialidade do delito, circunstâncias não evidenciadas na hipótese em exame, no que se refere especificamente ao delito disposto no art. 244-A do Estatuto da Criança e do Adolescente. 6. Ordem parcialmente concedida, apenas para trancar a ação penal no que diz respeito aos crimes previstos nos arts. 33 da Lei n. 11.343/2006, e 243 do Estatuto da Criança e do Adolescente. (HC 124.938/BA, rel. ministro JORGE MUSSI, QUINTA TURMA, julgado em 2.9.2010, DJe 8.11.2010)."

Nordeste ocupa a última posição dessa lista nefasta do trabalho infantil, no caso com 15,9% das crianças e adolescentes exercendo atividades laborais. O Sul apresenta 14% e a região Norte, 13,1% de crianças e adolescentes exercendo atividades laborativas.

As atividades exercidas por crianças e adolescentes em sua grande maioria não são remuneradas, e quando existe uma remuneração não observa o mínimo legal definido pela Constituição Federal de 1988, nem as condições impostas para que o trabalho seja prestado por crianças e adolescentes, nem o critério da idade mínima.

Inexiste vinculação da utilização do trabalho infantil com o desenvolvimento econômico e tecnológico das regiões do país, pois o elemento central que contribui de forma decisiva para a existência de trabalho infantil no Brasil, como em todos os países do MERCOSUL, é a situação de pobreza extrema, que termina por conduzir as crianças e adolescentes, com a conivência de suas famílias, para o trabalho como forma de complementação da renda familiar(102).

Em relação ao MERCOSUL, as áreas da economia e do mercado laboral que utilizam trabalho infantil no Brasil não diferem(103) muito das argentinas, por exemplo, pois o trabalho infantil é encontrado nas atividades agrícolas, domésticas, em carvoarias, bem como na mineração e nas atividades industriais, em especial nas atividades ligadas ao setor do vestuário. Também são encontradas crianças e adolescentes exercendo suas atividades laborais em sinais de trânsito, nos lixões, em atividades comerciais, no caso feiras livres e em atividades artísticas, onde nem sempre existe a autorização do juiz da infância e da juventude. Todas essas informações são corroboradas pelo Censo Demográfico, que demonstra o grande número de postos de trabalho ocupados por crianças e adolescentes caracterizando trabalho infantil(104).

Outra situação preocupante, dada a imoralidade e a indignidade, é com relação aos trabalhos ilícitos, como o tráfico de drogas, jogo do bicho e até mesmo prostituição.

A utilização do trabalho infantil no Brasil é, sem sombra de dúvidas, decorrente da situação de pobreza das famílias, que terminam por permitir que os seus filhos

---

(102) SPRANDEL, Marcia Anita; ANTÃO DE CARVALHO, Henrique José e AKIO MOTONAGA, Alexandre. *Legislação comparada sobre o trabalho de crianças e adolescentes nos países do Mercosul*. Brasília: OIT, 2006. "Embora existam particularidades locais, como vimos, o trabalho infantil apresenta algumas características comuns nos quatro países do MERCOSUL. Em todos eles, a situação de pobreza acaba levando milhares de famílias que não apresentam níveis de vida e renda satisfatórios a recorrer à atividade econômica de crianças e adolescentes".

(103) BRITO FILHO, José Cláudio de. *Trabalho decente*. São Paulo: LTr, 2010. p. 106. "O Brasil não está imune a esses problemas. Voltando ao aspecto quantitativo, e verificando o Censo Demográfico 2000, do Instituto Brasileiro de Geografia e Estatística — IBGE, que é, como dito no item anterior, o último grande levantamento estatístico feito até o momento, observa-se que, das pessoas com 10 a 14 anos de idade, no Brasil, 6,6% estavam ocupadas; na idade de 15 anos, a ocupação aumentava para 18,4%, e, na idade de 16 e 17 anos, era elevada novamente, agora para 29,8%. Esses percentuais, traduzidos em números, significam que, de um total de 17.353.683 (dezessete milhões, trezentos e cinquenta e três mil seiscentos e oitenta e três) de crianças e adolescentes dos sexos masculino e feminino, de 10 até 14 anos de idade, 1.142.438 (um milhão, cento e quarenta e dois mil quatrocentos e trinta e oito), sendo 771.972 (setecentos e setenta mil, quatrocentos e dois) do sexo masculino e 370.466 (trezentos e setenta mil, quatrocentos e sessenta e seis) do sexo feminino, estavam ocupadas na semana de referência.

(104) Censo Demográfico 2000: trabalho e rendimentos — resultados da amostra (Rio de Janeiro: IBGE, 2003. p. 52).

exerçam atividades laborativas que, em regra, recebem remunerações inferiores aos adultos, embora, muitas vezes, retirem postos de trabalho dos adultos, agravando a crise do emprego(105).

Sobre o agravamento da crise do emprego, é importante ressaltar que, apesar de importante, não pode ser elevada ao ponto de sucumbir o mal maior que é a privação dos sonhos das crianças e dos adolescentes que prestam serviços de baixo custo quando deveriam estar inseriras em escolas e atividades educativas e de lazer para que no futuro possam ter condições de auferir um espaço qualitativo no mercado de trabalho.

(105) BRITO FILHO, José Claudio de. *Trabalho decente*. São Paulo: LTr, 2010. p. 106. "Pela primeira, o trabalho de crianças e adolescentes, via de regra mais barato que o dos adultos, finda por retirar destes últimos postos de trabalho, agravando o risco social do desemprego".

Capítulo 4 — As Políticas Públicas de Erradicação do Trabalho Infantil na Argentina e no Brasil

A proteção da criança e do adolescente não representa uma tarefa fácil, em especial no mercado de trabalho, quando os capitalistas fazem uso de todos os mecanismos para obtenção do aumento de sua lucratividade. Entre esses mecanismos está a utilização de mão de obra de crianças e adolescentes que são levadas a substituir sua instrução pelo exercício de atividades laborativas em situação de indecência, principalmente em países com altos índices de desigualdade social e de pobreza(106), como é o caso da Argentina e do Brasil. A pobreza é, sem sombra de dúvidas, um dos principais fatores de contribuição para a existência do trabalho infantil, embora não seja o único, representa um dos mais graves.

Este fato exige do Estado a adoção de políticas públicas inclusivas para evitar que crianças e adolescentes sejam privados do normal desenvolvimento físico e mental.

4.1. Programas e projetos utilizados pelo estado argentino para o combate ao trabalho infantil

Como instrumentos de políticas públicas voltadas para a proteção da criança e do adolescente no mercado laboral, o governo argentino aderiu e adotou providências sugeridas pela Organização Internacional do Trabalho, além de contribuições dadas por organizações não governamentais internas daquele país. Isso representa uma tentativa de enfrentar o problema, que não possui uma simples solução devido às questões culturais, familiares e socioeconômicas que impõem as crianças e adolescentes à realização de tarefas laborativas para contribuir, complementar e muitas vezes prover economicamente as suas famílias.

Para o desenvolvimento de políticas públicas voltadas para a erradicação do trabalho infantil, bem como pela não utilização do trabalho de crianças e adolescentes em atividades laborativas que coloquem em risco a sua saúde e a segurança, o governo argentino utiliza, segundo informações do Ministério do Trabalho e Emprego, os seguintes instrumentos

(106) MINISTÉRIO DE TRABAJO EMPLEO Y SEGURIDAD SOCIAL. Programa Internacional para la erradicación del trabajo infantil (IPEC). *Contextualización de las condiciones sociales asociados a la problemática del trabajo infantil en la Argentina*. Buenos Aires, 2002. p. 4. "Sea cual fuere la postura que fundamente el tratamiento del tema del trabajo infantil, lo certo es que en la actualidad ningún analista pone en discusión que el fenómeno del trabajo infantil tende a crecer paralelamente con el empobrecimento, por lo que el debate se vincula ineludiblemente a la creciente expansión de la pobreza y la desigualdade en vastos sectores de nuestra sociedade, por su incidencia en la perdurabilidad e incremento del fenómeno. Desde esta perpectiva, concebimos el trabajo infantil como el desempeñado por niños de hasta 14 años que, en el intento de procurar ingresos para ayudar a sus famílias o para su propia subsistencia, mendigan o hasta incurren en atividades que transgreden en mayor o menor grado las normas establecidas".

de coleta de dados: a) Censo Nacional Agropecuário; b) Censo Nacional de Población y Vivienda; c) Módulo de Monitoreo de Metas Sociales; c) Encuesta de Desarrollo Social realizada por el SIEMPRO; d) Encuesta Permanente de Hogares(107).

Entretanto, esses dados são sempre defasados e desatualizados, o que prejudica qualquer política pública que tenha como base a estatística para sua implementação, principalmente quando essa política é destinada a mudar uma realidade social que é dinâmica, fato que por si só impõe que os mecanismos de controle, fiscalização, implementação e de aplicação das políticas sejam também dinâmicos e atualizados cotidianamente para ter a chance de conseguir minimamente um resultado positivo(108).

A utilização de trabalho de crianças e adolescentes traz para o futuro econômico e social desses indivíduos um prejuízo incalculável, dada a falta de igualdade de oportunidades para essas crianças exercerem os seus direitos. Além disso, demonstra, no caso do Estado argentino e demais Estados da América Latina, que suas políticas públicas voltadas para a erradicação e o combate ao trabalho infantil, apesar de importantes, precisam de revisões constantes, para correções de distorções e equívocos no enfrentamento do problema, já que essas políticas não têm mostrado eficiência(109).

Sobre esta questão, a Argentina estabeleceu o Programa Nacional de Ação em Matéria de Trabalho Infantil, contido no anexo IV da Lei Federal n. 25.212. Esta norma foi elaborada tendo como embasamento os resultados obtidos pelo Seminário Nacional Sobre o Trabalho Infantil, que teve a participação de representantes do governo argentino, de organizações de trabalhadores, empregadores e da sociedade civil.

Na organização do Seminário em questão estavam representantes da OIT, do Ministério do Trabalho, Emprego e Seguridad Social da Argentina, e do UNICEF.

---

(107) MINISTERIO DEL TRABAJO, EMPLEO Y SEGURIDAD SOCIAL. ACTUALIZAÇÃO DIAGNÓSTICA DEL TRABAJO INFANTIL EN LA ARGENTINA. PROGRAMA INTERNACIONAL PARA LA ERRADICACIÓN DEL TRABAJO INFANTIL. Buenos Aires, 2002.

(108) MINISTERIO DE TRABAJO, EMPLEO Y SEGURIDAD SOCIAL. CONAETI. UNICEF. Despertando consciencia junto a la sociedad civil: por la prevención y erradicación del trabajo infantil. Buenos Aires. "Hoy es necesário asumir el problema y promover un consenso amplio que convierta em realidade los derechos del niño que han sido reconocidos en la legislación, entre ellos, la protección contra el trabajo infantil. La gravedad del fenomeno exige el esfuerzo de distintos sectores sociales e instituciones relevantes para la infância, en busca de soluciones integrales para este problema. Si bien el Estado es el principal responsable de garantizar a todos los niños y niñas sus derechos, las organizaciones de la sociedad civil y la família también tienen un rol sustantivo del trabajo infantil. El abordaje de estos problemas, mediante el trabajo cooperativo entre distintos actores y sectores, permitiria una mirada en el marco de un contexto social más general que los de sentido. Este enfoque apunta a evitar encasilhar los hechos como problemas meramente individuales, de los que supuestamente es responsable un niño o una família en particular".

(109) ORGANIZAÇÃO INTERNACIONAL DO TRABALHO — OIT. *Panorama Laboral 2011.* Lima: OIT/Oficina Regional para América Latina y el Caribe, 2011. p. 144. El empleo infantil y adolescente, una de las peores expresiones del funcionamiento de los mercados rurales caracterizados por la informalidad en las condiciones de empleo y la precariedad de los ingresos, tiene mayor presencia en las famílias más pobres en América Latina. Además, el trabajo de prácticamente todos los miembros de la familia no resuelve los problemas de pobreza que originan esta forma de empleo prematura que aparta a los niños de la educación formal y de los mecanismos de integración social. Estas conclusiones iniciales corresponden a la que podría considerarse una visión estructural del desarrollo de los mercados laborales rurales en América Latina. En la siguiente sección se realiza una breve revisión del estado de algunas instituciones y políticas relevantes del mercado laboral.

4.1.1. *Panorama geral dos programas governamentais específicos de enfrentamento do trabalho infantil na Argentina*

A Argentina, através do Ministério do Trabalho, Emprego e Seguridade Social, vem desenvolvendo vários programas e projetos em parceria com a OIT, o UNICEF, bem como com órgãos e entidades não governamentais e governamentais, tudo no sentido de desenvolver uma política pública que minimamente erradique e reprima o trabalho infantil.

O governo argentino possui também o Programa de Ação Direta (PAD) voltado para o desenvolvimento de políticas públicas localizadas, levando em consideração os problemas e incidências de trabalho infantil na seara regional e provincial, além de uma perspectiva de atuação em atividades específicas como empresas de reciclagem de lixo e lixões, como também, fabricas de ladrilhos.

Esse programa possui a participação no campo da atuação e efetivação de seus objetivos de organizações não governamentais, como é o caso da Defesa Niños Internacional, que atuou no caso das fábricas de ladrilhos informais situadas em Chacabuco. Esse programa busca proteger as crianças, adolescentes e suas famílias na seara social, financeira e econômica(110).

Outro objetivo do programa é o fortalecimento das políticas nacionais de combate ao trabalho infantil, no plano local, muito embora, no plano nacional, seja formatado pela OIT/IPEC, juntamente como o Ministério do Trabalho, que busca enfrentar, tratar e eliminar as causas do trabalho infantil. Segundo consta do Projeto, esse objetivo é possível a partir do fortalecimento institucional do Ministério do Trabalho, mediante a elaboração de um diagnóstico da investigação do problema, além da utilização de subsídios (bolsas) para sustentar as famílias, sobretudo para conscientizar a sociedade argentina da necessidade de erradicação do trabalho de crianças e adolescentes em prejuízo de seus estudos.

Ainda como medidas preventivas para o combate ao trabalho infantil em uma de suas formas mais indignas, que é a exploração sexual, o governo argentino, em 2002, implementou o Plano de Ação a favor dos Direitos da Infância Objeto de Exploração Sexual, idealizado pelo UNICEF e implementado em parceria com o Conselho do Menor e da Família; o Conselho Nacional da Mulher, com a participação da Secretaria de Política Criminal do Ministério da Justiça e do Ministério Público Fiscal. O objetivo desse plano é assegurar às crianças e adolescentes uma vida digna e livre, sem qualquer sujeição à exploração ou violência. Além disso, objetiva o fortalecimento da capacidade do Estado Argentino e das organizações sociais dos direitos de meninos e meninas em situação de exploração retirando-as e prevenindo a entrada de novas crianças nesta atividade, mediante a criação e ampliação das redes de proteção(111).

---

(110) LITTERIO, Liliana Hebe. *El trabajo infantil y adolescente en la Argentina:* las normas y la realidade. 1. ed. Buenos Aires: Errepar, 2010.

(111) Disponível em: <http://www.ecpat-esp.org/documentacion/planesnacionales/Argentina.pdf>.

Outra politica pública definida adotada pelo Estado argentino, mas apenas por um período de 2 anos (2003 a 2005), foi o Programa Luz de Infância para la Prevención y Erradicación de la Explotación Sexual Comercial Infantil. Este programa ficou sob a responsabilidade da Secretaria de Trabalho da Nação, com financiamento do IPEC/OIT e sediado na província de Misiones e em Puerto Iguazu.

O principal resultado deste programa foi a realização de um estudo diagnóstico e a sensibilização da população, bem como a formação de um comitê local, composto por representantes de várias regiões da província.

De todos os objetivos alcançados, o mais importante foi o de chamar a atenção para o problema da exploração sexual infantil e a integração com comitês das cidades fronteiriças(112).

Já o Programa de Prevención y Eliminación de la explotación sexual comercial de niños, niñas y adolescentes en la Triple Frontera, iniciado em 2003 pelo IPEC/OIT, congrega instituições públicas e privadas para o combate, na região de fronteira entre Argentina, Brasil e Paraguay, à prostituição infantil em ruas, hotéis, casas de eventos e bordéis.

Este programa ainda hoje existe, mas os resultados, como nos demais casos, são muito tímidos pela falta de estrutura dos aparelhos de prevenção e de fiscalização.

Em relação às crianças subtraídas de suas famílias e traficadas, há na Argentina o Programa Nacional de Prevención de la Sustracción y Tráfico de Niños y de los Delitos contra su Identidad. Este programa é responsável pela catalogação e registro em âmbito nacional de informações sobre crianças subtraídas e traficadas ou suspeitas de estarem sendo utilizadas pelo e para o tráfico(113).

Pode também ser relatado entre os programas que possuem a preocupação com o tema trabalho infantil o Programa para la Prevención y Erradicación del Trabajo infantil Urbano en la República Argentina: Tiempo de Infancia, iniciado no ano de 2003, terminou em 2008, promovendo ações descentralizadas, mediante a participação de todas as entidades e instituições públicas e privadas, em especial as de nível local que estão diante do problema, tendo, portanto, maior facilidade em sua identificação.

Este programa possui também a intenção de difundir o problema e de buscar a modificação das práticas culturais no tocante à ideia inserida no seio da sociedade de que é normal crianças exercerem atividades laborais, além, é claro, do objetivo mais nobre que é a permanência das crianças e adolescentes no sistema educativo formal.

---

(112) LITTERIO, Liliana Hebe. *El trabajo infantil y adolescente en la Argentina:* Las normas y la realidade. 1. ed. Buenos Aires: Errepar, 2010. p. 395. "Se realizo un diagnóstico, se sensibilizó a la población y se formó un Comité Local Multisectorial integrado por representantes del área gubernamental local, província y nacional, de los sindicatos, de las cámaras empresariales y de la Iglesia, con la finalidad de ejecutar las acciones correspondientes al programa. El programa logró hacer tomar conciencia a los actores sociales, las autoridades gubernamentales y la sociedad en su conjunto, tanto de que existe la explotación sexual infantil como de la necesidad de erradicarla. Ahora la denuncian. También implico la coordinación y el trabajo con las organizaciones locales de Foz Iguazú (Brasil) y Ciudad del Este (Paraguay), a través de sus respectivos comités locales".

(113) ARGENTINA. Decreto Federal n. 10.005/2003.

Mais uma vez ressaltamos que os objetivos do programa estão dentro do que se espera de uma política pública, entretanto, a grande dificuldade está na implementação dessas políticas para que possam trazer resultados concretos, saindo do mero campo do discurso e da norma[114], pois, na maioria maciça das vezes, os Comitês Locais têm em sua formação a observância da Multisetorialidade, mas na sua atuação isso não acontece.

Outro fator que também contribui para a ineficácia dos programas é a falta de estrutura de trabalho, conforme já demonstrado, para os atores responsáveis pela implementação e fiscalização do cumprimento dos objetivos do programa. Infelizmente, não é uma realidade apenas da Argentina, pois, no caso, do Brasil, poderia ser dito a mesma coisa.

Desde 2003, o CONAETI, vem, juntamente com a Secretaria de Trabalho da Nação, em cooperação com o Banco Interamericano de Desenvolvimento, executando o Programa de Formación e Información Sistemática em Materia de Prevención y Erradicación del Trabajo Infantil. O objetivo central é a promoção da formação de auditores ou fiscais para a inspeção do trabalho dentro de uma perspectiva de existência do trabalho infantil, além de capacitá-los para enfrentar o problema potencializando as suas habilidades e atividades, criando elos e informações em relação às demais políticas públicas nacionais, regionais e locais sobre o trabalho infantil[115].

O Programa Encuesta y Observatório del Trabajo Infantil está compreendido dentro do Programa de Informação, Estadística y Monitoreo en Materia de Trabajo Infantil de la OIT, em convênio com o Governo Federal, através do Ministério de Trabajo, cuja coordenação fica a cargo da Subsecretaria de Programación Técnica y Estudios Laborales[116].

Esse programa é composto de duas formas de atuação: a primeira, representada pelas pesquisas sobre os tipos de trabalho infantil e os efeitos das políticas públicas e das intervenções estatais para o enfrentamento do problema. Já a segunda forma de atuação é através do observatório que tem a incumbência de elaborar normativas, manter as estatísticas catalogadas da EANNA e de outros instrumentos de asserimento do trabalho infantil, como também manter organizada a documentação sobre o trabalho infantil através do Centro de Documentação e, acima de tudo, municiar os responsáveis

---

(114) ORGANIZAÇÃO INTERNACIONAL DO TRABALHO. Buenos Aires, 2013. "En la actualidad, cerca de 215 millones de niños trabajan en el mundo, muchos a tiempo completo. Son niños que no van a la escuela y no tienen tiempo para jugar. Muchos no reciben alimentación ni cuidados apropiados. Se les niega la oportunidad de ser niños. Más de la mitad de estos niños están expuestos a las peores formas de trabajo infantil como trabajo en ambientes peligrosos, esclavitud, y otras formas de trabajo forzoso, actividades ilícitas incluyendo el tráfico de drogas y prostitución, así como su participación involuntaria en los conflictos armados. El Programa Internacional para la Erradicación del Trabajo Infantil (IPEC) trabaja para alcanzar la erradicación efectiva del trabajo. Disponível em: <infantil.http://www.oit.org.ar/portal/index.php?option=com_content&view=article&id=427&Itemid=307>. Acesso em: 10 mar. 2013.

(115) ORGANIZAÇÃO INTERNACIONAL DO TRABALHO. *Promover los principios y derechos fundamentales a través del diálogo social.* Buenos Aires, 2005. Disponível em: <www.ilo.org>.

(116) ORGANIZAÇÃO INTERNACIONAL DO TRABALHO. Disponível em: <http://www.oit.org.ar/portal/index.php> Acesso em: 10 mar. 2013.

por Políticas, Programas e Ações de informações e dados sobre as instituições, os programas voltados para a prevenção e erradicação do trabalho infantil, como também a regulamentação do trabalho de adolescentes(117).

Além disso, é importante ressaltar que apenas com um profundo estudo de todos os aspectos envolvidos e influenciadores do trabalho infantil é possível obter êxito no intento de erradicá-lo, atribuindo responsabilidades ao Estado e às famílias das crianças e adolescentes explorados indevidamente e elaborando uma política pública perene de acompanhamento das causas do trabalho infantil, para que as ações sejam, acima de tudo, preventivas — o que ainda não foi feito(118).

Entre essas providências podem ser citadas o CONAETI-Arg, já citado, como importante grupo de discussão e de elaboração de projetos de políticas públicas para auxiliar o Estado argentino no enfrentamento do problema.

Outra importante ferramenta é o Programa de Informação, Estatística e Monitoramento em Matéria de Trabalho Infantil (SIMPOC), que é vinculado a Subsecretaria de Programação Técnica e Estudos Laborais do Ministério do Trabalho. Esta repartição é responsável pelo levantamento de dados sobre a situação do problema, bem como monitoramento dos efeitos e eficácia de políticas públicas voltadas para a erradicação do trabalho da criança e do adolescente demonstrando, que antes de efetivar qualquer política interventiva é necessário conhecer, quantificar e dimensionar o problema, pois somente assim a política implementada terá maior chance de sucesso no que se refere ao seu objetivo.

Já o Ministério da Justiça da Argentina possui um registro voltado para unificação de dados sobre menores extraviados (Registro Nacional de Menores Extraviados), responsável pelo levantamento e cruzamento de todo o território argentino. A medida facilita o acesso às informações, como também a identificação de locais em que há a maior concentração de menores extraviados, facilitando a identificação das causas do problema.

Ainda sobre o registro mantido pelo Ministério da Justiça é importante frisar que o mesmo encontra-se intrinsecamente ligado ao Programa Nacional de Prevenção à Subtração e ao Tráfico de Crianças e dos Delitos contra a identidade das crianças e adolescentes.

---

(117) LITTERIO, Liliana Hebe. *El trabajo infantil y adolescente en la Argentina:* las normas y la realidade. 1. ed. Buenos Aires: Errepar, 2010.

(118) MABE, Rafael Lirman. Los responsables de la problemática del trabajo infantil en la Argentina y sus consecuencias. *In: Revista de Derecho Laboral y Seguridade Social*, Abeledo-Perrot, Marzo, p. 386, 2012. "El mismo sentimento de dolor expresado por el Dr. Tomada es lo que me motivo a efectuar esta tesis, con el objetivo de aportar herramientas que ayuden a buscar las soluciones que permitan erradicar la grave problemática del trabajo infantil en la Argentina y sus nocivas consecuencias. Porque sólo a partir de un profundo análisis de la problemática es posible plantear las estrategias orientadas a resolverla. Y, compartiendo el pensamento expresado por la representante de Unicef Argentina, Lic. Gladys Acosta Vargas, considero que el trabajo infantil es evitable y que es una responsabilidade del Estado, de las famílias y del mundo adulto en su conjunto plantear la superación del problema. El trabajo infantil en la Argentina aumento en los últimos quince años, provocando graves perjuicios sociales. Y, al respecto, se plantea como hipóteses que los Poderes Ejecutivo Y Legislativo nacional y provinciales son los principales responsables por acción, inacción y/u omisión de dicho crecimento y de las consecuencias que provoca".

A Argentina aderiu também ao Programa de Prevenção e Eliminação da Exploração Sexual Infantil Comercial de Crianças e Adolescentes na Tríplice Fronteira Argentina-Brasil-Paraguai, do qual a Argentina participou com o Programa Luz da Infância, na Província de Misiones.

Os programas governamentais argentinos, assim como os do Brasil, estão embasados, conforme já demonstrado, em dados desencontrados, desatualizados e imprecisos, o que em muito contribui para a ineficiência dos programas e políticas públicas para criação de uma rede de proteção mínima e, acima de tudo, voltadas para retirada de crianças e de adolescentes dessa situação de indecência.

O governo argentino busca, com seus programas, erradicar o trabalho infantil através do cumprimento de metas estabelecidas pela OIT, que ressalta a necessidade de resolução do problema. Entretanto, estimou, a partir de 2003, um prazo de 20 anos para que não exista mais na Argentina trabalho infantil, mediante programas de inclusão de crianças e adolescentes em unidades educacionais, como também através de programas de renda mínima voltada para o fortalecimento das famílias onde essas crianças e adolescentes estão inseridos.

Sobre esta questão é importante observar que o custo ao qual a OIT se refere é o da oportunidade, pois a preocupação da Organização é criar um cenário em que de forma real, concreta, as famílias tenham efetivamente oportunidades de labor de qualidade, quantidade e mediante salários dignos que sejam suficientes para o sustento do trabalhador e de sua prole, evitando, assim, que crianças e adolescentes em idade escolar sejam utilizadas como mão de obra para aumentar os ingressos no núcleo familiar.

Para tanto, estimou que é necessário, no caso da Argentina, reduzir anualmente 0,38% do total de crianças exercendo atividades laborativas para que em 20 anos o trabalho infantil seja erradicado em todo o território argentino, sobretudo em relação às crianças entre cinco e quatorze anos. Segundo o estudo da Organização, são as mais vulneráveis por serem exploradas em grande medida por membros de suas próprias famílias, dada a fragilidade econômica e social em que vivem e pela ausência de uma rede de proteção mínima eficiente[119].

Os custos de remuneração de uma criança e adolescente na Argentina, para os exploradores, segundo dados de 2004 da OIT, é menor que 38,4 dólares o mês trabalhado,

(119) SAUMA, Pablo. *Construir futuro, invertir en la infancia.* Estudio econômico de los costos y beneficios de eliminar el trabajo infantil en los Paises del Cono Sur. Lima: Oficina Internacional do Trabalho, 2006. p. 50-51. "La salida del mercado laboral de las niñas y niños trabajadores genera un costo de oportunidade a las familias, que dejan de percibir los ingresos laborales por este trabajo. El valor del trabajo infantil para las familias no se refleja necessariamente en los ingresos monetarios directos del mismo,, dado que muchas veces éste no recibe un pago directo (sobre todo cuando se trabaja en el negocio familiar, por exemplo). Incluso en estos casos, el aporte del trabajo infantil para el bienestar familiar puede estar sub-representado, en la medida que el producto de este trabajo signifique una mayor cantidad de ingresos a la familia que lo que estrictamente se retribuye al niño. Sin embargo, se sigue aquí la línea de propuesta general (OIT,2003), en el sentido de que el costo de oportunidade es el valor del trabajo mismo. [...] se considera la población de 5-14 años que realiza trabajo infantil por eliminar. El período para erradicar el trabajo es de 20 años, agregados para fines analíticos en cuatro oleadas."

o valor pago pelo mês de trabalho infantil no Chile. No caso da Argentina, esse valor é de aproximadamente, 12,5 dólares mês.

Nesse sentido, é importante frisar que, segundo estudos da OIT, esse é o custo médio aproximado que teria o Estado argentino para criar oportunidades e empreender esforços reais para erradicar o trabalho infantil de seu território(120).

Os programas de distribuição de renda e de inclusão das crianças nas escolas têm ainda a intenção de retirar do trabalho crianças e adolescentes que exercem atividades laborativas, em especial no setor da mineração que faz uso dessa mão de obra de maneira informal, fato que tem comprometido o desempenho escolar e o desenvolvimento físico e psíquico, como também a saúde dessas crianças e adolescentes expostas a atividades estritamente penosas e indecentes, como é o caso da exposição a substâncias químicas, como o mercúrio utilizado para extrair alguns minérios, e exposições ao sol, calor, e principalmente, ao frio.

A Argentina, por ser um país com uma forte atuação na seara agrícola com áreas urbanas de forte impacto turístico, tem, nessas áreas, grandes concentrações de trabalhadores infantis, principalmente na rural, que muitas vezes não têm a atenção das redes sociais e governamentais de proteção(121).

Esse quadro é causado, sobretudo, pela pobreza e pela falta de uma rede de proteção mínima para as famílias em que essas crianças estão inseridas. São levadas por parentes, pais e demais membros da família, ao trabalho informal, indecente, indigno e ilegal, para aumentar os ganhos, ou seja, prevalece a renda do núcleo familiar em detrimento de sua educação e desenvolvimento físico e mental, sendo expostas a ambientes, substâncias e jornadas de trabalho imorais(122).

---

(120) SAUMA, Pablo. *Construir futuro, invertir en la infancia.* Estudio econômico de los costos y beneficios de eliminar el trabajo infantil en los Paises del Cono Sur. Lima: Oficina Internacional do Trabalho, 2006.

(121) ORGANIZAÇÃO INTERNACIONAL DO TRABALHO — OIT. *Panorama Laboral 2011.* Lima: OIT/Oficina Regional para América Latina y el Caribe, 2011. p. 95. "Los factores que explican la pobreza y el déficit de trabajo decente en las zonas rurales son complejos y variados, e incluyen aspectos tales como la distribución de las tierras, la estructura de las cadenas productivas, las deficiencias de infraestructura y las políticas de fomento productivo. Se observa una generalizada ausencia de políticas públicas dirigidas hacia el mercado de trabajo en las áreas rurales, lo que representa un sesgo urbano de desconocimiento de sus particularidades. Se suele omitir la importancia de las políticas para el mercado laboral, asumiendo casi como una fatalidad que éstas no tendrían aplicación ni impacto en el espacio rural. Otro aspecto que emergió con fuerza en los estudios mencionados es la constatación de la debilidad de la presencia estatal en las áreas rurales. Este déficit se refiere tanto a la acción de los Ministerios de Trabajo en su función fiscalizadora de las leyes laborales, como a la escasa inversión en infraestructura, la ausencia de créditos para la agricultura en general — incluidos aquellos que otorga la banca privada — y de políticas públicas relacionadas con la educación y capacitación de los trabajadores. Estos últimos programas son prácticamente inexistentes en los países estudiados y debieran formar parte del menú de planes de mejoría del nivel de los recursos humanos del sector rural".

(122) MASTRANGELO, Andrea. Miserias preciosas. Trabalho infantil y género en mineria artesanal (Misiones, Argentina). *In:* CASTILHOS, Zuleica Carmen; LIMA, Marta Helena Machado Rocha; CASTRO, Nuria Fernández. *Gênero e trabalho infantil na pequena mineração — Brasil, Peru, Argentina, Bolívia.* Rio de Janeiro: CETEM/CNPQ, 2006. p. 137. "La producción minera en Wanda está distribuída en 7 yacimientos, 4 de los cuales son explotaciones formalizadas, con tenencia del suelo y derechos del subsuelo regularizados, que extraen piedra regularmente. Tres de ellos están montados como atractivos lugares de visita para el turista (se pueden recorrer pequeños túneles, tienen cultivo de plantas acuáticas y peces en las cavas que exhiben geodas en el basalto). Un quinto yacimiento formalizado, lo fue como parte de un proyecto de desarrollo de la cooperación internacional, y si

Os responsáveis pela fiscalização das condições de trabalho do trabalhador e da utilização de mão de obra infantil são omissos em seu dever, muito embora o próprio Estado não adote providências para facilitar o trabalho dos agentes de fiscalização.

Há, no caso, a necessidade de uma maior atuação estatal nos campos legislativos e fiscalizatórios, mas, acima de tudo, no campo das políticas públicas de apoio às famílias e às crianças e adolescentes em situação de vulnerabilidade ou em áreas geográficas que as tornem alvos fáceis de empregadores inescrupulosos, interessados apenas em obter lucro, sem qualquer preocupação com esses seres humanos que não tiveram sequer o direito de ser criança(123).

Sobre este Programa, é importante frisar que ele não está diretamente ligado à questão do trabalho infantil, como vários dos programas e projetos desenvolvidos pelo Estado Argentino, mas tem a função de auxiliar as crianças que estejam em situação de vulnerabilidade, como é o exemplo do programa Chefes de Família Desempregados, o programa de Renda para o Desenvolvimento Humano e o Programa Nacional de Bolsas Estudantis, além do Programa Pró-Criança, da Movistar, que é gerido conjuntamente com o terceiro setor e vinculado à CONAETI e à OIT.

Contudo, de modo cristalino, o principal instrumento de combate ao trabalho infantil na Argentina foi a elaboração do Plano Nacional para a Prevenção e Erradicação do Trabalho Infantil no ano de 2006. Esse Plano não tem funcionado a contento devido a questões de natureza social, falta de estrutura para fiscalização, como também em relação à dimensão dos projetos e políticas públicas, que, na maioria das vezes, não consegue atingir as províncias e populações mais carentes e distantes, como é o caso da população rural. Nesse aspecto, as crianças e adolescentes do sexo masculino são mais exploradas do que as do sexo feminino. Esta é uma realidade constatada na Argentina, mas que se aplica, perfeitamente, ao Brasil(124).

---

bien tiene regularizada su situación tributaria, la cooperativa que debía explotarla se encuentra en conflito. Finalmente existen dos yaciminentos informales, que son simples conjuntos de pozos abiertos en tierras de propietarios ausentes, sin permiso del propietario de la tierra ni derecho sobre el subsulelo, de donde se extraem piedras preciosas con herramientas de uso corrientes en casas rurales: palas, cortahierros y a veces con la simple percusión de piedra contra piedra. Las gemas que se extraen son calcedonias con y sin cristales, ame tista, cuarzo hialino, cuarzo ahumado, cuarzo rosado y citrino (falso topacio). La cantidad informal, en tanto, 32 familias son las que reconnocen dedicarse a la actividad minera durante todo el año, lo que permite afirmar que 128 personas están involucradas en la mineria informal, siendo fuerza de trabajo infantil el 67% de la mano de obra utilizada".

(123) ORGANIZAÇÃO INTERNACIONAL DO TRABALHO — OIT. *Panorama Laboral 2011*. Lima: OIT/Oficina Regional para América Latina y el Caribe, 2011. p. 94. "Los estudios de países llevados a cabo en el marco de la cooperación entre la FAO, la OIT y la CEPAL reflejaron también la importancia de las políticas. En esta sección se analizan algunas de las instituciones y políticas más directamente vinculadas al desempeño de los mercados laborales y a la pobreza rural. Esta modalidad de contratación ha sido creciente en los países que han separado los procesos de trabajo y expandieron el trabajo temporal en sus procesos productivos, como ocurre en los casos de Argentina, Brasil, Chile, Perú y Uruguay. En Bolivia (Estado Plurinacional de), la intermediación ha incluido más eslabones con subcontratistas, por lo que la relación laboral es más difusa. Este fenómeno se observa también en Centroamérica y México, pero de manera menos generalizada. A medida que estas formas de relación laboral se extienden y su aplicación se generaliza, se eleva la necesidad de actuar con legislación y, sobre todo, con regulaciones y fiscalización, para que el ejercicio de la intermediación no agrave las situaciones de precariedad laboral que persisten en la región".

(124) MASTRANGELO, Andrea. Miserias preciosas. Trabalho infantil y género en mineria artesanal (Misiones, Argentina). *In:* CASTILHOS, Zuleica Carmen; LIMA, Marta Helena Machado Rocha; CASTRO, Nuria Fernández. *Gênero e*

Pode também ser citado como instrumento de combate ao trabalho infantil na Argentina, ao lado do plano acima referenciado, o intercâmbio da Argentina com Paraguai e Uruguai em termos de combate ao trabalho infantil perigoso e à inspeção do trabalho, principalmente nas regiões de fronteira.

No âmbito do MERCOSUL, a Argentina aderiu à Declaração Sociolaboral, à Declaração Presidencial sobre a Erradicação do Trabalho Infantil e ao Plano Sub-regional para a Erradicação do Trabalho Infantil.

Existe ainda, na Argentina, a discussão de um plano regional de inspeção do trabalho, como também um plano regional para a prevenção e erradicação do trabalho infantil no MERCOSUL, que foi aprovado pelo GMC n. 36/06.

Além desses documentos, programas e projetos existem outros que não estão diretamente ligados à temática do trabalho infantil, mas ao tráfico de menores e à exploração sexual, que ladeados pela Proposta de Acordo Trilateral OIT/IPEC representam marcos importantes no combate à exploração de crianças e adolescentes.

Segundo o Panorama Laboral 2011 publicado pela OIT, no tocante às políticas públicas e programas de intervenção social voltados para a proteção da criança e do adolescente no mercado laboral tem sido alcançados avanços, mas, pelo que se observa no cotidiano da população Argentina, esses avanços[125] ainda são bastante tímidos, pois não conseguem alcançar a tão sonhada erradicação do trabalho infantil, sendo este mais um fator que demonstra que as leis argentinas estão adequadas para a proteção, faltando apenas políticas públicas inclusivas eficientes.

O trabalho infantil, nos últimos 15 anos, sofreu um aumento por causa da ineficiência das políticas públicas argentinas no seu combate e na busca por sua erradicação. Esse fato tem causado o aumento da utilização de crianças e adolescentes em serviços que

---

trabalho infantil na pequena mineração — Brasil, Peru, Argentina, Bolívia. Rio de Janeiro: CETEM/CNPQ, 2006. p. 145: "Los niños mineros de Wanda son predominantemente varones entre 7 y 11 años que realizan su trabajo en el contexto de sus famílias y procuran el beneficio para si (se compan sapatos, ropa e comida). Junto a algunos jóvenes (entre 15 y 50 años) son quienes realizan el trabajo minero (destape del basalto y extracción de gemas). Como fue descrito brevemente antes, el trabajo se realiza em pequeños pozos rodeados de pinares donde se concentra humedad, lo que aumenta la possibilidad de acidentes traumáticos y derrumbes . Otros riesgos laborales típicos del pozo minero son picaduras de víboras y exposición a vextores de hantavírus. La comercialización se realiza imediatamente y casi sin elaboración. Las vendedoras callejeras prefieren comprar gemas a niños. Su argumento es claro: 'los niños vendem más barato', hecho certo, ya no contabilizan en el costo de su fuerza de trabajo. Cuando no consiguen una compradora mayorista son ellos mismos queienes comercializan las liedras, ofertándolas a los automoviles de turistas en platôs de chapa enlozada".

(125) ORGANIZAÇÃO INTERNACIONAL DO TRABALHO — OIT. *Panorama Laboral 2011.* Lima: OIT/Oficina Regional para América Latina y el Caribe, 2011. p. 44. "Con la combinación de las tendencias analizadas de oferta y demanda de fuerza de trabajo, el desempleo urbano cae desde cifras de dos dígitos a inicios de la década a 7,3% en 2008, después aumenta a 8,1% con la crisis internacional en 2009 y nuevamente retrocede a 7,3% en 2010. La disminución del desempleo benefició a hombres, mujeres y jóvenes. Sin perjuicio de lo anterior, a fines de la década persiste una amplia brecha de género pues el desempleo femenino es equivalente a 1.4 veces el desempleo masculino. La diferencia es mayor en el caso del desempleo de los jóvenes, que triplica el de los adultos hacia el final del mismo periodo. [...] Precisamente, la información disponible para un grupo de países de la región indica que la proporción de niños y jóvenes de cinco a 17 años de edad que asisten al colegio o escuela aumento (nivel nacional) entre comienzos y fines de la década de los años dos mil."

deveriam ser prestados por adultos e, até mesmo, em atividades econômicas que não podem ser exercidas por nenhum ser humano, tamanha a sua indignidade[126].

Portanto, o problema do trabalho infantil na Argentina não carece de leis, projetos e programas de proteção, mas de efetividade e concretude das ações governamentais e não governamentais, além, é claro, da mudança de comportamento da sociedade para que não aceite esta prática imoral do trabalho infantil e passe a repudiar toda e qualquer forma de trabalho infantil, mesmo aquelas que parecem lícitas e educativas, como o trabalho esportivo e os trabalhos artísticos prestados por crianças e adolescentes em prejuízo de sua instrução educacional, profissional e, acima de tudo, em atividades que tragam, de alguma forma, afronta à sua dignidade. É preciso que as flexibilizações de regras trabalhistas sejam realizadas, mas observando a rede de proteção mínima representada no plano internacional pelo conteúdo da Declaração da OIT Sobre Direitos e Princípios Fundamentais do Trabalhador, datada de 1998.

Ainda sobre a questão do trabalho infantil na Argentina, Mabé (2012) informa que o Ministério do Trabalho, Empleo y Seguridad Social de la Provincia de Santa Fe, no ano de 2010 publicou um estudo dando conhecimento e relatando pela primeira vez a existência de trabalho infantil naquela província, principalmente em atividades domésticas, que é a mais difícil de ser identificada e fiscalizada, como também, nas vendas ambulantes, na reciclagem de lixo, e na prostituição, além de utilização de crianças e de adolescentes na atividade agrícola, em especial na colheita de algodão e na fabricação artesanal de artigos de cerâmica.

Essas atividades representam e trazem riscos para a saúde das crianças e adolescentes devido à exposição a gases tóxicos, sol, substâncias danosas à sua saúde, além da violação de sua dignidade humana, como é o caso da prostituição.

Foi a partir desse estudo que as autoridades da província inseriram a problemática do trabalho infantil em um lugar de destaque na alocação de recursos para a adoção de políticas públicas e implementação das políticas públicas nacionais em parceria com a província, bem como o cumprimento das normativas e documentos emanados da OIT e, em especial, do MERCOSUL, sem falar das normas de proteção da criança e do adolescente no mercado de trabalho já analisadas no capítulo anterior[127].

---

(126) MABÉ, Rafael Lirman. *Los responsables de la problemática del trabajo infantil en Argentina y sus consecuencias.* Síntese e atualização de tese de maestria. UNTREF, 2012. "El trabajo infantil en la Argentina aumento en los últimos 15 años, provocando graves perjuicios sociales. Y, al respecto, se plantea como hipotesis que los poderes ejecutivo y legislativo nacional y provinciales son los principales responsables por acción, inacción y/u omisión de dicho crecimiento y de las consecuencias que provoca."

(127) MABÉ, Rafael Lirman. *Los responsables de la problemática del trabajo infantil en Argentina y sus consecuencias.* Síntese e atualização de tese de maestria. UNTREF, 2012. "Cabe destacar que en junio de 2010 el gobierno dio a conocer un estudio sobre la participación de menores en las atividades económicas en regiones de la província. Se trata del primer revelamiento "cualitativo" del trabajo infantil y adolescente en Santa Fe, indicándose en el mismo las actividades con mayor participación de trabajo de menores de adad según las regiones. En sus conclusiones señala que en las grandes ciudades como Rosario y Santa Fe predomina el trabajo infantil en tareas domesticas, la venta ambulante, el reciclamiento de basura y la prostitución infantil en la ganadería, en la cosecha de algodón y la fabricación artesanal de ladrillos, entre otras. El Ministerio de Trabajo, Empleo y Seguridad Social de la Provincia de Santa Fe informa que dicha investigación constituye

Essa postura demonstra que os governos ficam apenas no discurso, sem adotar medidas eficazes para concretizar o sonho de erradicação do trabalho infantil, que parece ser realidade apenas na vida das crianças e adolescentes mais pobres. Essas crianças são, acima de tudo, excluídas da sociedade e, muitas vezes, não são vistas nem pelo Estado. Infelizmente, esta não é uma realidade apenas da província de Santa Fé, mas de todas as províncias argentinas e de todas as regiões do Estado brasileiro.

A falta de políticas públicas consistentes e concretas de proteção da criança e do adolescente, além de medidas eficazes e efetivas de enfrentamento das causas do trabalho infantil para evitar realidades como as detectadas na Argentina pela EANNA 2004, que identificou e registrou através de estudos e pesquisas em várias regiões um crescimento desta prática, tem como efeitos colaterais efetivamente identificados que apenas 75% dos jovens que exercem um labor frequentam a escola com regularidade e, desse total, 43,3% repetem o ano ou disciplinas, impedindo a mudança ou avanço de série; 22,2% do total costumam com frequência chegar atrasados à escola; 25,8% do total costumam faltar às aulas com frequência considerável[(128)].

Analisando os dados apresentados pelas pesquisas realizadas em 2004 e 2006, observa-se que, de forma cristalina, há uma exclusão do sistema educacional das crianças que laboram a partir da sua adolescência, fato que leva a caracterização de que o exercício de atividade laborativa muito cedo (idade) compromete de forma decisiva o sucesso educacional, comprometendo a formação e o futuro profissional do jovem. Esse é mais um fator que demonstra a falha ou inexistência de uma política pública governamental de proteção da criança e do adolescente consistente e concreta na Argentina.

Portanto, para que as políticas públicas voltadas para a erradicação do trabalho infantil possam cumprir a sua missão e retirar crianças e adolescentes de situação de riscos é necessário que as mesmas deem conhecimento a população da gravidade do problema, fortaleçam as famílias e as estruturas de educação de jovens e adultos, além é claro da especificação de medidas que efetivamente resolvam o problema e também prevejam os mecanismos de acompanhamento, controle e fiscalização das políticas públicas, além da alocação de recursos financeiros suficientes[(129)].

Sobre a questão do trabalho infantil, no tocante à análise das políticas públicas adotadas pela Argentina, a OIT, através da Comissão de Especialistas, no que tange ao relatório sobre a aplicação das normas internacionais do trabalho, observou que há, sob

---

la primera exploración hacia la problemática del trabajo de los niños y las niñas en la Provincia, y — en ese sentido — "permite colocar el tema em um lugar destacado de la agenda pública." (Diário digital rosario3.com <www.rosario3.com/noticias/noticias.aspx?idNot=72786>).

(128) MABÉ, Rafael Lirman. *Los responsables de la problemática del trabajo infantil en Argentina y sus consecuencias.* Sintese e atualização de tese de maestria. UNTREF, 2012.

(129) MINISTERIO DE TRABAJO, EMPLEO Y SEGURIDAD SOCIAL. CONAETI. UNICEF. *Despertando consciencia junto a la sociedad civil:* por la prevención y erradicación del trabajo infantil. Buenos Aires. "Por lo tanto, un programa progresivo para la erradicación del trabajo infantil deberá incluir: la difusión de información que posibilite a la población tomar consciencia de la gravedad del tema, la implementación de políticas públicas que fortalezcan a la escuela y a las grupos familiares, y la determinación de la acciones que posibiliten su resolución".

o aspecto normativo, a adoção de medidas governamentais para solução e erradicação do trabalho infantil (2009), em especial o Plano Nacional de Erradicação do Trabalho Infantil[130]. O Estado Argentino, em linhas gerais, adotou as seguintes medidas: a) Firmou um convênio entre o Ministério do Trabalho, Emprego y Seguridade Social, com os Ministérios da Educação, Ciência e Tecnologia, para, entre outras medidas, implementar o Plano Nacional de Inclusão Educativa, prevendo medidas para que meninos e meninas que trabalham deixem suas atividades laborativas, reintegrando-se e dando continuidade aos seus estudos, sendo proporcionado pelo Estado cursos de recuperação e ajudas econômicas; b) criação de uma rede de empresas contra a utilização do trabalho infantil, em 27 de junho de 2007; c) o fortalecimento e participação efetiva das organizações e entidades de trabalhadores na luta contra o trabalho infantil, inclusive com a assinatura de um protocolo de intenções, em 12 de junho de 2007, para a prevenção e erradicação do trabalho infantil na agricultura argentina; d) o desenvolvimento de campanhas publicitárias de sensibilização da sociedade, sobretudo do pessoal docente e dos funcionários da saúde sobre o trabalho infantil, principalmente nas plantações de tabaco; e) oferecimento de cursos de formação voltados e destinados aos fiscais e inspetores do trabalho e aos produtores de tabaco nas províncias de Salta e Jujuy.

Outros programas e projetos de proteção à criança e ao adolescente na Argentina podem ser citados como, por exemplo, o Programa Contra o Trabalho Infantil, implantado pelo Conselho de Direitos de Meninos e Meninas do governo da Cidade de Buenos Aires, consistente na busca pela retirada das crianças e adolescentes em situação de trabalho infantil e, acima de tudo, no tocante à prostituição infantil (Programa contra a Exploração Sexual e Trabalho Infantil), seguindo as mesmas linhas definidas pela OIT em relação ao PETI, que atua em conjunto com o Programa contra Toda Forma de Exploração criado em 2008 pelo mesmo conselho[131].

Importante também destacar o Programa Turismo Responsável e Infância voltado para o combate ao turismo sexual, principalmente na conscientização dos profissionais

---

(130) ORGANIZAÇÃO INTERNACIONAL DO TRABALHO. Oficina de Buenos Aires, 2010. *Plan Nacional para la Erradicación del Trabajo Infantil.* La CONAETI diseñó el Plan Nacional para la Prevención y Erradicación del Trabajo Infantil encuadrado en los compromisos y responsabilidades asumidos por el Estado argentino. El Plan Nacional constituye un conjunto de objetivos y lineamientos para el cumplimiento de una política pública de prevención y erradicación del trabajo infantil, enmarcada en la protección integral de los derechos de niñas y niños. *Comisiones Provinciales para la Erradicación del Trabajo Infantil.* En el marco del Convenio celebrado entre el Ministerio de Trabajo, Empleo y Seguridad Social, la Comisión Nacional para la Erradicación del Trabajo Infantil (CONAETI) y el Consejo Federal del Trabajo, se impulsó la creación de Comisiones Provinciales para la Erradicación del Trabajo Infantil (COPRETI), a los efectos de coordinar en forma conjunta actividades destinadas a la prevención y erradicación del trabajo infantil que se implementen en las distintas jurisdicciones, con los organismos e instituciones que deban ser convocadas para tal fin. *Organizaciones de Trabajadores.* Con las organizaciones gremiales, se apoyó el desarrollo de actividades de capacitación y difusión, con docentes (CTERA) y trabajadores rurales (UATRE), asi como con la Coordinadora de Centrales Sindicales del Cono Sur (CCSCS). *Organizaciones de Empleadores.* En 2007 se creó la Red de Empresas contra el Trabajo Infantil en la Argentina, presidida por la Comisión Nacional para la Erradicación del Trabajo Infantil (CONAETI), y cuenta con el asesoramiento de UNICEF y OIT. A través de esta alianza público-privada, se desarrollaron diversas acciones de capacitación, comunicación y sensibilización, y se incrementaron los controles en la cadena de proveedores. Acesso em: 28 fev. 2013.

(131) Disponível em: <http://estatico.buenosaires.gov.ar/areas_socail/campanias>.

da área de turismo, prevenindo, assim, a disseminação desta prática imoral. Este programa teve como marco o ano de 2008, momento em que foi elaborado e publicado o Código de Conduta Nacional para a Proteção dos Direitos de Meninos, Meninas e Adolescentes em Viagens e Turismo, cuja elaboração e difusão ficou a cargo da Secretaria de Turismo da Nação Argentina. O código e o programa têm a intenção de gerar uma atividade turística sustentável e socialmente responsável[(132)].

Deve ser ressaltado que talvez o mais eficaz dos programas governamentais argentinos que versam sobre o trabalho infantil seja o Programa Nacional de Inclusão Escolar: Todos a Estudar, que presta ajuda econômica a crianças e adolescentes em situação de vulnerabilidade, baixa renda e idade escolar, através de bolsas de estudos e ajudas aos familiares em idade laboral, com a participação de organizações da sociedade[(133)].

A maior possibilidade de eficácia desse programa se dá pelo fato de enfrentar um dos principais problemas que justificam a existência do trabalho infantil: a pobreza e a falta de condições econômicas das famílias para mantê-los estudando e ainda obter os ganhos necessários ao custeio da sobrevivência do grupo familiar.

Sobre essa questão, observa-se que há muitos programas com o mesmo objetivo e que terminam um entrando na seara de atuação do outro, fator que também dificulta a efetividade dos projetos e, acima de tudo, a concretização dos resultados, já que as ações, na maioria das vezes, são fracionadas, contribuindo para o fracasso das ações. Essa realidade também é igual no Brasil.

Essas medidas adotadas pelo Estado argentino são importantes, mas não representam o ideal para que o trabalho infantil seja erradicado. Entretanto, significa o início do processo que está apenas nos seus primeiros passos, dada a dificuldade de implementação de políticas públicas nessa área devido à diversidade de fatores que influenciam e se utilizam desta prática. Esse fato impôs a OIT, através da comissão de especialistas, recomendar a continuidade da implementação das politicas públicas voltadas para a erradicação do trabalho infantil, principalmente. Além disso, a Comissão identificou que nos relatórios apresentados pelo governo argentino faltavam informações sobre várias províncias, como é o caso da Córdoba e Misiones, de que não foram apresentados dados sobre o trabalho de meninos, meninas e adolescentes entre 5 e 17 anos. Isso não significa que não exista trabalho infantil lá, mas apenas que não há informações[(134)].

Outro fator que também poderá comprometer as fiscalizações e até mesmo as políticas públicas de combate e erradicação do trabalho infantil não apenas na Argentina, mas em todo o mundo, é a delineada pela OIT em seu informe sobre Tendências Mundiais do Emprego 2013, divulgadas em 22 de janeiro de 2013. Afirma que poderá haver uma recessão no emprego, o que trará a necessidade de que os trabalhadores busquem novas

(132) LITTERIO, Liliana Hebe. *El trabajo infantil y adolescente en la Argentina:* las normas y la realidade. 1. ed. Buenos Aires: Errepar, 2010. p. 406.

(133) Disponível em: <http://www.oei.org.ar>.

(134) ORGANIZAÇÃO INTERNACIONAL DO TRABALHO. *Aplicação de las normas internacionais del trabajo, 2009 (I).* Suíça: Genebra, 2009. p. 275.

áreas de ocupação e emprego, o que levará tempo, e contribuirá para o aumento do número de desempregados e poderá trazer como consequência o aprofundamento da precarização do trabalho, como alternativa de sobrevivência, preferencialmente, em relação aos jovens[135].

Como forma de reafirmação de todas as intenções do governo nacional argentino, o Ministério do Trabalho, Emprego e Seguridade Social publicou, conforme já cita anteriormente, a Resolução n. 532/2013 traçando e redefinindo os objetivos de atuação do CONAETI-Arg, mas sem trazer nada de novo no combate, implementação e concretização das políticas públicas de abolição ao trabalho infantil, representando, a citada resolução, mais um documento político, por conter apenas intenções e nenhuma politica pública concreta.

O aprofundamento da crise do emprego na Argentina que recai diretamente sobre os jovens e aprofunda práticas ilegais e imorais de trabalho, tende a aumentar com a crise econômica vivida na Europa que termina por refletir nos países em desenvolvimento possuidores de uma rede de proteção social precária, como é o caso da Argentina[136] e do Brasil.

Em relação à inspeção do trabalho (Convenção n. 81), muito embora tenha sido ratificada desde 1955, algumas falhas ainda são encontradas, principalmente, no tocante à falta de informações sobre as inspeções feitas e, acima de tudo, sobre o correto funcionamento da Cooperação Econômica Regional e Evolução do Sistema de Inspeção do Trabalho, que, segundo o Governo, foi recentemente reformulado (2009) no sentido de definir as condições mínimas de realização das inspeções do trabalho, bem como o perfil dos fiscais do trabalho.

Segundo consta do relatório, o governo brasileiro se comprometeu a apresentar, no âmbito do MERCOSUL, uma proposta para o desenvolvimento e para as características

(135) ORGANIZAÇÃO INTERNACIONAL DO TRABALHO. *Tendencias Mundiales del Empleo 2013.* Suiça: Genebra, 2013. "Debido al alto nivel de desempleo, los trabajadores tienen que buscar empleo en nuevos sectores en los que carecen de la cualificación que requieren los empleadores. Ello hace que los desempleados tarden más en encontrar trabajo y que aumenten las tasas de desempleo a largo plazo, en particular el juvenil." Disponível em: <http://www.ilo.org/global/research/global-reports/global-employment-trends/2013/lang--es/index.htm> Acesso em: 15 mar. 2013.

(136) ORGANIZAÇÃO INTERNACIONAL DO TRABALHO. *Frente a la crisis en Europa: reflexiones para el caso de Argentina.* Suiça: Genebra, 2013. "Como consecuencia de la crisis que está atravesando la Eurozona y del pobre desempeño económico de las principales economías desarrolladas, la actividad económica a nivel global y en la región de América Latina y el Caribe se ha desacelerado en 2012, y si bien se prevén mejores condiciones para 2013 estas proyecciones han sido revisadas sistemáticamente a la baja en los últimos meses. En el caso de Argentina, el ritmo de crecimiento, que había recuperado en 2010 y 2011 el nivel que registrase previo a la crisis financiera internacional de 2009, descendió abruptamente desde 8,9% en 2011 a casi el 2% en 2012. En el caso particular de Argentina, la desaceleración responde a varios factores, tanto de carácter interno como externo. Entre los primeros se encuentra la sequía que afectó al sector agropecuario y el efecto que algunas medidas destinadas a mantener el superávit de cuenta corriente de la balanza de pagos (como las restricciones a las importaciones) tuvieron sobre la actividad económica en algunos sectores. Entre los factores externos se destaca el menor crecimiento de los países desarrollados (producto del recrudecimiento de la crisis de la Eurozona) y de Brasil (uno de los principales socios comerciales). Disponível em: <http://www.ilo.org/wcmsp5/groups/public/---americas/---ro-lima/documents/article/wcms_206275.pdf>. Acesso em: 15 mar. 2013.

necessárias à formação dos inspetores do trabalho, sendo este quando for apresentado um marco para o MERCOSUL[(137)].

Pelo que pode ser percebido, a partir da análise dos dados e informações apresentadas, o problema do trabalho infantil é a falta de uma política pública consistente de proteção das famílias, como também de instrumentos fiscalizatórios apropriados e em quantidade suficiente para combatê-lo, embora qualquer política pública e qualquer fiscalização só tenha sucesso quando a sociedade e suas organizações adotarem a ideia. Embora seja obrigação do Estado promover a conscientização, é necessário um planejamento conjunto.

4.2. Meios de prevenção e repressão ao trabalho infantil no Brasil

O liberalismo econômico acredita que a atividade econômica pode ser exercida embasada na liberdade de mercado, de iniciativa e de concorrência, buscando fazer com que o plano econômico obtenha, mediante a adaptação da produção, todos os meios necessários aos indivíduos.

Entretanto, essa lógica liberalista não obteve êxito devido à existência dos elementos de natureza social, como o trabalho, fazendo com que haja a exploração daqueles que possuem os meios de produção em relação às partes mais hipossuficientes e vulneráveis, os trabalhadores. Estes, muitas vezes, sofrem essa exploração desde cedo, no caso, a partir da infância, ocorrendo sacrifícios dos interesses coletivos e públicos em favor das intenções e objetivos particulares.

Sobre a questão, deve ser ressaltado que a afirmação de que o trabalho não representa um valor nos países capitalistas demonstra um notável equivoco. Entretanto, esse erro foi identificado rapidamente pela necessidade de incorporação das grandes massas populares aos ideais capitalistas[(138)], em especial pela percepção de que sem o trabalhador não se tem consumo em massa. Esta é uma das causas da busca pela valorização do trabalhador, como um dos instrumentos de estruturação da democracia social no mundo contemporâneo. O Brasil e a Argentina, embora tenham adotado regimes capitalistas, e, do ponto de vista legal, todos esses ideais, ainda não conseguiram fazer com que suas políticas públicas atingissem um nível de conforto da classe trabalhadora,

---

(137) ORGANIZAÇÃO INTERNACIONAL DO TRABALHO. *Aplicação de las normas internacionais del trabajo, 2009 (I)*. Suiça: Genebra, 2009. p. 479.

(138) CECATO, Maria Áurea Baroni. A relativa relevância da Declaração de 1998 da OIT para a definição dos direitos humanos do trabalhador. *Prima Facie*, João Pessoa, ano 5, n. 8, jan./jun. 2006. "No último quartel do século XX ressurge o liberalismo, em relativa concomitância com o advento de alta integração, que revolucionou a produção e a comunicação nas últimas décadas; incentivou o comércio global e a formação de grupos de integração econômica. O Estado de Bem-Estar Social passa a ser responsabilizado pelo acúmulo de problemas gerados pela intensificação da globalização e considerado como o grande vilão das dívidas públicas e das recessões econômicas. É ele, nessa ótica, que onera as empresas com custos sociais e contribui para o encarecimento do produto. Também nessa ótica, há que se reduzir o tamanho do Estado — que deve deixar espaço ao capital — assim como há que se minimizar sua intervenção nas relações particulares, portanto também (e sobretudo) entre capital-trabalho, de forma a que as partes contratantes possam manifestar suas vontades, as mais condizentes com suas condições de barganha. Dessa forma, evidentemente, mais uma vez se está diante da sobrepujança do poder econômico.

evitando que os filhos (crianças e adolescentes) desses trabalhadores sejam utilizados como mão de obra, fato que, se constatada a sua ocorrência, retira a natureza inclusiva do trabalho, bem como macula a democracia social.

É fato que as constantes e cíclicas crises econômicas, segundo os dados do governo, não chegaram a produzir efeitos negativos na economia brasileira, em especial no mercado laboral devido à atuação do Estado através de políticas públicas de incentivo fiscal, bem como a politica de incentivo às atividades econômicas formais existentes no Brasil[(139)]. Essas informações foram colhidas através do Instituto de Políticas Econômicas Aplicadas (IPEA)[(140)]. Contudo, tudo isso não foi e não é suficiente para erradicar o

---

(139) ORGANIZAÇÃO INTERNACIONAL DO TRABALHO. NOTAS DA OIT 2013: FRENTE A LA CRISIS EN EUROPA: REFLEXIONES PARA EL CASO DE BRASIL. Genebra: OIT, 2013. El sector productivo de Brasil ha sido afectado por el clima de incertidumbre y una menor demanda internacional, lo que llevó a las empresas a restringir la inversión, prefiriendo en su lugar reducir inventarios y operar a la capacidad instalada existente. La brecha resultante entre producto y demanda interna fue satisfecha mediante la importación. [...] El desempeño comercial fue impactado negativamente por la debilitada demanda internacional y la caída de los precios de sus principales productos (tales como mineral de hierro, azúcar en bruto y etanol). Como se puede apreciar en el gráfico 1, las exportaciones de Brasil alcanzaron un máximo histórico en 2011 de US$ 256.000 millones, pero sufrieron un revés de 5,3% en 2012, cayendo a US$ 243.000 millones. En el entretanto, las importaciones también alcanzaron un máximo histórico en 2011 de US$ 226.000 millones, con una caída modesta de 1,4% en 2012 (US$ 223.000 millones). Como resultado de lo anterior, la balanza comercial de Brasil en 2012 cayó a US$ 19.400 millones, una reducción de -57% desde el máximo alcanzado de US$ 46.000 millones en 2006. En una reconfiguración de las relaciones comerciales, Asia es hoy el principal socio comercial de Brasil como región (31%), superando a América Latina y el Caribe (20,8%) y la Unión Europea (20%). China surgió como el principal socio comercial de Brasil (17% del total de las exportaciones en 2012), sobrepasando a Estados Unidos (11% del total de las exportaciones). [...] La crisis de 2008 interrumpió un período de crecimiento económico sostenido iniciado en 2003. Sin embargo, una respuesta rápida y decisiva de parte del gobierno de Brasil mediante políticas anti-cíclicas rápidamente logró que el crecimiento retornara a su trayectoria de 7,5% en 2010, aun cuando el crecimiento del PIB en años posteriores ha sido moderado. No obstante el impacto de la crisis de 2008, las políticas del gobierno perseveraron en lograr la meta transversal de enfrentar las desigualdades socioeconómicas profundamente arraigadas, produciendo una importante transformación estructural del país. La estabilidad macroeconómica, junto a una década de políticas socialmente inclusivas, han redituado en un efecto acumulado, llevando a un nuevo contexto social y del mercado de trabajo. Brasil continuó su trayectoria de reducción de la desigualdad per cápita, medida según el coeficiente de Gini, cayendo aproximadamente 5% desde 0,572 en 2004 a 0,543 en 2009 (PNAD/IBGE). Tales tasas resultan altas en comparación a los estándares internacionales; sin embargo, reflejan un avance significativo e indican que los altos niveles de crecimiento económico han sido utilizados para reducir las tasas de pobreza. [...] Se estima que el ingreso del trabajo representa 58% de la disminución del coeficiente de Gini entre 2001-2008; la ampliación y extensión de las prestaciones en seguridad social representan 19% y el programa Bolsa Família 13% (IPEA, 2012).1 Los índices de extrema pobreza han caído significativamente. Entre 2001 y 2011, el porcentaje de la población con un ingreso per cápita del hogar por debajo de US$ 1,25 por día, cayó de 14% a 4,2% (muy por debajo de la Meta de Desarrollo del Milenio de 12,8%). [...] Los indicadores del mercado de trabajo se mantuvieron pujantes durante todo el año 2012. La tasa promedio de desempleo fue de 5,5% en 2012 (4,6% en diciembre 2012, el valor históricamente más bajo) (PME/IBGE). Durante la década del 2000 hubo un aumento continuo en la generación de empleo formal, asegurando así que un mayor número de trabajadores pudieran acceder a los derechos laborales definidos en la legislación, tales como el salario mínimo, seguro de salud, pensiones, seguro de desempleo, licencia por maternidad y cobertura contra accidentes del trabajo. El número de empleos formales asalariados (en lugares de trabajo con 5 o más empleados) aumentó de 27,2 millones en 2001 a 46,3 millones en 2011, un total de más de 19,1 millones de empleos formales creados durante el último período (RAIS/MTE) aunque las tasas de rotatividad de mano de obra son elevadas. Al mismo tiempo, el salario mínimo aumentó 108% en términos reales entre enero del 2000 y enero del 2012. Disponível em: <http://www.brasil.gov.br/ sobre/economia/indicadores/gac12_salminre12/indicadorview>. A su vez, el bajo nivel de desempleo genera escasez en muchos sectores, particularmente de mano de obra calificada.

(140) IPEA, "A Década Inclusiva (2001-2011): Desigualdade, Pobreza e Políticas de Renda", 25 set. 2012, Brasília.

trabalho infantil do território brasileiro, pois sempre há capitalistas que buscam obter o lucro a qualquer custo e muitas vezes terminam utilizando esse tipo de mão de obra.

É importante destacar que o poder econômico, de uma forma ou de outra, toma proveito da prática do trabalho infantil, na medida em que grandes corporações terminam de forma direta ou indireta fazendo uso dessa forma nefasta de trabalho ou, ainda, terminam utilizando insumos, matérias-primas e serviços adquiridos de terceiros que fazem uso da mão de obra infantil.

Deve-se igualmente destacar que, muitas vezes, a sociedade utiliza esses produtos e serviços obtidos ou produzidos com a utilização de crianças e adolescentes em situação de miséria, sem fazer qualquer tipo de questionamento ou reflexão. Essa situação é um fator que contribui para a existência do trabalho infantil no Brasil, principalmente o trabalho infantil desportivo e artístico.

No caso do Brasil, a afirmação do Direito do Trabalho e da proteção do trabalhador como um valor, até o momento não tem alcançado de forma plena, devido, especialmente, às diferenças entre as classes sociais, principalmente a distância econômica entre a classe trabalhadora e os capitalistas, tudo isto pela existência de grupos de trabalhadores que não são atingidos pelas políticas públicas de proteção, como é o caso de crianças e adolescentes que continuam a ser exploradas, sem que o Estado consiga dar uma resposta eficiente para retirá-las em definitivo dessa situação[141].

Essa situação fez surgir a necessidade de o Estado adotar meios para prevenir e erradicar o trabalho prestado em situação de exploração, em especial o trabalho infantil, principalmente em países como o Brasil e Argentina que possuem uma população extremamente pobre e social e economicamente fragilizada, fator este que permite e facilita a sua exploração por parte dos detentores dos meios de produção.

Entre esses meios de prevenção e erradicação do trabalho infantil no Brasil, podem ser citados como propostas mais consistentes as da OIT por estarem embasadas em estudos técnicos e científicos, além das experiências de programas, projetos e políticas realizadas por outros Estados.

4.2.1. Políticas públicas de prevenção e erradicação ao trabalho infantil no Brasil: programas e projetos executados

As políticas públicas têm papel preponderante na mudança de realidades sociais, em especial quando essas intervenções se dão no enfrentamento das causas da marginalização

(141) DELGADO, Mauricio Godinho. *Capitalismo, trabalho e emprego.* São Paulo: LTr, 2005. p. 120. "A afirmação do valor-trabalho nas principais economias capitalistas ocidentais desenvolvidas despontou como um dos mais notáveis marcos de estruturação da democracia social no mundo contemporâneo. Por meio desta afirmação, o sistema capitalista, essencialmente desigual, passou a incorporar as grandes massas populacionais à sua dinâmica operativa, segundo um padrão relativamente racional de desenvolvimento econômico e distribuição de riquezas. Este engenho de incorporação econômica e de justiça social realizava-se em torno da relação empregatícia — a principal forma de conexão do indivíduo à economia capitalista — e de seu ramo jurídico regulador, o Direito do Trabalho. A evolução brasileira nesta seara mostrou-se diferenciada. Efetivamente, de maneira geral, no contexto socioeconômico do capitalismo no país o valor-trabalho e seu ramo jurídico regulador não chegaram a alcançar plena afirmação".

e na precarização do exercício dos direitos, principalmente, quando as vítimas não possuem condições econômicas, físicas e psíquicas de resistir à investida do explorador, que, muitas vezes, termina por retirar a importância do trabalho, muito embora esta não seja uma tarefa fácil quando o trabalho é digno e decente[(142)].

Para cumprir e prevenir o trabalho infantil, o Brasil criou no ano de 2002 o CONAETI-Br, responsável por estudar a questão à luz dos princípios e direitos voltados para proteção da criança e do adolescente.

Foi também criado o Programa Nacional de Erradicação do Trabalho Infantil, conhecido popularmente como PETI, no ano de 1996. Esse plano e a criação do CONAETI-Br[(143)] foram marcos na luta pela eliminação do trabalho infantil no território brasileiro e culminou com a elaboração e lançamento do Plano Nacional de Prevenção e Erradicação do Trabalho Infantil e a Proteção ao Trabalhador Adolescente[(144)], ocorrido no ano de 2004.

O Ministério do Trabalho e Emprego brasileiro ainda mantém o Sistema de Informações sobre Focos de Trabalho infantil (SITI), que representa um banco de dados sobre regiões, localidades, áreas e atividades econômicas que fazem uso de crianças e adolescentes em idade escolar de forma irregular, ilegal e indecente ou, ainda, nas piores formas de trabalho infantil.

Os dados centralizados pelo sistema são colhidos a partir de fiscalizações dos auditores do Ministério, como também do Ministério Público do Trabalho[(145)] e de organizações não governamentais que, inclusive, forma o Fórum Nacional de Prevenção e Erradicação do Trabalho Infantil[(146)] e congrega os fóruns estaduais sobre o mesmo tema.

Também pode ser apresentado como um meio para a prevenção e erradicação do trabalho infantil a modificação das normas brasileiras para deixá-las mais claras

---

(142) FIGUEIREDO, Ivanilda. *Políticas públicas e a realização dos direitos sociais.* Porto Alegre: Fabris Editor, 2006. p. 44-45. "[...] Assim verifica que o estágio atual do capitalismo não suporta alocar todos em empregos qualificados, com salários dignos e em regime integral. Apesar disso, o trabalho não perde em importância e continua sendo a melhor forma de os cidadãos se comunicarem com o mundo, se sentindo parte ativa da sociedade. Por isso, ele defende a necessidade de duas repartições de riqueza e de trabalho; a diminuição da jornada para que todos caibam nas alocações disponíveis e a concessão de um valor monetário capaz de colocar todos os trabalhadores acima de certo patamar."

(143) A Comissão Nacional de Erradicação do Trabalho Infantil — CONAETI, coordenada pelo Ministério do Trabalho e Emprego, com participação quadripartite, visa a implementar a aplicação das disposições das Convenções ns. 138 e 182 da OIT. Possui, como uma de suas principais atribuições, o acompanhamento da execução do Plano Nacional de Erradicação do Trabalho Infantil, por ela elaborado em 2003. Disponível em: <http://portal.mte.gov.br/trab_infantil/comissao-nacional-de-erradicacao-do-trabalho-infantil-conaeti.htm>. Acesso em: 18 mar. 2013.

(144) Disponível em: <http://portal.mte.gov.br/trab_infantil/plano-nacional-de-prevencao-e-erradicacao.htm>. Acesso em: 18 mar. 2013.

(145) Disponível em: <http://portal.mte.gov.br/trab_infantil/siti-sistema-de-informacoes-sobre-focos-de-trabalho-infantil-no-brasil.htm>. Acesso em: 19 mar. 2013.

(146) O Fórum Nacional de Prevenção e Erradicação do Trabalho Infantil é uma estratégia não governamental de articulação, mobilização e sensibilização da sociedade brasileira na luta pela prevenção e o fim da exploração do trabalho de milhões de crianças e pela proteção ao adolescente trabalhador em nosso País. Disponível em: <http://www.fnpeti.org.br>. Acesso em: 19 mar. 2013.

e mais rígidas, no tocante ao disciplinamento da idade mínima para o trabalho. Esse fato ocorreu através da Emenda Constitucional n. 20, datada de 15 de dezembro de 1998, proibindo o trabalho para os menores de 16 anos, ressalvando-se o trabalho prestado na condição de aprendiz, que pode ocorrer a partir dos 14 anos de idade, sendo proibida a prestação de qualquer serviço por parte de indivíduos trabalhadores menores de 14 anos.

Da mesma forma, a proibição pela Constituição Federal do Brasil inserida no art. 7º, XXXIII, vedando aos menores de 18 anos a prestação de trabalho noturno, perigoso ou insalubre.

O Brasil, através do Decreto n. 4.134/2002, promulgou a Convenção n. 138 da OIT. Entretanto, o citado decreto restringe a aplicação dos termos do documento da OIT a minas e pedreiras, indústrias manufatureiras, construção, serviços de eletricidade, gás e água, sanitários, armazenamento e transporte, comunicações e plantações e outros empreendimentos agrícolas que produzam especialmente para o comércio, sendo excluídas deste rol as empresas familiares ou ainda aquelas caracterizadas como micro e pequenas empresas que têm como foco de atuação o mercado local e que não mantenham com empregados com regularidade(147).

Sobre essa questão contida no Decreto n. 4.134/2002, é importante frisar que a mesma confronta-se com o teor do art. 7º, XXXIII da Constituição Federal Brasileira em vigor, pois o texto constitucional é expresso no sentido de somente permitir o trabalho para aqueles indivíduos que não sejam menores de 16 anos, salvo no caso de aprendiz que pode exercer trabalho nesta condição a partir dos 14 anos, desde que a atividade não seja penosa, periculosa, insalubre ou ainda em situações que ponham em risco a integridade física ou moral do menor.

---

(147) VIEIRA, Marcia Guedes. *Trabalho infantil no Brasil:* questões culturais e políticas públicas. UNB: Brasília, 2009 (Dissertação de Mestrado em Ciências Sociais). "No Brasil, de acordo com a Pnad de 2007 (BRASIL, 2008a), cerca de 2,5 milhões de crianças e adolescentes entre 5 e 15 anos trabalham, ou seja, 6,6% do total dessa população, que é de 37,9 milhões. A grande maioria das crianças e adolescentes trabalhadores (2,3 milhões) tem entre 10 e 15 anos; 157 mil têm entre cinco e nove anos de idade, em um universo de 16,6 milhões (0,9%) da população total dessa faixa etária. De acordo com o IBGE (BRASIL, 2008a), é a primeira vez que a Pnad registra um número abaixo de 200 mil crianças na faixa etária de cinco a nove anos de idade trabalhando. O maior número de crianças e adolescentes trabalhadores encontra-se na Região Nordeste, com cerca de 1,1 milhão (44,2%), sendo que, deste contingente, 697,7mil estão em atividade agrícola. Na faixa etária entre 10 e 15 anos, os dados da Pnad apontam os seguintes percentuais de ocupados por região: Norte: 13,12%; Nordeste: 15,62%; Sudeste: 6,28%; Sul: 13,26% e Centro-Oeste: 9,35%. Proporcionalmente, a Região Sul se aproxima muito à Região Nordeste, que apresenta o maior percentual, tendo essas duas regiões uma média maior que a nacional, que está em 10,99%. Considerando as diferenças regionais entre Sul e Nordeste, principalmente com relação aos níveis de renda, esse dado pode revelar que há mais fatores imbricados no Dentre os tipos de trabalhos realizados, a atividade agrícola concentra 1,27 milhões de crianças e adolescentes, um número pouco maior que o setor não agrícola, com 1,23 milhões. Contudo, o percentual de 74,1% de crianças de cinco a nove anos de idade em atividades agrícolas é maior do que na faixa etária de 10 a 15 anos, cujo percentual é de 49,2%. A maioria (75,4%) das crianças e adolescentes trabalhadores no setor agrícola é de meninos. [...] Houve pequeno aumento na proporção das crianças que trabalhavam em via ou área pública: de 5%, em 1997, para 5,7%, em 2007. Porém, em termos absolutos, houve uma diminuição de 184 mil para 134 mil crianças trabalhando neste tipo de atividade". Disponível em: <http://www.fnpeti.org.br/artigos/Dissertacao%20de%20Marcia%20Guedes%20Vieira1.pdf>. Acesso em: 20 fev. 2013.

Ressalte-se que esse conflito é solucionado no plano interno pela regra constitucional, que sempre prevalecerá, e no plano internacional pelo teor do artigo 19 da Constituição da OIT ao prever que não pode dispositivo de convenção dela oriunda vigorar dentro de um Estado-Membro quando a lei interna for mais favorável.

Os meios de prevenção ao trabalho infantil no Brasil estão contidos em planos e programas, como já dito, elaborados pela OIT e implementados em cooperação pelo Estado brasileiro através de políticas públicas de inclusão social, como é o caso do bolsa-escola.

Neste aspecto, ganha relevo o Programa Fome Zero do Governo Federal, que busca combater uma das causas do trabalho infantil, que é a pobreza, trazendo essas pessoas para o mercado consumidor, como também reduzir as desigualdades sociais tentando dar dignidade ao ser humano. O programa está embasado em três pilares: a) a formulação de uma política nacional de segurança alimentar; b) mutirão nacional contra a fome: distribuição de alimentos e de renda para a compra de alimentos; c) realização de um conjunto de políticas de segurança alimentar desenvolvidas levando em consideração as diferenças, culturais, econômicas e sociais de cada localidade(148).

Este programa tem também a intenção de gerar emprego e renda e desenvolvimento socioeconômico local, através de incentivos a programas de agricultura familiar, a produção para consumo próprio, criação de bancos de alimentos, além da criação do cartão alimentação.

Contudo, o grande mérito do Programa Fome Zero foi o de congregar todos os programas de intervenção social do governo brasileiro, através de um Cadastro Único, pois, até então, todos os programas e políticas públicas de natureza social eram desvencilhados uns dos outros, o que comprometia a eficácia dos referidos programas devido ao desencontro de informações e à divergência e inconsistência dos dados em relação às pessoas atendidas, bem como aos critérios que eram utilizados, fato que comprometia a eficácia dos resultados da política pública(149).

---

(148) FIGUEIREDO, Ivanilda. *Políticas públicas e a realização dos direitos sociais.* Porto Alegre: Fabris Editor, 2006. p. 153-154. "O desenvolvimento das considerações e experiências de rendimento mínimo gerou a formação de duas novas normas em esfera nacional, edificantes de um sistema de renda mínima garantida, a ser implementado gradativamente ao logo dos anos até atingir o ambicioso ponto no qual todos os brasileiros possam desfrutar de uma Renda de Cidadania, as leis 10835 e 10.836. Tais leis são parte da execução do Programa Fome Zero, uma política pública disposta a inverter a lógica do desenvolvimento. [...] Dessa forma, construído a partir de estudos do Instituto da Cidadania, o Fome Zero se estrutura em três pilares. [...] I. formulação de uma política nacional de segurança alimentar pelo Conselho Nacional de Segurança Alimentar; [...] II. Mutirão nacional contra a fome: distribuição de alimentos e de renda para a compra de alimentos através do Cartão Alimentação; III. Realização de um conjunto de políticas de segurança alimentar, desenvolvidas, diferentemente, de acordo com as características dos municípios, (a. regiões metropolitana; b. médias cidades; c. pequenas cidades e áreas rurais), as quais, em seu conjunto, podem ser delimitadas em políticas)."

(149) FIGUEIREDO, Ivanilda. *Políticas públicas e a realização dos direitos sociais*. Porto Alegre: Fabris Editor, 2006. p. 156-157. "A União utiliza o Cadastro Único para identificar os potenciais beneficiários dos programas Bolsa Família, Agente Jovem, Programa de Erradicação do Trabalho Infantil (PETI), desconto da tarifa de energia elétrica e outros, e vários estados e municípios já utilizam esse cadastro para identificação do público-alvo dos seus programas."

Nesse sentido, o Ministério Público do Trabalho tem desenvolvido e direcionado sua atuação para a eliminação do trabalho infantil, através de atividades de fiscalização, de combate (ações judiciais), bem como na prevenção ao trabalho infantil, principalmente, em relação às piores formas de trabalho infantil definidas pela OIT[150].

Os planos e projetos elaborados pela OIT e implementados pelo Brasil são: a) o Plano Nacional de Prevenção e Erradicação do Trabalho Infantil e Proteção ao Trabalhador Adolescente adotado no ano de 2004; b) o Plano Nacional para a Erradicação do Trabalho Escravo, adotado e implementado no ano de 2003; c) O Plano Nacional de Enfrentamento da Violência Sexual Infantojuvenil, adotado no ano de 2002; d) o Programa Sentinela; e) o Programa Bolsa Família; f) o Programa Bolsa Escola; g) a Política Nacional de Saúde para a Erradicação do Trabalho Infantil e Proteção Nacional para o Enfrentamento do Tráfico de Pessoas, elaborado e implementado no ano de 2006.

Ainda para contribuir com as ferramentas que compõem a rede de proteção da criança e do adolescente no mercado laboral, o CONAETI-Br criou uma subcomissão com a obrigação de analisar e redefinir as atividades perigosas ou insalubres em relação ao trabalho infantil, seguindo as orientações normativas da OIT, bem como os dispositivos da Constituição Federal Brasileira de 1988.

Foi também criado pelo Estado brasileiro o Fórum Nacional de Erradicação do Trabalho Infantil, Conselho Nacional dos Direitos da Criança e do Adolescente (CONANDA), a Comissão Especial do Trabalho Infantil Doméstico (CETID), o Projeto Presidente Amigo da Criança e a Rede de Monitoramento Amiga da Criança, além da elaboração de um mapa de indicativos do trabalho da criança e do adolescente, que foi elaborado a partir de estudos desenvolvidos por diversos órgãos e organizações governamentais e não governamentais. Este mapa é centralizado pelo Ministério do Trabalho e Emprego e apresenta um diagnóstico superficial do trabalho infantil e adolescente no Brasil.

Todos esses programas, projetos e políticas públicas criados no Brasil para combater e erradicar o trabalho infantil, apesar de sua importância, não têm apresentado os resultados esperados, principalmente por muitas vezes não atacar a causa, pois, na maioria das vezes, os órgãos de fiscalização atuam reprimindo e combatendo, além das

---

(150) MINISTÉRIO PÚBLICO DO TRABALHO. "A exploração do trabalho de crianças e adolescentes é uma das mais perversas formas de violação de direitos humanos, pois lhes retiram a formação escolar, o desenvolvimento saudável e a cidadania. Para tanto, a Coordenadoria Nacional de Combate à Exploração do Trabalho de Crianças e Adolescentes (COORDINFÂNCIA) foi criada pela Portaria PGT 299, de 10 de novembro de 2000, com o objetivo de promover, supervisionar e coordenar ações contra as variadas formas de exploração do trabalho de crianças e adolescentes, dando tratamento uniforme e coordenado ao referido tema no âmbito do Parquet trabalhista. As principais áreas temáticas de atuação da Coordenadoria são a promoção de políticas públicas para a prevenção e erradicação do trabalho infantil informal, a efetivação da aprendizagem, a proteção de atletas mirins, o trabalho infantil artístico, a exploração sexual comercial, as autorizações judiciais para o trabalho antes da idade mínima, o trabalho infantil domestico, o trabalho em lixões, dentre outras". Disponível em: <http://portal.mpt.gov.br/wps/portal/portal_do_mpt/area_de_atuacao/trabalho_infantil/!ut/p/c5/04_SB8K8xLLM9MSSzPy8xBz9CP0os3hH92BPJydDRwN_E3cjA88QU1N3L7Ogs-FBfM6B8pFm8AQ7gaEBAt5d-VHpOfhLQnnCQzbjVOppC5PHY5OeRn5uqX5AbURkckK4IAFiz3fc!/dl3/d3/L2dJQSEvUUt3QS9ZQnZ3LzZfQUdTSUJCMUEwTzRHMjBJVDU1R0o2UlY5RDA!/>. Acesso em: 19 mar. 2013.

responsabilizações dos exploradores do trabalho infantil, mas como o governo brasileiro não cria políticas públicas que eliminem de forma concreta as causas o problema persiste, e muitas vezes em maiores proporções e gravidade. No Brasil há o agravamento da utilização de crianças e adolescentes nas piores formas de trabalho infantil, tendo essa utilização, principalmente nas regiões mais pobres e menos desenvolvidas, uma causa cultural, representada pela necessidade das famílias de introduzir seus filhos o mais cedo possível no mercado laboral, para que se tornem mais responsáveis e contribuam para o sustento de suas famílias, muito embora em hipótese alguma a questão cultural pode ser utilizada como único argumento ou fator para a existência desta indecência no Brasil(151).

Este fato acontece, conforme dados já apresentados oriundos do IPEC/OIT, como também do próprio IBGE e de organizações não governamentais, justamente pela falta de informações precisas, o que faz com que as políticas públicas estatais estejam sempre atrasadas em termos de conteúdo, quantidade e formas de trabalho infantil, não sendo as informações e dados apresentados pelas autoridades brasileiras condizentes com a realidade vivida pelas crianças e adolescentes(152).

---

(151) VIEIRA, Marcia Guedes. *Trabalho infantil no Brasil:* questões culturais e políticas públicas. UNB: Brasília, 2009 (Dissertação de Mestrado em Ciências sociais. p. 28)."Os dados sobre trabalho infantil da Pnad 2007 revelam que a família foi buscando, ao longo do tempo, outras estratégias de inclusão de seus filhos no mundo do trabalho, tendo em vista a diminuição do número de empregos no setor formal. Resta, então, uma observação mais acurada por parte daqueles que propõem e executam as políticas públicas dos dados relativos ao trabalho doméstico, trabalho em vias públicas, o trabalho em ambiente rural e aqueles em regime familiar ligados aos setores lojas, oficinas e fábricas, todos com forte influência familiar, no sentido de dirimir as questões que levam a família a tomar a decisão da inclusão de uma criança no trabalho, a fim de definir estratégias que levem em consideração essas questões. [...] Adotar a perspectiva de que o trabalho infantil é acima de tudo uma questão cultural em nosso país, despiria o fenômeno de toda a sua complexidade e da teia de fatores que se intercruzam na sua constituição. Contudo, é preciso considerar o elemento cultural uma categoria de análise importante para nos ajudar a compreender o fenômeno. Mas, é fundamental que ela seja articulada com as demais dimensões do trabalho infantil para uma tentativa de entendimento do significado do trabalho infantil para a nossa sociedade. Deste modo, acreditamos que seja possível uma aproximação das políticas públicas com o elemento cultural, a qual resulte em ações voltadas para enfrentamento de mais essa causa do trabalho infantil".

(152) A ministra do Desenvolvimento Social e Combate à Fome, Tereza Campello, apresentou a evolução recente das políticas sociais no Brasil, durante participação na 317ª reunião do Conselho de Administração da Organização Internacional do Trabalho (OIT), nesta sexta-feira (15), em Genebra. Tereza Campello destacou a geração de 19,1 milhões de empregos formais entre 2001 e 2011. O aumento real de 72% do salário mínimo, no período de abril de 2002 a fevereiro de 2013 foi outro resultado apresentado. A melhoria na distribuição de renda brasileira também foi destacada por Tereza Campello. A renda domiciliar real per capita dos 20% mais pobres cresceu sete vezes mais em relação às taxas de crescimento dos 20% mais ricos de 2001 a 2011. Esse resultado decorre da ampliação da cobertura das políticas sociais e dos investimentos, disse a ministra. O orçamento do Bolsa Família passou de R$ 4,2 bilhões em 2003 para R$ 23 bilhões neste ano. O atendimento aos beneficiários também cresceu de 3,6 milhões de famílias a 13,8 milhões de famílias no mesmo período. Com a criação do Plano Brasil Sem Miséria, o governo brasileiro retirou 22 milhões de pessoas da miséria nos últimos dois anos, acrescentou Tereza Campello. Além de apontar os efeitos das políticas brasileiras recentes, a ministra enumerou os desafios que o governo enfrenta para superar a miséria, como a busca ativa para localizar pessoas extremamente pobres que ainda estão fora dos programas sociais e das ações de inclusão produtiva e acesso a serviços, particularmente às creches. Tereza Campello sugeriu o estabelecimento de pisos de proteção social para cada um dos países de acordo com suas realidades, no qual se busque acesso a serviços universais e geração de oportunidades. Ela apresentou ainda as contribuições do governo brasileiro para a construção de uma agenda global no painel Agenda para Desenvolvimento Sustentável pós-2015. Por fim, a ministra informou aos conselheiros da OIT sobre a realização da 3ª Conferência Global do Trabalho

A inflação, a ineficácia das políticas públicas que não conseguem capacitar efetivamente e concretamente os beneficiados pelos programas sociais, justamente para que eles saiam dessa situação e ingressem no mercado de trabalho de maneira formal, além dos programas da área de educação, que não conseguem manter efetivamente as crianças nas escolas.

Os programas são utilizados de forma indireta, no período eleitoral, como moeda de troca pelo voto. Nos anos que antecedem os pleitos ocorre o aumento do volume de recursos utilizados para distribuição em programas sociais, entretanto, não há controle efetivo na aplicação dos recursos, não havendo também um planejamento adequado, no tocante a capacitação dos beneficiários, principalmente, no campo da educação, onde não há preocupação com a qualidade, mas apenas com a quantidade. O Governo quer ver toda criança na escola, só que a escola, por falta de estrutura física e de pessoal, não consegue manter a criança lá, sendo este um dos pontos frágeis do programa Bolsa Escola.

Já com relação aos adolescentes, o Estado brasileiro tem o Programa Pró-Jovem, disciplinado pela Lei n. 11.129 de 2005, com as alterações trazidas pela Lei n. 11.692, que busca inserir no mercado de trabalho jovens entre 15 e 29 anos de idade através das seguintes formas ou modalidades: a) Pró-Jovem trabalhador; b) Pró-Jovem Campo: saberes da terra; c) Pró-Jovem Urbano; e d) Pró-Jovem Adolescente: serviço socioeducativo(153). Esses programas visam garantir empregos de qualidade para jovens que estejam em idade laboral, bem como capacitação e qualificação profissional, além, no caso dos jovens em idade escolar, garantir o acesso e permanência ao ensino formal.

Dessa maneira, no Brasil, a erradicação do trabalho infantil encontra-se apenas nas peças publicitárias dos governos municipais, estaduais e federais, pois a realidade mostra-se diferente, bastando apenas uma simples observada nas áreas urbanas e rurais das cidades, principalmente, para verificarmos que a mídia governamental retrata uma realidade inexistente, pois no caso, o Ministério Público Federal, e os Auditores do Trabalho não têm, muitas vezes, a estrutura adequada de trabalho para exercerem

---

Infantil em Brasília, entre 8 e 10 de outubro deste ano. Tereza Campello pediu apoio aos participantes na mobilização de esforços para garantir o sucesso da conferência no Brasil. Disponível em: <http://www.mds.gov.br/saladeimprensa/noticias/2013/03/tereza-campello-destaca-na-oit-resultados-das-politicas-sociais--brasileiras>. Acesso em: 20 mar. 2013.

(153) OLIVEIRA, Oris. *Trabalho e profissionalização de adolescente*. São Paulo: LTr, 2009. p. 296. "A modalidade Projovem — serviço educativo tem como objetivos: I - complementar a proteção social básica à família, criando mecanismos para garantir a convivência familiar e comunitária; II - criar condições para a inserção, reinserção e permanência do jovem no sistema de educacional, e tem, como público específico, jovens de quinze a dezessete anos: I - pertencente a família beneficiária do Programa Bolsa Família - PBF; II - egressos de medida socioeducativa de internação ou em cumprimento de outras medidas socioeducativas em meio aberto, conforme disposto na Lei n. 8.069, de 13 de julho de 1990 — Estatuto da Criança e do Adolescente; III - em cumprimento ou egressos de medida de proteção, conforme disposto na Lei n. 8.069, de 1990; IV - egressos do Programa de Erradicação do Trabalho Infantil — PETI; V - egressos ou vinculados a programas de combate ao abuso e a exploração sexual. Trata-se, como se constata, de uma população que, por razões conhecidas, não tem condições de se apresentar para trabalhar atendendo às exigências de qualificação, população que necessita de programas ditados por ações afirmativas diferenciadas na linha socioeducativa, que não deixa de constituir uma preparação remota para o primeiro emprego."

uma de suas funções, isto é, a fiscalização da utilização da mão de obra infantil por capitalistas exploradores.

No cenário do MERCOSUL deve ainda ser lembrado que foi adotado, em cooperação entre Argentina, Brasil e Paraguai, o Programa de Prevenção e Erradicação da Exploração Sexual Comercial de Crianças e Adolescentes, como também o Plano Regional para a Prevenção e Erradicação do Trabalho Infantil no MERCOSUL, aprovado em julho de 2006 pela Resolução GMC n. 36/2006.

Esses são os principais meios de prevenção e busca de erradicação do trabalho infantil, que é um princípio contido na Declaração Sobre Princípios e Direitos Fundamentais do Trabalhador da OIT, reafirmado em todos os documentos, planos e propostas da OIT e do MERCOSUL que tratam acerca do trabalho infantil e, devido à sua natureza relativa, termina por ter um conteúdo que poderia ser considerado programático já que é impossível de uma única vez um Estado através da subscrição ou adesão a um documento internacional, ou ainda de uma lei interna, eliminar, ou erradicar do trabalho infantil, pois demanda uma mudança de visão social e de postura por parte da sociedade para que não permita a utilização de mão de obra infantil em qualquer atividade econômica ou profissional, mesmo aquelas disciplinadas pelo Estatuto da Criança e do Adolescente.(154)

Certamente, haverá o tempo em que os capitalistas e empregadores observarão as normas disciplinadoras das relações do trabalho, em especial os direitos fundamentais do trabalhador, como é o caso da erradicação do trabalho infantil defendida pela OIT, pelo MERCOSUL e por todos aqueles preocupados com a formação dos futuros trabalhadores e, acima de tudo, cidadãos(155).

Esses, enfim, são os meios legais colocados à disposição do Estado e da sociedade para o combate ao trabalho de crianças e adolescentes. Entretanto, alguns órgãos e setores do Estado responsáveis pela erradicação do trabalho infantil tiveram êxito, mas não conseguiram o intento das ferramentas da OIT, do Ministério do Trabalho, da Justiça do Trabalho(156), e

(154) Art. 149 – compete à autoridade judiciária disciplinar, por meio de portaria, ou autorizar , por meio de alvará, a participação de criança e adolescente em espetáculos públicos, ensaios e certames de beleza.

(155) LÓPEZ, Manuel Carlos Palomeque; ROSA, Manuel Álvarez de la. *Derecho del Trabajo.* 20. ed. Madrid: Editorial Universitária Ramón Areces, 2012. p. 58. "Con el tiempo, la legislación obrera resistirá, a la vez, el embate de la inobservância patronal y el rechazo de los sectores organizados más conscientes del proletariado, para convertirse, con el asentamiento histórico del Estado social de derecho, en un elemento básico para el bienestar de las clases trabajadoras. La garantia normativa por el Estado de los instrumentos colectivos de autotutela. [...] La norma estatal comprometida ya en la promoción de la igualdad y la liberta efectivas de los indivuduos y los grupos sociales [...]."

(156) TRT condena acusado de manter casa de prostituição em Cabo Branco: Como o processo corre em segredo de justiça, não é possível expor o nome do condenado. O Tribunal Regional do Trabalho condenou engenheiro acusado de explorar sexualmente crianças e adolescentes. A condenação foi no importe de R$100 mil e deverá ser revertida em favor do Fundo da Infância e da Adolescência de Bayeux. Esse tipo de exploração é considerada uma das piores formas de trabalho infantil pela Organização Internacional do Trabalho (OIT), e a Procuradoria da Paraíba foi uma das pioneiras neste tipo de atuação. O tribunal reformou inteiramente a sentença de primeiro grau que inocentava o acusado e acolheu a alegação e provas do MPT de que o engenheiro recrutava adolescentes pobres da cidade de Bayeux para serem prostituídas pelo próprio réu por turistas. O MPT contou a com a ajuda do Ministério Público do Estado, através da firme atuação da promotora

do Ministério Público do Trabalho[157], pois as formas de trabalho indecentes praticadas no Brasil, segundo a OIT, incluem também o trabalho infantil[158].

O Brasil não consegue erradicar e combater a contento o trabalho infantil devido a faltas no planejamento, execução e de estrutura dos órgãos responsáveis pela fiscalização, que trabalham sem os meios adequados de trabalho, como também pela diversidade de fatores que influenciam e causam a existência do trabalho infantil, especialmente as questões culturais e de pobreza de sua população, além do pouco caso que as autoridades governamentais dão a questão.

Servem, portanto, as políticas públicas de prevenção e erradicação ao trabalho infantil aos discursos dos governantes que não dão concretude às ações e programas sobre esse tema. As políticas públicas têm um papel importante, mas ainda muito tímido, pois se espera muito mais de um Estado que apresenta um crescimento econômico avantajado e almeja o desenvolvimento econômico e social.

Renata , a qual, juntamenta com a polícia apreendeu equipamentos na casa do réu onde constava registro de pornografia infantojuvenil em mídia magnética. "De fato, o ato do réu não só lesionou os princípios inerentes à dignidade da pessoa humana, como também violou diversos valores sociais, na medida em que a prática atingiu também a vida familiar, a vida comunitária e a sociedade como um todo", sentenciou a juíza relatora do acórdão Margarida Alves da Araújo Silva. Segundo ainda as palavras da relatora, "a inobservância dos direitos da criança e do adolescente e de sua condição peculiar de pessoa em processo de desenvolvimento, não traduz, tão somente, violação a direito individual dos atingidos pela deprimente exploração sexual a que muitas vezes são forçados a exercer, mas a direito de toda a coletividade, interessada na evolução social, que se faz, antes de mais nada, por meio da garantia do desenvolvimento das potencialidades dos mais jovens". Como o processo corre em segredo de justiça, não é possível expor o nome do condenado, das adolescentes exploradas e detalhes específicos do ocorrido. Entenda o caso: Através da imprensa, o MPT instaurou inquérito civil para, paralelamente ao processo criminal, investigar a acusação de exploração sexual no bairro de Cabo Branco. Com base nas provas colhidas no inquérito policial e no processo criminal, foi proposta ação civil pública na justiça do Trabalho por danos coletivos à infância. Duas sentenças foram anuladas e a última reformada, para se então, chegar ao veredito do TRT. A condenção do engenheiro foi decida com unanimidade do voto dos desembargadores e juízes convocados na sessão plenária. "Esse foi o caso mais difícil que nos chegou à mão. Isto porque a justiça comum nos sonegou provas. Três sentenças sucessivas da Vara do Trabalho inocentavam o réu, o que nos demandou uma dedicação singular para que o direito de crianças e adolescentes restasse de fato reparado", comentou Varandas, subscritor da ação. Disponível em: <www.wscom.com.br/busca/page/8/pagina/3/q/sociedade>. Acesso em: 11 jan. 2013.

(157) Disponível em: <http://www.wscom.com.br/noticia/policial/TRT+CONDENA+EXPLORADOR+INF>: TRT condena explorador infantil — Policial — Noticia — WSCOM — O Portal de Notícias "Esse foi o caso mais difícil que nos chegou à mão. Isto porque a justiça comum nos sonegou provas. Três sentenças sucessivas da Vara do Trabalho inocentavam o réu, o que nos demandou uma dedicação singular para que o direito de crianças e adolescentes restasse de fato reparado", comentou Varandas, subscritor da ação.

(158) GUIMARÃES, José Ribeiro Soares. *Perfil do trabalho decente no Brasil:* um olhar sobre as Unidades da Federação. Brasília: OIT, 2012. p. 376. "Pode haver também formas mais sutis de ameaça, às vezes de natureza psicológica. Outras punições podem ser de natureza financeira, como penas econômicas ligadas a dívidas, não pagamento ou perda de salários com ameaça de demissão, quando o trabalhador se recusa a fazer mais horas extras além do estipulado em seus contratos ou na legislação nacional. Há casos também em que a coação se faz por intermédio da retenção de documentos pessoais ou do aliciamento afetivo de pessoa em fase de desenvolvimento como a criança e o adolescente".

Considerações Finais

Após a análise desenvolvida, muito embora já tenhamos apresentado algumas conclusões, observa-se, entretanto, que utilizamos a sistemática de pontuar, no decorrer de cada capítulo, as questões de relevo sobre o trabalho infantil na Argentina e no Brasil, bem como o cumprimento da Declaração de 1988 da OIT Sobre Direitos e Princípios Fundamentais do Trabalhador, das Convenções sobre o tema da OIT e, especialmente, da Declaração Sociolaboral do MERCOSUL. Definimos apenas os temas relevantes, de um modo geral, mas merecem receber um arremate numa busca pela apresentação de soluções e propostas para a integral proteção da criança e do adolescente no mercado laboral.

Deste modo, a justificativa para que seja possível um tratamento equânime e valorativo do trabalhador é urgente a adoção pelo Brasil e pela Argentina de princípios protetivos do trabalhador e, sobretudo, de mecanismos de concretização dos direitos fundamentais do trabalhador, devido a sua natureza essencial, irrenunciável, para, assim, concretamente dar dignidade ao trabalhador, à criança e ao adolescente.

Este trabalho foi organizado de forma que a metodologia aplicada ficasse claramente demonstrada para, no final, serem pontuadas as falhas nas políticas públicas de erradicação do trabalho infantil, bem como as prováveis soluções para fins de verificar o cumprimento da Declaração Sociolaboral do MERCOSUL pela Argentina e pelo Brasil, no tocante ao objeto do estudo.

O tema foi desenvolvido de forma a buscar abordar os vários aspectos envolvidos e tidos como causadores do trabalho infantil, além das situações econômicas dos núcleos familiares que estão diretamente ligados à questão. Nesse intento, fatores como pobreza, falta de políticas públicas consistentes e sérias, ausência de estudos estatísticos atualizados, questões culturais, abuso do poder econômico pelos capitalistas, além da falta de educação e de fiscalização por parte dos órgãos responsáveis pela erradicação do trabalho infantil foram considerados os principais fatores causadores do problema.

Além desses fatores, também se considerou a situação do trabalho infantil em face da integração econômica em que Argentina e Brasil encontram-se inseridos, verificando o cumprimento da Declaração Sociolaboral do MERCOSUL, bem como a análise da questão do trabalho infantil sob o aspecto das práticas criminosas, como é o caso da prostituição infantil, pedofilia e tráfico de pessoas.

Buscou-se, também, analisar as normas definidoras da erradicação do trabalho infantil no contexto internacional por intermédio da análise das convenções que estão diretamente relacionadas com os direitos fundamentais objetos da presente tese, e verificando as providências que foram adotadas por Argentina e Brasil para inserir esses documentos internacionais em suas normas internas, demonstrando a necessidade de políticas públicas amplas, efetivas e concretas que realmente identifique o problema para atuar sobre as causas e não de forma parcial, como tem sido prática nos dois países.

O estudo foi desenvolvido dentro de um contexto em que a erradicação do trabalho infantil representa um direito fundamental e uma responsabilidade do Estado, não podendo ter restrição ou flexibilização por normas oriundas do Estado, como acontece na Argentina e no Brasil, com a permissão de trabalho infantil em atividades artísticas, sem qualquer fiscalização dos órgãos competentes.

Essa situação demonstra não ser possível, sob o aspecto jurídico, a permanência de regras permissivas de trabalho infantil em qualquer tipo de atividades, principalmente por possuir o princípio de erradicação do trabalho infantil, função ordenadora e de diretriz fundamental para o legislador, para que todos garantam ao trabalhador e às famílias de crianças e adolescentes tempo para os estudos e não para o trabalho, não podendo as autoridades, sob qualquer pretexto, autorizar ou tolerar o trabalho infantil. Qualquer ato em sentido contrário representa a inobservância da dignidade humana.

Na mesma direção, sendo a dignidade humana um princípio estruturante das relações laborais e, sobretudo, das constituições da Argentina e do Brasil, observa-se que há um profundo hiato entre a realidade vivida por crianças e adolescentes dos dois países para as políticas públicas governamentais de erradicação do trabalho infantil.

Examinou-se também a erradicação do trabalho infantil sob o aspecto dos programas e políticas públicas existentes na Argentina e no Brasil, identificando-se que as políticas públicas e programas sociais dos dois países têm mostrado gritante ineficiência na eliminação do trabalho infantil devido, acima de tudo, às fragilidades das estruturas do Estado voltadas para o cumprimento de políticas públicas nessa área, como também pela falta de abrangência, de enfrentamento das questões sociais, como a pobreza, o desemprego, a falta de estrutura do sistema educacional público.

Pode-se concluir que há trabalho infantil na Argentina e no Brasil e que esta chaga está longe de sarar, devido, acima de tudo, às políticas públicas educacionais deficientes e à falta de preparo dos órgãos estatais para fiscalizar tal prática.

Outro fator que demonstra a existência de trabalho infantil na Argentina e no Brasil é a quantidade de crianças e adolescentes vendendo produtos em sinais de trânsito, pedido pelas ruas, trabalhando na agricultura para aumentar cada vez mais os ganhos dos capitalistas.

Foram analisados vários aspectos do trabalho infantil inseridos em documentos teóricos de vários autores, como também em documentos emanados da OIT, MERCOSUL, Ministério do Trabalho dos dois países e Relatórios de Organizações não Governamentais, revistas, portais e jornais.

Após a análise dos aspectos e de documentos que tratam do trabalho infantil, chegou-se a conclusão de que na Argentina e no Brasil há trabalho infantil de todos os aspectos e formas identificadas pela OIT.

A erradicação do trabalho infantil que serviu de base para formular o que se afirma no parágrafo anterior é aquela definida nas convenções da OIT, bem como a análise do seguimento desses documentos pelo Brasil e pela Argentina, concluindo em seus relatórios que a Argentina e o Brasil não cumprem a Declaração Sociolaboral do MERCOSUL.

Este fato se dá também devido ao fato de o MERCOSUL não possuir mecanismos punitivos pelo não cumprimento dos seus documentos, devido à falta do poder de sanção essencial para obrigar aos seus membros o cumprimento de suas normas.

A ausência desse poder torna as Declarações do MERCOSUL e da OIT apenas instrumentos normativos relativos, sem eficácia plena, apenas diretrizes a seguir.

Por fim, deve-se asseverar que há uma necessidade de reestruturação das normas que envolvem o Direito do Trabalho no combate, fiscalização e repressão do trabalho infantil, além do aparelhamento do Estado para cumprir as normas emanadas dos Poderes Legislativos dos dois países.

É função do Estado a promoção de políticas públicas eficazes de erradicação do trabalho infantil por meio da conscientização das famílias e de melhoria de qualidade de vida das populações mais carentes.

Desta sorte, o que se verificou é que a Argentina e o Brasil não seguem a Declaração Sociolaboral do MERCOSUL no tocante à erradicação do trabalho infantil.

Outro fator que corrobora para esta conclusão é que não há, no Brasil, políticas públicas, ou mesmo privadas, voltadas para assegurar a dignidade dos trabalhadores e qualidade no ensino fundamental.

Nesse intento, observou-se que o Estado apresenta um papel importantíssimo no cumprimento da ordem pública tanto através da elaboração de normas, implementação e divulgação dos programas e políticas públicas voltadas para a erradicação do trabalho infantil como, acima de tudo, na fiscalização para evitar a exploração de crianças e adolescentes por empregadores que buscam apenas o lucro.

Para tanto, o estudo mostrou a necessidade de uma melhor articulação entre as entidades, organismos e instrumentos de fiscalização, como é o caso do Ministério do Trabalho, Ministério Público do Trabalho e sindicatos, principalmente os órgãos estatais, que precisam delimitar e buscar um maior grau de eficiência e eficácia nas suas atuações para que as mesmas não sejam apenas pontuais.

A presente obra demonstrou que a dinâmica de funcionamento dos órgãos responsáveis pela prevenção, fiscalização e efetivação das políticas públicas não é sistematizada, sincronizada e integrada, fazendo com que os sistemas de proteção da criança e do adolescente funcionem desconectados, produzindo resultados falhos como decorrência da burocratização das políticas públicas que provocam demora no trâmite legislativo, de formulação e principalmente da execução das políticas públicas para o combate e a erradicação do trabalho infantil.

Conclui-se também que a burocracia aliada à vontade política são as principais causas da ausência de estrutura para atuação dos órgãos e setores do Estado no processo de erradicação do trabalho infantil por não deixar claro o papel a ser desempenhado pelos Entes Administrativos.

O estudo demonstrou que tanto Argentina quanto Brasil, apesar de formalmente declararem que buscam erradicar o trabalho infantil, terminam por atuar nessa área de forma tímida e desconectada com a realidade, especialmente por partirem de premissas inconsistentes, pois os dados coletados e que servem de parâmetro para as políticas públicas e programas voltados para a erradicação do trabalho infantil utilizam informações desencontradas, desatualizadas e, acima de tudo, inconsistentes. Este fato é reconhecido publicamente por aqueles que elaboram e executam os instrumentos de erradicação do trabalho infantil, em especial os ministros e dirigentes de órgãos estatais e não estatais.

Como vimos, a Argentina e o Brasil, apesar do estabelecimento em suas normas constitucionais, infraconstitucionais e da adesão aos documentos da OIT sobre o trabalho infantil, principalmente no que tange à proteção dentro do mercado laboral, não conseguem dar vida digna aos trabalhadores que não conseguem manter as suas famílias e terminam fazendo uso dos seus filhos como mão de obra, o que demonstra que os dois Estados não conseguem assegurar concretamente uma infância digna.

Conforme os dados e informações apresentadas no decorrer da tese, demonstrou-se que a prestação de um trabalho com as condições mínimas não é a realidade para a maioria dos trabalhadores argentinos e brasileiros, além disso, os dois países convivem com a existência de relações de trabalho em regime de indecência, como o trabalho infantil, sendo algumas delas decorrentes do modelo de produção instalado nos dois países, como, por exemplo, o trabalho nas residências e na agricultura familiar. Outras formas de trabalho indecente são fruto da busca incessante pelo lucro (trabalho infantil em fábricas), já outras, da falta de sensibilidade e incapacidade do homem de respeitar e tratar de forma digna o seu semelhante (prostituição, tráfico de pessoas, escravidão). Contudo, o presente estudo demonstrou que essas formas de trabalho infantil só existem devido à letargia do Estado que não consegue minimamente concretizar as políticas públicas de erradicação do trabalho infantil.

O presente estudo demonstrou que não há justificativas para que Argentina e Brasil aceitem milhares de crianças e adolescentes submetidos a condições sub-humanas, escravidão, exploração sexual. Não se pode aceitar a precarização do trabalho mediante explorações ilegais, imorais e indecentes de crianças e adolescentes que são tolhidos de sua infância, tendo cassado o seu direito de ser criança.

Houve também a demonstração que não há justificativa para que existam situações em que há uma tolerância de quem deveria fiscalizar o trabalho infantil, como se fosse algo normal, justificando-se em questões culturais, principalmente artísticas, tendo inclusive ficado claro que pode até haver legalidade em qualquer tipo de trabalho prestado por crianças, mas não há ética nem decência.

Ficou claro no presente estudo que as questões, problemas, dificuldades, formas e causas de trabalho infantil na Argentina e no Brasil têm as mesmas causas principais, como a condição econômica das famílias e a omissão estatal. Esses dois países têm muito a aprender um com o outro, em especial a necessidade de elaboração de políticas comuns, seguindo os princípios de proteção da criança e do adolescente definida pela Declaração Sociolaboral do MERCOSUL.

Referências Bibliográficas

AGUILLAR, Fernando Herren. *Direito econômico:* do direito nacional ao direito supranacional. São Paulo: Atlas, 2006.

ARGENTINA. *Constitución Nacional.* Constitución de La Nación Argentina. Sistema Argentino de Información Jurídica. Disponível em: <http://www.infojus.gov.ar> Acesso em: 26 dez. 2011.

______. *Decreto Federal n. 10005/2003.* Buenos Aires, 2003.

______. Ministerio de Trabajo, empleo y seguridad social. Plan Nacional para la prevención y erradicación del trabajo infantil y protección del trabajo adolescente. *Resolución n. 532/2013.* Buenos Aires, 2013.

______. Ministerio de Trabajo, empleo y seguridade social. Programa Internacional para la erradicación del trabajo infantil (IPEC). *Constextualización de las condiciones sociales asociados a la problemática del trabajo infantil en la Argentina.* Buenos Aires, 2002.

______. Ministerio de Trabajo, empleo y seguridad social. *Actualização diagnóstica del trabajo infantil en la Argentina.* Programa internacional para la erradicación del trabajo infantil. Buenos Aires, 2002.

______. Ministerio de Trabajo, empleo y seguridad social. CONAETI. UNICEF. *Despertando consciencia junto a la sociedad civil:* por la prevención y erradicación del trabajo infantil. Buenos Aires.

BALESTRA, Ricardo R. *Manual de derecho internacional privado.* Buenos Aires: Abeledo--Perrot, 1993.

BELTRAN, Ari Possidônio. *Direito do trabalho e direitos fundamentais.* São Paulo: LTr, 2002.

BRAGE CAMAZANO, Joaquín. *Los límites a los derechos fundamentales.* Madri: Dykinson, 2004.

BRASIL. *Lei n. 8.069/90.* Estatuto da criança e do Adolescente.

______. *Consolidação das Leis do Trabalho.* Presidência da República: Brasília, 2012, art. 405 que proíbe o trabalho noturno, ou em locais e serviços perigosos, insalubres ou moralmente danosos.

______. SUPREMO TRIBUNAL FEDERAL. HC 74370/SP – SÃO PAULO – *HABEAS CORPUS* – Relator(a): Min. SYDNEY SANCHES – Julgamento: 10.9.1996 Órgão Julgador: Primeira Turma – Publicação: DJ 8.11.1996 PP-43203 EMENTA VOL-01849-03 PP-00514 – Parte(s) PACTE.: MARCELO MURINO– IMPTE.: EDENIR RODRIGUES DE SANTANA – COATOR: TRIBUNAL DE JUSTIÇA DO ESTADO DE SÃO PAULO – EMENTA: – DIREITO PENAL E PROCESSUAL PENAL. TRÁFICO DE ENTORPECENTES. CONDENAÇÃO: JUSTA CAUSA. DESCLASSIFICAÇÃO. PENA: CAUSA DE AUMENTO (art. 18, inc. III, da Lei n. 6.368, de 21.10.1976). PROVAS.

______. SUPERIOR TRIBUNAL DE JUSTIÇA. "CRIMINAL. *HABEAS CORPUS.* TRÁFICO ILÍCITO DE ENTORPECENTES. PENA-BASE FIXADA ACIMA DO MÍNIMO LEGAL. DECISÃO FUNDAMENTADA. CAUSA DE DIMINUIÇÃO DE PENA DO ART. 33, § 4º, DA LEI N. 11.343/06. INAPLICABILIDADE. QUANTIDADE E ACONDICIONAMENTO DAS DROGAS. DELITO PRATICADO EM LOCAL DE COMÉRCIO DE ENTORPECENTES, COM ENVOLVIMENTO DE MENORES. CAUSA DE AUMENTO DE PENA DO ART. 40, INCISO

VI. APLICABILIDADE. ORDEM DENEGADA. (HC 170.118/SP, rel. ministro GILSON DIPP, QUINTA TURMA, julgado em 16.6.2011, DJe 1º.7.2011)

BRITO FILHO, José Claudio Monteiro. *Trabalho decente:* análise jurídica da exploração do trabalho — trabalho escravo e outras formas de trabalho indigno. São Paulo: LTr, 2010.

CANOTILHO, José Joaquim Gomes. *Direito constitucional.* 6. ed. Coimbra: Almedina, 1995.

CASTILHOS, Zuleica C.; LIMA, Maria Helena Machado Rocha; CASTRO, Nuria Fernández. *Gênero e trabalho infantil na pequena mineração:* Brasil, Peru, Argentina, Bolívia. Rio de Janeiro: CETEM/CNPQ, 2006 (ILAHI *et al.*, 2004).

CAVALCANTE, Ricardo Tenório. *Jurisdição, direitos sociais e proteção do trabalhador:* a efetividade do direito material e processual do trabalho desde a teoria dos princípios. Porto Alegre: Livraria do Advogado, 2008.

CECATO, Maria Áurea Baroni. A relativa relevância da Declaração de 1998 da OIT para a definição dos direitos humanos do trabalhador. *Prima Facie*, João Pessoa, ano 5, n. 8, 2006.

CRUZ, Claudia Ferreira. *Os direitos fundamentais dos trabalhadores e a carta sociolaboral do MERCOSUL.* São Paulo: LTr, 2005.

DELGADO, Mauricio Godinho. *Capitalismo, trabalho e emprego:* entre o paradigma da destruição e os caminhos de reconstrução. São Paulo: LTr, 2005.

DÍAZ, Jorge Diego. Trabajo artístico infantil. *Revista Nova Tesis*, Rosário, Nova Tesis, n. 17, p. 76-77, 2009.

DOWER, Nelson Godoy Bassil. *Instituições de direito público e privado.* São Paulo: Saraiva, 2005.

ETALA, Carlos Alberto. *Contrato de trabajo.* Buenos Aires: Astrea, 2005.

FARIA, José Eduardo. *O Direito na economia globalizada.* São Paulo: Malheiros, 2002.

FIGUEIREDO, Ivanilda. *Políticas públicas e a realização dos direitos sociais.* Porto Alegre: Fabris, 2006.

FONSECA, João Bosco Leopoldino. *Direito econômico.* Rio de Janeiro: Forense, 2012.

GENOVA, Leonardo. *O princípio da proteção no século XXI:* os novos desafios do trabalhador brasileiro. São Paulo: LTr, 2009

GOMES, Orlando e GOTTSCHALK, Elson. *Curso de direito do trabalho.* Rio de Janeiro: Forense, 1998.

GOMES, Patricia Saboya. O combate ao trabalho infantil no Brasil: conquistas e desafios. *In:* CORREA, Lelio Bentes; VIDOTTI, Tarcio José. *Trabalho infantil e direitos humanos.* São Paulo: LTr, 2005.

GRAU, Eros Roberto. *A ordem econômica na constituição de 1988:* interpretação e crítica. 10. ed. São Paulo: Malheiros, 2005.

GRISOLIA, Julio Armando. *Manual de derecho laboral.* Buenos Aires: LexisNexis, 2008.

GUIMARÃES, José Ribeiro Soares. *Perfil do trabalho decente no Brasil:* um olhar sobre as Unidades da Federação. Brasília: OIT, 2012.

IPEA. *A Década Inclusiva (2001-2011):* Desigualdade, Pobreza e Políticas de Renda, 25 sep. 2012, Brasília.

JUCÁ, Francisco Pedro. Os direitos individuais fundamentais do trabalhador. *In: A transição do direito do trabalho no Brasil.* São Paulo: LTr, 1999.

JUCÁ, Francisco Pedro. *A constitucionalização dos direitos dos trabalhadores e a hermenêutica das normas infraconstitucionais.* São Paulo: LTr, 1997.

KELLER, Werner. *O direito ao trabalho como direito fundamental:* instrumentos de efetividade. São Paulo: LTr, 2011

LIBERATI, Wilson Donizeti; DIAS, Fábio Muller Dutra. *Trabalho infantil.* São Paulo: Malheiros, 2006.

LIPOVETZKY, Jaime C. *Tratado de derecho del trabajo en la integración regional:* derecho comparado argentino — brasileño y latinoamericano. Buenos Aires: Cathedra Jurídica, 2009. v. 2.

LITTERIO, Liliana Hebe. *El trabajo infantil y adolescente en la Argentina:* las normas y la realidad. Buenos Aires: Errepar, 2010.

LITTERIO, Liliana H. La ley que modifica la mayoría de edad frente a algunas normas del derecho del trabajo y de la seguridad social. *In: Revista del trabajo*, Buenos Aires: La Ley, n. 3, p. 487, 2010.

LIVELLARA, Carlos Alberto. *Reflexiones sobre el trabajo infantil.* Buenos Aires: Thomson La Ley, 2007.

LÓPEZ, Manuel Carlos Palomeque; ROSA, Manuel Álvarez de la. *Derecho del Trabajo.* 20. ed. Madrid: Editorial Universitária Ramón Areces, 2012.

MABÉ, Rafael Lirman. Los responsables de la problemática del trabajo infantil en la Argentina y sus consecuencias. *Revista de Derecho Laboral y Seguridad Social*, Abeledo Perrot, Marzo, p. 394, 2012.

MAGANO, Octávio Bueno. *Manual de Direito do Trabalho.* 4. Direito tutelar. São Paulo: LTr, 1993.

MANSUETI, Hugo Roberto. *Direito sindical no MERCOSUL.* São Paulo: LTr, 2004.

MASTRANGELO, Andrea. Miserias preciosas. Trabajo infantil y género en mineria artesanal Misiones, Argentina. *In:* CASTILHOS, Zuleica Carmen; LIMA, Marta Helena Machado Rocha; CASTRO, Nuria Fernández. *Gênero e trabalho infantil na pequena mineração — Brasil, Peru, Argentina, Bolívia.* Rio de Janeiro: CETEM/CNPQ, 2006.

MELHADO, Reginaldo. *Poder e sujeição:* os fundamentos da relação de poder entre capital e trabalho e o conceito de subordinação. São Paulo: LTr, 2003.

MERCOSUL. *Tratado de Assunção*, 1991.

MINISTERIO DE TRABAJO, EMPLEO Y SEGURIDAD SOCIAL. CONAETI. UNICEF. *Despertando consciencia junto a la sociedad civil:* por la prevención y erradicación del trabajo infantil. Buenos Aires.

______. *Programa Internacional para la erradicación del trabajo infantil (IPEC).* Contextualización de las condiciones sociales associados a la problemática del trabajo infantil em la Argentina. Buenos Aires, 2002.

______. ACTUALIZAÇÃO DIAGNÓSTICA DEL TRABAJO INFANTIL EN LA ARGENTINA. PROGRAMA INTERNACIONAL PARA LA ERRADICACIÓN DEL TRABAJO INFANTIL. Buenos Aires, 2002.

______. CONAETI. UNICEF. *Despertando consciencia junto a la sociedad civil:* por la prevención y erradicación del trabajo infantil. Buenos Aires.

MOREIRA, Itamar. *Trabalho infantil na cidade de São Paulo.* São Paulo: Scortecci, 2009.

OLIVEIRA, Oris. *Trabalho e profissionalização de adolescente.* São Paulo: LTr, 2009.

OLIVEIRA, Oris. *O trabalho da criança e do adolescente.* São Paulo: LTr, 1994.

ORGANIZAÇÃO INTERNACIONAL DO TRABALHO. Oficina de Buenos Aires, 2010. *Plan Nacional para la Erradicación del Trabajo Infantil.* Disponível em: <www.oit.org.br>. Acesso em: 28 fev. 2013.

______. CONFERÊNCIA INTERNACIONAL DO TRABALHO 100ª SESSÃO 2011. *Igualdade no Trabalho:* Um desafio contínuo. Relatório Global no quadro do seguimento da Declaração sobre os Princípios e Direitos Fundamentais no Trabalho.

______. CONVENÇÃO N. 182 SOBRE AS PIORES FORMAS DE TRABALHO INFANTIL.

______. *Combate ao Trabalho Escravo:* um manual para empregadores e empresas. Brasília: OIT, 2011.

______. *Dia Mundial Contra o Trabalho Infantil 2011:* Cuidado! Crianças em Trabalhos Perigosos. Fim ao Trabalho Infantil : GENEBRA (Notícias da OIT).

______. *Trabajo infantil en Argentina.* Concurso y Exposición de pinturas "Pinto pintar. PRONIÑO y Berni". Dibujos realizados por los niños de las escuelas beneficiarias del Programa PRONIÑO en base a la obra de Antonio Berni "Juanito Laguna": Buenos Aires, 2006.

______. *Infância e adolescência:* trabalho e outras atividades econômicas. Instituto Nacional de Estatísticas e Censo — INDEC: Buenos Aires, 2006.

______. *Panorama Laboral 2011.* Lima: OIT/Oficina Regional para América Latina y el Caribe, 2011.

______. Buenos Aires, 2013. Disponível em: <http://www.oit.org.ar/portal/index.php?option=com_content&view=article&id=427&Itemid=307>. Acesso em: 10 mar. 2013.

______. *Promover los princípios y derechos fundamentales a través del diálogo social.* Buenos Aires, 2005. Disponível em: <www.ilo.org>.

______. *Aplicación de las normas internacionais del trabajo, 2009 (I).* Suiça: Genebra, 2009.

______. *Tendencias Mundiales del Empleo 2013.* Suiça: Genebra, 2013. Disponível em: <http://www.ilo.org/global/research/global-reports/global-employment-trends/2013/lang--es/index.htm>. Acesso em: 15 mar. 2013.

______. FRENTE A LA CRISIS EN EUROPA: REFLEXIONES PARA EL CASO DE ARGENTINA. Suiça: Genebra, 2013. Disponível em: <http://www.ilo.org/wcmsp5/groups/public/---americas/---ro-lima/documents/article/wcms_206275.pdf> Acesso em: 15 mar. 2013.

REALE, Miguel. *Estado democrático de direito e o conflito das ideologias.* São Paulo: Saraiva, 1998.

RODRIGUEZ, Américo Plá. *Princípios de direito do trabalho.* São Paulo: LTr, 2004.

ROMITA, Arion Sayão. *Direitos fundamentais nas relações de trabalho.* São Paulo: LTr, 2012.

SANTOS, Jonábio Barbosa dos. *Liberdade sindical e negociação coletiva como direitos fundamentais do trabalhador:* princípios da declaração de 1998 da OIT. São Paulo: LTr, 2008.

SARDEGNA, Paula. Trabajo de niños y adolescentes desde un enfoque bioético que propicia conductas resilientes. *In: Abeledo Perrot*, Junio, 2012.

SAUMA, Pablo. *Construir futuro, invertir en la infancia.* Estudio económico de los costos y beneficios de eliminar el trabajo infantil en los Paises del Cono Sur. Lima: Oficina Internacional do Trabalho, 2006.

SOUTO MAIOR, Jorge Luiz. As tutelas inibitórias na proteção dos direitos humanos: Uma análise na ótica do direito do trabalho. *In: Trabalho infantil e direitos humanos.* São Paulo: LTr, 2005.

SPRANDEL, Marcia Anita; ANTÃO DE CARVALHO, Henrique José; AKIO MOTONAGA, Alexandre. *Legislação comparada sobre o trabalho de crianças e adolescentes nos países do MERCOSUL.* Brasília: OIT, 2006.

TALLER LATINO AMERICANO: Para la formación de estadísticos y diseño de encuestas sobre trabajo infantil. OIT: Cartagena de Indias, Colômbia,1998.

TAVARES, André Ramos. *Direito constitucional econômico.* São Paulo: Método, 2006.

TRABALHO DECENTE. Primera edición, Ginebra — Suiza: Oficina Internacional del Trabajo, 1999.

WEBER, Max,1864-1920. *Economia e sociedade:* fundamentos da sociologia compreensiva/ Max Weber. Tradução de Regis Barbosa e Karen Elsabe Barbosa; revisão técnica de Gabriel Cohn. Brasília: Editora Universidade de Brasília: São Paulo: Imprensa Oficial do Estado de SãoPaulo, 1999.

VIEIRA, Marcia Guedes. *Trabalho infantil no Brasil:* questões culturais e políticas públicas. Dissertação (Mestrado em Ciências Sociais). UNB: Brasília, 2009. Disponível em: <http://www.fnpeti.org.br/artigos/Dissertacao%20de%20Marcia%20Guedes%20Vieira1.pdf>. Acesso em: 20 fev. 2013.

VIVOT, Julio J. Martinez. *Los menores y las mujeres en el derecho del trabajo.* Buenos Aires: Astrea, 1981.

Anexo I — Declaração Sociolaboral do MERCOSUL

OS CHEFES DE ESTADO DOS ESTADOS PARTES DO MERCADO COMUM DO SUL, Considerando que os Estados Partes do MERCOSUL reconhecem, nos termos do Tratado de Assunção (1991), que a ampliação das atuais dimensões de seus mercados nacionais, por meio da integração, constitui condição fundamental para acelerar os processos de desenvolvimento econômico com justiça social;

Considerando que os Estados Partes declaram, no mesmo Tratado, a disposição de promover a modernização de suas economias para ampliar a oferta de bens e serviços disponíveis e, em consequência, melhorar as condições de vida de seus habitantes;

Considerando que os Estados Partes, além de membros da Organização Internacional do Trabalho (OIT), ratificaram as principais convenções que garantem os direitos essenciais dos trabalhadores, e adotam em larga medida as recomendações orientadas para a promoção do emprego de qualidade, das condições saudáveis de trabalho, do diálogo social e do bem-estar dos trabalhadores;

Considerando, ademais, que os Estados Partes apoiaram a "Declaração da OIT relativa a princípios e direitos fundamentais no trabalho" (1998), que reafirma o compromisso dos Membros de respeitar, promover e colocar em prática os direitos e obrigações expressos nas convenções reconhecidas como fundamentais dentro e fora da Organização;

Considerando que os Estados Partes estão comprometidos com as declarações, pactos, protocolos e outros tratados que integram o patrimônio jurídico da Humanidade, entre os quais a Declaração Universal dos Direitos Humanos (1948), o Pacto Internacional dos Direitos Civis e Políticos (1966), o Pacto Internacional dos Direitos Econômicos, Sociais e Culturais (1966), a Declaração Americana de Direitos e Obrigações do Homem (1948), a Carta Interamericana de Garantias Sociais (1948), a Carta da Organização dos Estados Americanos — OEA (1948), a Convenção Americana de Direitos Humanos sobre Direitos Econômicos, Sociais e Culturais (1988);

Considerando que diferentes fóruns internacionais, entre os quais a Cúpula de Copenhague (1995), têm enfatizado a necessidade de se instituir mecanismos de acompanhamento e avaliação dos componentes sociais da mundialização da economia, a fim de assegurar a harmonia entre progresso econômico e bem-estar social;

Considerando que a adesão dos Estados Partes aos princípios da democracia política e do Estado de Direito e do respeito irrestrito aos direitos civis e políticos da pessoa humana constitui base irrenunciável do projeto de integração;

Considerando que a integração envolve aspectos e efeitos sociais cujo reconhecimento implica a necessidade de prever, analisar e solucionar os diferentes problemas gerados, neste âmbito, por essa mesma integração;

Considerando que os Ministros do Trabalho do MERCOSUL têm manifestado, em suas reuniões, que a integração regional não pode confinar-se à esfera comercial e econômica, mas deve abranger a temática social, tanto no que diz respeito à adequação dos marcos regulatórios trabalhistas às novas realidades configuradas por essa mesma integração e pelo processo de globalização da economia, quanto ao reconhecimento de um patamar mínimo de direitos dos trabalhadores no âmbito do MERCOSUL, correspondente às convenções fundamentais da OIT;

Considerando a decisão dos Estados Partes de consubstanciar em um instrumento comum os progressos já alcançados na dimensão social do processo de integração e alicerçar os avanços futuros e constantes no campo social, sobretudo mediante a ratificação e cumprimento das principais convenções da OIT;

Adotam os seguintes princípios e direitos na área do trabalho, que passam a constituir a "declaração sociolaboral do mercosul", sem prejuízo de outros que a prática nacional ou internacional dos Estados Partes tenha instaurado ou venha a instaurar:

Direitos Individuais

ARTIGO 1º

Não discriminação

1. Todo trabalhador tem garantida a igualdade efetiva de direitos, tratamento e oportunidades no emprego e ocupação, sem distinção ou exclusão por motivo de raça, origem nacional, cor, sexo ou orientação sexual, idade, credo, opinião política ou sindical, ideologia, posição econômica ou qualquer outra condição social ou familiar, em conformidade com as disposições legais vigentes.

2. Os Estados Partes comprometem-se a garantir a vigência deste princípio de não discriminação. Em particular, comprometem-se a realizar ações destinadas a eliminar a discriminação no que tange aos grupos em situação desvantajosa no mercado de trabalho.

ARTIGO 2º

Promoção da igualdade

1. As pessoas portadoras de necessidades especiais serão tratadas de forma digna e não discriminatória, favorecendo-se sua inserção social e no mercado de trabalho.

2. Os Estados Partes comprometem-se a adotar medidas efetivas, especialmente no que se refere à educação, formação, readaptação e orientação profissional, à adequação dos ambientes de trabalho e ao acesso aos bens e serviços coletivos, a fim de assegurar que as pessoas portadoras de necessidades especiais tenham a possibilidade de desempenhar uma atividade produtiva.

ARTIGO 3º

Os Estados Partes comprometem-se a garantir, mediante a legislação e práticas trabalhistas, a igualdade de tratamento e oportunidades entre mulheres e homens.

ARTIGO 4º

Trabalhadores Migrantes e Fronteiriços

1. Todo trabalhador migrante, independentemente de sua nacionalidade, tem direito à ajuda, informação, proteção e igualdade de direitos e condições de trabalho reconhecidos aos nacionais do país em que estiver exercendo suas atividades, em conformidade com a legislação profissional de cada país.

2. Os Estados Partes comprometem-se a adotar medidas tendentes ao estabelecimento de normas e procedimentos comuns relativos à circulação dos trabalhadores nas zonas de fronteira e a levar a cabo as ações necessárias para melhorar as oportunidades de emprego e as condições de trabalho e de vida destes trabalhadores.

ARTIGO 5º

Eliminação do trabalho forçado

1. Toda pessoa tem direito ao trabalho livre e a exercer qualquer ofício ou profissão, de acordo com as disposições nacionais vigentes.

2. Os Estados Partes comprometem-se a eliminar toda forma de trabalho ou serviço exigido a um indivíduo sob a ameaça de uma pena qualquer e para o qual dito indivíduo não se ofereça voluntariamente.

3. Ademais, comprometem-se a adotar medidas para garantir a abolição de toda utilização de mão de obra que propicie, autorize ou tolere o trabalho forçado ou obrigatório.

4. De modo especial, suprime-se toda forma de trabalho forçado ou obrigatório que possa utilizar-se:

a) como meio de coerção ou de educação política ou como castigo por não ter ou expressar o trabalhador determinadas opiniões políticas, ou por manifestar oposição ideológica à ordem política, social ou econômica estabelecida;

b) como método de mobilização e utilização da mão de obra com fins de fomento econômico;

c) como medida de disciplina no trabalho;

d) como castigo por haver participado em greves;

e) como medida de discriminação racial, social, nacional ou religiosa.

ARTIGO 6º

Trabalho infantil e de menores

1. A idade mínima de admissão ao trabalho será aquela estabelecida conforme as legislações nacionais dos Estados Partes, não podendo ser inferior àquela em que cessa a escolaridade obrigatória.

2. Os Estados Partes comprometem-se a adotar políticas e ações que conduzam à abolição do trabalho infantil e à elevação progressiva da idade mínima para ingressar no mercado de trabalho.

3. O trabalho dos menores será objeto de proteção especial pelos Estados Partes, especialmente no que concerne à idade mínima para o ingresso no mercado de trabalho e a outras medidas que possibilitem seu pleno desenvolvimento físico, intelectual, profissional e moral.

4. A jornada de trabalho para esses menores, limitada conforme as legislações nacionais, não admitirá sua extensão mediante a realização de horas extras nem em horários noturnos.

5. O trabalho dos menores não deverá realizar-se em um ambiente insalubre, perigoso ou imoral, que possa afetar o pleno desenvolvimento de suas faculdades físicas, mentais e morais.

6. A idade de admissão a um trabalho com alguma das características antes assinaladas não poderá ser inferior a 18 anos.

ARTIGO 7º

Direitos dos empregadores

1. O empregador tem o direito de organizar e dirigir econômica e tecnicamente a empresa, em conformidade com as legislações e as práticas nacionais.

Direitos Coletivos

ARTIGO 8º

Liberdade de Associação

1. Todos os empregadores e trabalhadores têm o direito de constituir as organizações que considerem convenientes, assim como de afiliar-se a essas organizações, em conformidade com as legislações nacionais vigentes.

2. Os Estados Partes comprometem-se a assegurar, mediante dispositivos legais, o direito à livre associação, abstendo-se de qualquer ingerência na criação e gestão das organizações

constituídas, além de reconhecer sua legitimidade na representação e na defesa dos interesses de seus membros.

ARTIGO 9º

Liberdade Sindical

1. Os trabalhadores deverão gozar de adequada proteção contra todo ato de discriminação tendente a menoscabar a liberdade sindical com relação a seu emprego.

2. Deverá garantir-se:

a) a liberdade de filiação, de não filiação e desfiliação, sem que isto comprometa o ingresso em um emprego ou sua continuidade no mesmo;

b) evitar demissões ou prejuízos a um trabalhador por causa de sua filiação sindical ou de sua participação em atividades sindicais;

c) o direito de ser representado sindicalmente, de acordo com a legislação, acordos e convenções coletivos de trabalho em vigor nos Estados Partes.

ARTIGO 10º

Negociação Coletiva

Os empregadores ou suas organizações e as organizações ou representações de trabalhadores têm direito de negociar e celebrar convenções e acordos coletivos para regular as condições de trabalho, em conformidade com as legislações e práticas nacionais.

ARTIGO 11º

Greve

1. Todos os trabalhadores e as organizações sindicais têm garantido o exercício do direito de greve, conforme as disposições nacionais vigentes. Os mecanismos de prevenção ou solução de conflitos ou a regulação deste direito não poderão impedir seu exercício ou desvirtuar sua finalidade.

2. Promoção e desenvolvimento de procedimentos preventivos e de autocomposição de conflitos.

ARTIGO 12º

Os Estados Partes comprometem-se a propiciar e desenvolver formas preventivas e alternativas de autocomposição dos conflitos individuais e coletivos de trabalho, fomentando a utilização de procedimentos independentes e imparciais de solução de controvérsias.

ARTIGO 13º

Diálogo social

Os Estados Partes comprometem-se a fomentar o diálogo social nos âmbitos nacional e regional, instituindo mecanismos efetivos de consulta permanente entre representantes dos governos, dos empregadores e dos trabalhadores, a fim de garantir, mediante o consenso social, condições favoráveis ao crescimento econômico sustentável e com justiça social da região e a melhoria das condições de vida de seus povos.

Outros Direitos

ARTIGO 14º

Fomento do emprego

Os Estados Partes comprometem-se a promover o crescimento econômico, a ampliação dos mercados interno e regional e a executar políticas ativas referentes ao fomento e criação do emprego, de modo a elevar o nível de vida e corrigir os desequilíbrios sociais e regionais.

ARTIGO 15º

Proteção dos desempregados

1. Os Estados Partes comprometem-se a instituir, manter e melhorar mecanismos de proteção contra o desemprego, compatíveis com as legislações e as condições internas de cada país, a fim de garantir a subsistência dos trabalhadores afetados pela desocupação involuntária e ao mesmo tempo facilitar o acesso a serviços de recolocação e a programas de requalificação profissional que facilitem seu retorno a uma atividade produtiva.

ARTIGO 16º

Formação profissional e desenvolvimento de recursos humanos

1. Todo trabalhador tem direito à orientação, à formação e à capacitação profissional.

2. Os Estados Partes comprometem-se a instituir, com as entidades envolvidas que voluntariamente assim o desejem, serviços e programas de formação ou orientação profissional contínua e permanente, de maneira a permitir aos trabalhadores obter as qualificações exigidas para o desempenho de uma atividade produtiva, aperfeiçoar e reciclar os conhecimentos e habilidades, considerando fundamentalmente as modificações resultantes do progresso técnico.

3. Os Estados Partes obrigam-se ademais a adotar medidas destinadas a promover a articulação entre os programas e serviços de orientação e formação profissional, por um lado, e os serviços públicos de emprego e de proteção dos desempregados, por outro, com o objetivo de melhorar as condições de inserção laboral dos trabalhadores.

4. Os Estados Partes comprometem-se a garantir a efetiva informação sobre os mercados de trabalho e sua difusão tanto a nível nacional como regional.

ARTIGO 17º

Saúde e segurança no trabalho

1. Todo trabalhador tem o direito de exercer suas atividades em um ambiente de trabalho sadio e seguro, que preserve sua saúde física e mental e estimule seu desenvolvimento e desempenho profissional.

2. Os Estados Partes comprometem-se a formular, aplicar e atualizar em forma permanente e em cooperação com as organizações de empregadores e de trabalhadores, políticas e programas em matéria de saúde e segurança dos trabalhadores e do meio ambiente de trabalho, a fim de prevenir os acidentes de trabalho e as enfermidades profissionais, promovendo condições ambientais propícias para o desenvolvimento das atividades dos trabalhadores.

ARTIGO 18º

Inspeção do trabalho

1. Todo trabalhador tem direito a uma proteção adequada no que se refere às condições e ao ambiente de trabalho.

2. Os Estados Partes comprometem-se a instituir e a manter serviços de inspeção do trabalho, com o propósito de controlar em todo o seu território o cumprimento das disposições normativas que dizem respeito à proteção dos trabalhadores e às condições de segurança e saúde no trabalho.

ARTIGO 19º

Seguridade social

1. Os trabalhadores do MERCOSUL têm direito à seguridade social, nos níveis e condições previstos nas respectivas legislações nacionais.

2. Os Estados Partes comprometem-se a garantir uma rede mínima de amparo social que proteja seus habitantes frente à contingência de riscos sociais, enfermidades, velhice, invalidez e morte, buscando coordenar as políticas na área social, de forma a suprimir eventuais discriminações derivadas da origem nacional dos beneficiários.

ARTIGO 20º

Aplicação e Seguimento

1. Os Estados Partes comprometem-se a respeitar os direitos fundamentais inscritos nesta Declaração e a promover sua aplicação em conformidade com a legislação e as práticas nacionais e as convenções e acordos coletivos. Para tanto, recomendam instituir, como parte integrante desta Declaração, uma Comissão Sociolaboral, órgão tripartite, auxiliar do Grupo Mercado Comum, que terá caráter promocional e não sancionador, dotado de instâncias nacionais e regional, com o objetivo de fomentar e acompanhar a aplicação do instrumento. A

Comissão Sociolaboral Regional manifestar-se-á por consenso dos três setores, e terá as seguintes atribuições e responsabilidades:

a) examinar, comentar e encaminhar as memórias preparadas pelos Estados Partes, decorrentes dos compromissos desta Declaração;

b) formular planos, programas de ação e recomendações tendentes a fomentar a aplicação e o cumprimento da Declaração;

c) examinar observações e consultas sobre dificuldades e incorreções na aplicação e cumprimento dos dispositivos contidos na Declaração;

d) examinar dúvidas sobre a aplicação dos termos da Declaração e propor esclarecimentos;

e) elaborar análises e relatórios sobre a aplicação e o cumprimento da Declaração;

f) examinar e apresentar as propostas de modificação do texto da Declaração e lhes dar o encaminhamento pertinente.

2. As formas e mecanismos de encaminhamento dos assuntos acima listados serão definidos pelo regulamento interno da Comissão Sociolaboral Regional.

ARTIGO 21º

A Comissão Sociolaboral Regional deverá reunir-se ao menos uma vez ao ano para analisar as memórias oferecidas pelos Estados Partes e preparar relatório a ser elevado ao Grupo Mercado Comum.

ARTIGO 22º

A Comissão Sociolaboral Regional redigirá, por consenso e no prazo de seis meses, a contar da data de sua instituição, seu próprio regulamento interno e o das comissões nacionais, devendo submetê-los ao Grupo Mercado Comum para aprovação.

ARTIGO 23º

Os Estados Partes deverão elaborar, por intermédio de seus Ministérios do Trabalho e em consulta às organizações mais representativas de empregadores e de trabalhadores, memórias anuais, contendo:

a) o relato das alterações ocorridas na legislação ou na prática nacional relacionadas à implementação dos enunciados desta Declaração; e

b) o relato dos avanços realizados na promoção desta Declaração e das dificuldades enfrentadas em sua aplicação.

ARTIGO 24º

Os Estados Partes concordam que esta Declaração, tendo em vista seu caráter dinâmico e o avanço do processo de integração subregional, será objeto de revisão, decorridos dois anos de sua adoção, com base na experiência acumulada no curso de sua aplicação ou nas propostas e subsídios formulados pela Comissão Sociolaboral ou por outros agentes.

ARTIGO 25º

Os Estados Partes ressaltam que esta Declaração e seu mecanismo de seguimento não poderão ser invocados nem utilizados para outros fins que os neles previstos, vedada, em particular, sua aplicação a questões comerciais, econômicas e financeiras.

Rio de Janeiro, 10 de dezembro de 1998.

CARLOS SAUL MENEM

FERNANDO HENRIQUE CARDOSO

RAUL CUBAS GRAU

JULIO MARIA SANGUINETTI

Anexo II — Declaração da OIT sobre os Princípios e Direitos Fundamentais no Trabalho

Considerando que a criação da OIT procede da convicção de que a justiça social é essencial para garantir uma paz universal e permanente;

Considerando que o crescimento econômico é essencial, mas insuficiente, para assegurar a equidade, o progresso social e a erradicação da pobreza, o que confirma a necessidade de que a OIT promova políticas sociais sólidas, a justiça e instituições democráticas;

Considerando, portanto, que a OIT deve hoje, mais do que nunca, mobilizar o conjunto de seus meios de ação normativa, de cooperação técnica e de investigação em todos os âmbitos de sua competência, e em particular no âmbito do emprego, a formação profissional e as condições de trabalho, a fim de que no âmbito de uma estratégia global de desenvolvimento econômico e social, as políticas econômicas e sociais se reforcem mutuamente com vistas à criação de um desenvolvimento sustentável de ampla base;

Considerando que a OIT deveria prestar especial atenção aos problemas de pessoas com necessidades sociais especiais, em particular os desempregados e os trabalhadores migrantes, mobilizar e estimular os esforços nacionais, regionais e internacionais encaminhados à solução de seus problemas, e promover políticas eficazes destinadas à criação de emprego;

Considerando que, com o objetivo de manter o vínculo entre progresso social e crescimento econômico, a garantia dos princípios e direitos fundamentais no trabalho reveste uma importância e um significado especiais ao assegurar aos próprios interessados a possibilidade de reivindicar livremente e em igualdade de oportunidades uma participação justa nas riquezas a cuja criação têm contribuído, assim como a de desenvolver plenamente seu potencial humano;

Considerando que a OIT é a organização internacional com mandato constitucional e o órgão competente para estabelecer Normas Internacionais do Trabalho e ocupar-se das mesmas, e que goza de apoio e reconhecimento universais na promoção dos direitos fundamentais no trabalho como expressão de seus princípios constitucionais;

Considerando que numa situação de crescente interdependência econômica urge reafirmar a permanência dos princípios e direitos fundamentais inscritos na Constituição da Organização, assim como promover sua aplicação universal;

A Conferência Internacional do Trabalho,

1. Lembra:

a) que no momento de incorporar-se livremente à OIT, todos os Membros aceitaram os princípios e direitos enunciados em sua Constituição e na Declaração de Filadélfia, e se comprometeram a esforçar-se por alcançar os objetivos gerais da Organização na medida de suas possibilidades e atendendo a suas condições específicas;

b) que esses princípios e direitos têm sido expressados e desenvolvidos sob a forma de direitos e obrigações específicos em convenções que foram reconhecidas como fundamentais dentro e fora da Organização.

2. Declara que todos os Membros, ainda que não tenham ratificado as convenções aludidas, têm um compromisso derivado do fato de pertencer à Organização de respeitar, promover e

tornar realidade, de boa fé e de conformidade com a Constituição, os princípios relativos aos direitos fundamentais que são objeto dessas convenções, isto é:

a) a liberdade sindical e o reconhecimento efetivo do direito de negociação coletiva;

b) a eliminação de todas as formas de trabalho forçado ou obrigatório;

c) a abolição efetiva do trabalho infantil; e

d) a eliminação da discriminação em matéria de emprego e ocupação.

3. Reconhece a obrigação da Organização de ajudar a seus Membros, em resposta às necessidades que tenham sido estabelecidas e expressadas, a alcançar esses objetivos fazendo pleno uso de seus recursos constitucionais, de funcionamento e orçamentários, incluída a mobilização de recursos e apoio externos, assim como estimulando a outras organizações internacionais com as quais a OIT tenha estabelecido relações, de conformidade com o artigo 12 de sua Constituição, a apoiar esses esforços:

a) oferecendo cooperação técnica e serviços de assessoramento destinados a promover a ratificação e aplicação das convenções fundamentais;

b) assistindo aos Membros que ainda não estão em condições de ratificar todas ou algumas dessas convenções em seus esforços por respeitar, promover e tornar realidade os princípios relativos aos direitos fundamentais que são objeto dessas convenções; e

c) ajudando aos Membros em seus esforços por criar um meio ambiente favorável de desenvolvimento econômico e social.

4. Decide que, para tornar plenamente efetiva a presente Declaração, implementar-se-á um seguimento promocional, que seja crível e eficaz, de acordo com as modalidades que se estabelecem no anexo que será considerado parte integrante da Declaração.

5. Sublinha que as normas do trabalho não deveriam utilizar-se com fins comerciais protecionistas e que nada na presente Declaração e seu seguimento poderá invocar-se nem utilizar-se de outro modo com esses fins; ademais, não deveria de modo algum colocar-se em questão a vantagem comparativa de qualquer país sobre a base da presente Declaração e seu seguimento.

Anexo

Seguimento da Declaração

I. OBJETIVO GERAL

1. O objetivo do seguimento descrito a seguir é estimular os esforços desenvolvidos pelos Membros da Organização com o objetivo de promover os princípios e direitos fundamentais consagrados na Constituição da OIT e a Declaração de Filadélfia, que a Declaração reitera.

2. De conformidade com este objetivo estritamente promocional, o presente seguimento deverá contribuir a identificar os âmbitos em que a assistência da Organização, por meio de suas atividades de cooperação técnica, possa resultar útil a seus Membros com o fim de ajudá-los a tornar efetivos esses princípios e direitos fundamentais. Não poderá substituir os mecanismos de controle estabelecidos nem obstar seu funcionamento; por conseguinte, as situações particulares próprias ao âmbito desses mecanismos não poderão discutir-se ou rediscutir-se no âmbito do referido seguimento.

3. Os dois aspectos do presente seguimento, descritos a seguir, recorrerão aos procedimentos existentes; o seguimento anual relativo às convenções não ratificadas somente suporá certos ajustes às atuais modalidades de aplicação do artículo 19, parágrafo 5, e) da Constituição, e o relatório global permitirá otimizar os resultados dos procedimentos realizados em cumprimento da Constituição.

II. SEGUIMENTO ANUAL RELATIVO ÀS CONVENÇÕES FUNDAMENTAIS NÃO RATIFICADAS

A. Objeto e âmbito de aplicação

1. Seu objetivo é proporcionar uma oportunidade de seguir a cada ano, mediante um procedimento simplificado que substituirá o procedimento quadrienal introduzido em 1995 pelo Conselho de Administração, os esforços desenvolvidos de acordo com a Declaração pelos Membros que não ratificaram ainda todas as convenções fundamentais.

2. O seguimento abrangerá a cada ano as quatro áreas de princípios e direitos fundamentais enumerados na Declaração.

B. Modalidades

1. O seguimento terá como base relatórios solicitados aos Membros em virtude do artigo 19, parágrafo 5, e) da Constituição. Os formulários de memória serão estabelecidos com a finalidade de obter dos governos que não tiverem ratificado alguma das convenções fundamentais, informação sobre as mudanças que ocorreram em sua legislação e sua prática, considerando o artigo 23 da Constituição e a prática estabelecida.

2. Esses relatórios, recopilados pela Repartição, serão examinadas pelo Conselho de Administração.

3. Com o fim de preparar uma introdução à compilação dos relatórios assim estabelecida, que permita chamar a atenção sobre os aspectos que mereçam em seu caso uma discussão mais detalhada, a Repartição poderá recorrer a um grupo de peritos nomeados com este fim pelo Conselho de Administração.

4. Deverá ajustar-se o procedimento em vigor do Conselho de Administração para que os Membros que não estejam nele representados possam proporcionar, da maneira mais adequada, os esclarecimentos que no seguimento de suas discussões possam resultar necessárias ou úteis para completar a informação contida em suas memórias.

III. RELATÓRIO GLOBAL

A. Objeto e âmbito de aplicação

1. O objeto deste relatório é facilitar uma imagem global e dinâmica de cada uma das categorias de princípios e direitos fundamentais observada no período quadrienal anterior, servir de base à avaliação da eficácia da assistência prestada pela Organização e estabelecer as prioridades para o período seguinte mediante programas de ação em matéria de cooperação técnica destinados a mobilizar os recursos internos e externos necessários a respeito.

2. O relatório tratará sucessivamente cada ano de uma das quatro categorias de princípios e direitos fundamentais.

B. Modalidades

1. O relatório será elaborado sob a responsabilidade do Diretor-Geral sobre a base de informações oficiais ou reunidas e avaliadas de acordo com os procedimentos estabelecidos. Em relação aos países que ainda não ratificaram as convenções fundamentais, referidas informações terão como fundamento, em particular, no resultado do seguimento anual antes mencionado. No caso dos Membros que tenham ratificado as convenções correspondentes, estas informações terão como base, em particular, os relatórios (memórias) tal como são apresentados e tratados em virtude do artículo 22 da Constituição.

2. Este relatório será apresentado à Conferência como um relatório do Diretor-Geral para ser objeto de uma discussão tripartite. A Conferência poderá tratá-lo de um modo distinto do inicialmente previsto para os relatórios aos que se refere o artigo 12 de seu Regulamento, e

poderá fazê-lo numa sessão separada dedicada exclusivamente a esse informe ou de qualquer outro modo apropriado. Posteriormente, corresponderá ao Conselho de Administração, durante uma de suas reuniões subsequentes mais próximas, tirar as conclusões de referido debate no relativo às prioridades e aos programas de ação em matéria de cooperação técnica que deva implementar durante o período quadrienal correspondente.

IV. FICA ENTENDIDO QUE:

1. O Conselho de Administração e a Conferência deverão examinar as emendas que resultem necessárias a seus regulamentos respectivos para executar as disposições anteriores.

2. A Conferência deverá, em determinado momento, reexaminar o funcionamento do presente seguimento considerando a experiência adquirida, com a finalidade de comprovar si este mecanismo está ajustado convenientemente ao objetivo enunciado na Parte I.

3. O texto anterior é o texto da Declaração da OIT relativa aos princípios e direitos fundamentais no trabalho e seu seguimento devidamente adotada pela Conferência Geral da Organização Internacional do Trabalho durante a Octogésima sexta reunião, realizada em Genebra e cujo encerramento foi declarado em 18 de junho de 1998.

É FÉ DO QUAL foi assinado neste décimo nono dia de junho de 1998.

Presidente da Conferência

JEAN-JACQUES OECHSLIN

O Diretor Geral da Oficina Internacional do Trabalho

MICHEL HANSENNE

Anexo III — Convenção da OIT n. 138 — Sobre Idade Mínima para Admissão a Emprego

Aprovadas em 27.6.1973. No Brasil promulgada pelo Decreto n. 4.134 de 15.2.2002.

A Conferência Geral da Organização Internacional do Trabalho, Convocada em Genebra pelo Conselho de Administração da Secretaria Internacional do Trabalho e reunida em 6 de junho de 1973, em sua 58ª Reunião; Tendo decidido adotar diversas proposições relativas a idade mínima para admissão a emprego, matéria que constitui a quarta questão da ordem do dia da Reunião; Considerando os termos da Convenção sobre Idade Mínima (Indústria), 1919, Convenção sobre Idade Mínima (Trabalho Marítimo), 1920, Convenção sobre Idade Mínima (Agricultura), 1921, Convenção sobre Idade Mínima (Estivadores e Foguistas), 1921, Convenção sobre Idade Mínima (Emprego não Industrial), 1932, Convenção (revista) sobre Idade Mínima (Trabalho Marítimo), 1936, Convenção (revista) sobre Idade Mínima (Indústria), 1937, Convenção (revista) sobre Idade Mínima (Emprego não Industrial), 1937, Convenção sobre Idade Mínima (Pescadores), 1959, e Convenção sobre Idade Mínima (Trabalho Subterrâneo), 1965; Considerando ter chegado o momento de adotar instrumento geral sobre a matéria, que substitua gradualmente os atuais instrumentos, aplicáveis a limitados setores econômicos, com vista à total abolição do trabalho infantil; Tendo determinado que essas proposições se revestissem da forma de uma convenção internacional, adota, neste dia vinte e seis de junho de mil novecentos e setenta e três, a seguinte Convenção que pode ser citada como a Convenção sobre Idade Mínima, 1973:

Artigo 1º

Todo Estado-membro, no qual vigore esta Convenção, compromete-se a seguir uma política nacional que assegure a efetiva abolição do trabalho infantil e eleve, progressivamente, a idade mínima de admissão a emprego ou a trabalho a um nível adequado ao pleno desenvolvimento físico e mental do jovem.

Artigo 2º

1. Todo Estado-membro que ratificar esta Convenção especificará, em declaração anexa à sua ratificação, uma idade mínima para admissão a emprego ou trabalho em seu território e em meios de transporte registrados em seu território; ressalvado o disposto nos artigos 4º a 8º desta Convenção, nenhuma pessoa com idade inferior a essa idade será admitida a emprego ou trabalho em qualquer ocupação.

2. Todo Estado-membro que ratificar esta Convenção poderá posteriormente notificar o Diretor-Geral da Secretaria Internacional do Trabalho, por declarações ulteriores, que estabelece uma idade mínima superior à anteriormente definida.

3. A idade mínima fixada nos termos do parágrafo 1º deste artigo não será inferior à idade de conclusão da escolaridade compulsória ou, em qualquer hipótese, não inferior a 15 anos.

4. Não obstante o disposto no parágrafo 3º deste artigo, o Estado-membro, cuja economia e condições do ensino não estiverem suficientemente desenvolvidas, poderá, após consulta com as organizações de empregadores e de trabalhadores interessadas, se as houver, definir, inicialmente, uma idade mínima de 14 anos.

5. Todo Estado-membro que definir uma idade mínima de quatorze anos, de conformidade com o disposto no parágrafo anterior, incluirá em seus relatórios a serem apresentados sobre a

aplicação desta Convenção, nos termos do Artigo 22 da Constituição da Organização Internacional do Trabalho, declaração:

a) de que são subsistentes os motivos dessa medidas ou b) de que renuncia ao direito de se valer da disposição em questão a partir de uma determinada data.

Artigo 3º

1. Não será inferior a dezoito anos a idade mínima para admissão a qualquer tipo de emprego ou trabalho que, por sua natureza ou circunstância em que é executado, possa prejudicar a saúde, a segurança e a moral do jovem.

2. Serão definidas por lei ou regulamentos nacionais ou pela autoridade competente, após consulta com as organizações de empregadores e de trabalhadores interessadas, se as houver, as categorias de emprego ou trabalho às quais se aplica o parágrafo 1º deste artigo.

3. Não obstante o disposto no parágrafo 1º deste artigo, a lei ou regulamentos nacionais ou a autoridade competente poderão, após consulta às organizações de empregadores e de trabalhadores interessadas, se as houver, autorizar emprego ou trabalho a partir da idade de dezesseis anos, desde que estejam plenamente protegidas a saúde, a segurança e a moral dos jovens envolvidos e lhes seja proporcionada instrução ou formação adequada e específica no setor da atividade pertinente.

Artigo 4º

1. A autoridade competente, após consulta com as organizações de empregadores e de trabalhadores interessadas, se as houver, poderá, na medida do necessário, excluir da aplicação desta Convenção limitado número de categorias de emprego ou trabalho a respeito das quais se puserem reais e especiais problemas de aplicação.

2. Todo Estado-membro que ratificar esta Convenção listará em seu primeiro relatório sobre sua aplicação, a ser submetido nos termos do Artigo 22 da Constituição da Organização Internacional do Trabalho, todas as categorias que possam ter sido excluídas de conformidade com o parágrafo 1º deste artigo, dando as razões dessa exclusão, e indicará, nos relatórios subsequentes, a situação de sua lei e prática com referência às categorias excluídas, e a medida em que foi dado ou se pretende fazer vigorar a Convenção com relação a essas categorias.

3. Não será excluído do alcance da Convenção, de conformidade com este Artigo, emprego ou trabalho protegido pelo artigo 3º desta Convenção.

Artigo 5º

1. O Estado-membro, cuja economia e condições administrativas não estiverem suficientemente desenvolvidas, poderá, após consulta com as organizações de empregadores e de trabalhadores, se as houver, limitar inicialmente o alcance de aplicação desta Convenção.

2. Todo Estado-membro que se servir do disposto no parágrafo 1º deste artigo especificará, em declaração anexa à sua ratificação, os setores de atividade econômica ou tipos de empreendimentos aos quais aplicará as disposições da Convenção.

3. As disposições desta Convenção serão, no mínimo, aplicáveis a: mineração e pedreira; indústria manufatureira; construção; eletricidade, água e gás; serviços de saneamento; transporte, armazenamento e comunicações; plantações e outros empreendimentos agrícolas de fins comerciais, excluindo, porém, propriedades familiares e de pequeno porte que produzam para o consumo local e não empreguem regularmente mão de obra remunerada.

4. Todo Estado-membro que tiver limitado o alcance de aplicação desta Convenção, nos termos deste artigo, a) indicará em seus relatórios, a que se refere o Artigo 22 da Constituição da Organização Internacional do Trabalho, a situação geral com relação a emprego ou trabalho de

jovens e crianças nos setores de atividade excluídos do alcance de aplicação desta Convenção e todo progresso que tenha sido feito para uma aplicação mais ampla de suas disposições; b) poderá, em qualquer tempo, estender formalmente o alcance de aplicação com uma declaração encaminhada ao Diretor-Geral da Secretaria Internacional do Trabalho.

Artigo 6º

Esta Convenção não se aplica a trabalho feito por crianças e jovens em escolas de educação profissional ou técnica ou em outras instituições de treinamento em geral ou a trabalho feito por pessoas de no mínimo 14 anos de idade em empresas em que esse trabalho é executado dentro das condições prescritas pela autoridade competente, após consulta com as organizações de empregadores e de trabalhadores interessadas, onde as houver, e é parte integrante de: a) curso de educação ou treinamento pelo qual é principal responsável escola ou instituição de formação; b) programa de treinamento principalmente ou inteiramente numa empresa, que tenha sido aprovado pela autoridade competente, ou c) programa de orientação para facilitar a escolha de uma profissão ou de uma linha de formação.

Artigo 7º

1. As leis ou regulamentos nacionais podem permitir o emprego ou trabalho de jovens entre 13 e 15 anos em serviços leves que: a) não prejudiquem sua saúde ou desenvolvimento e b) não prejudiquem sua frequência escolar, sua participação em programas de orientação profissional ou de formação aprovados pela autoridade competente ou sua capacidade de se beneficiar da instrução recebida.

2. As leis ou regulamentos nacionais podem permitir também o emprego ou trabalho de pessoas de, no mínimo, 15 anos de idade e que não tenham ainda concluído a escolarização compulsória, em trabalho que preencha os requisitos estabelecidos nas alíneas a) e b) do parágrafo 1º deste artigo.

3. A autoridade competente definirá as atividades em que o emprego ou trabalho pode ser permitido nos termos dos parágrafos 1º e 2º deste artigo e estabelecerá o número de horas e as condições em que esse emprego ou trabalho pode ser exercido.

4. Não obstante o disposto nos parágrafos 1º e 2º deste artigo, o Estado-membro que se tiver servido das disposições do parágrafo 4º do artigo 2º poderá, enquanto continuar assim procedendo, substituir as idades de 13 e 15 anos no parágrafo 1º pelas idades de 12 e 14 anos e a idade de 15 anos do parágrafo 2º deste artigo pela idade de 14 anos.

Artigo 8º

1. A autoridade competente, após consulta com as organizações de empregadores e de trabalhadores interessadas, se as houver, podem, mediante licenças concedidas em casos individuais, permitir exceções à proibição de emprego ou trabalho disposto no artigo 2º desta Convenção, para fins tais como participação em representações artísticas.

2. Permissões dessa natureza limitarão o número de horas de duração do emprego ou trabalho e estabelecerão as condições em que é permitido.

Artigo 9º

1. A autoridade competente tomará todas as medidas necessárias, inclusive a instituição de sanções apropriadas, para garantir o efetivo cumprimento das disposições desta Convenção.

2. Leis ou regulamentos nacionais ou a autoridade competente designarão as pessoas responsáveis pelas disposições que dão cumprimento à Convenção.

3. Leis ou regulamentos nacionais ou a autoridade competente definirão os registros ou outros documentos que devem ser mantidos e postos à disposição pelo empregador; esses registros ou

documentos conterão nome, idade ou data de nascimento, devidamente autenticados sempre que possível, das pessoas que emprega ou que trabalham para ele e tenham menos de dezoito anos de idade.

Artigo 10

1. Esta Convenção revê, nos termos estabelecidos neste artigo, a Convenção sobre Idade Mínima (Indústria), 1919; a Convenção sobre Idade Mínima (Marítimos), 1920; a Convenção sobre Idade Mínima (Agricultura), 1921; a Convenção sobre Idade Mínima (Estivadores e Foguistas), 1921; a Convenção sobre Idade Mínima (Emprego não Industrial), 1932; a Convenção (revista) sobre Idade Mínima (Marítimos), 1936; a Convenção (revista) sobre Idade Mínima (Indústria), 1937; a Convenção (revista) sobre Idade Mínima (Emprego não Industrial), 1937; a Convenção sobre Idade Mínima (Pescadores), 1959 e a Convenção sobre Idade Mínima (Trabalho Subterrâneo), 1965.

2. A entrada em vigor desta Convenção não privará de ratificações ulteriores as seguintes convenções: Convenção (revista) sobre Idade Mínima (Marítimos), 1936; Convenção (revista) sobre Idade Mínima (Indústria), 1937; Convenção (revista) sobre Idade Mínima (Emprego não Industrial), 1937; Convenção sobre Idade Mínima (Pescadores), 1959, e Convenção sobre Idade Mínima (Trabalho Subterrâneo), 1965.

3. A Convenção sobre Idade Mínima (Indústria), 1919; a Convenção (revista) sobre Idade Mínima (Marítimos), 1920; a Convenção sobre Idade Mínima (Agricultura), 1921 e a Convenção sobre Idade Mínima (Estivadores e Foguistas), 1921, não estarão mais sujeitas a ratificações ulteriores quando todos os seus participantes estiverem assim de acordo com a ratificação desta Convenção ou por declaração enviada ao Diretor-Geral da Secretaria Internacional do Trabalho.

4. A aceitação das obrigações desta Convenção:

a) por Estado-membro que faça parte da Convenção (revista) sobre a Idade Mínima (Indústria), 1937, e o estabelecimento de idade mínima de não menos de 15 anos, nos termos do artigo 2º desta Convenção, implicarão ipso jure a denúncia imediata daquela Convenção;

b) com referência a emprego não industrial, conforme definido na Convenção sobre Idade Mínima (Emprego não Industrial), 1932, por Estado-membro que faça parte dessa Convenção, implicará ipso jure a denúncia imediata da dita Convenção;

c) com referência a emprego não industrial, conforme definido na Convenção (revista) sobre a Idade Mínima (Emprego não Industrial), 1937, por Estado-membro que faça parte dessa Convenção, e o estabelecimento de idade mínima de não menos de 15 anos, nos termos do artigo 2º desta Convenção, implicarão ipso jure a denúncia imediata daquela Convenção;

d) com referência a emprego marítimo, por Estado-membro que faça parte da Convenção (revista) sobre a Idade Mínima (Marítimos), 1936 e a fixação de idade mínima de não menos de 15 anos, nos termos do artigo 2º desta Convenção, ou o Estado-membro define que o artigo 3º desta Convenção aplica-se a emprego marítimo, implicarão ipso jure a denúncia imediata daquela Convenção;

e) com referência a emprego em pesca marítima, por Estado-membro que faça parte da Convenção sobre Idade Mínima (Pescadores), 1959, e a especificação de idade mínima de não menos de 15anos, nos termos do artigo 2º desta Convenção ou o Estado-membro especifica que o artigo 3º desta Convenção aplica-se a emprego em pesca marítima, implicarão ipso jure a denúncia imediata daquela Convenção;

f) por Estado-membro que faça parte da Convenção sobre Idade Mínima (Trabalho Subterrâneo), 1965, e a definição de idade mínima de não menos de 15 anos, nos termos do artigo 2º desta Convenção, ou o Estado-membro estabelece que essa idade aplica-se a emprego em minas subterrâneas, por força do artigo 3º desta Convenção, implicarão *ipso jure* a denúncia imediata daquela Convenção, se e quando que esta Convenção entrar em vigor.

5. A aceitação das obrigações desta Convenção:

a) implicará a denúncia da Convenção sobre Idade Mínima (Indústria), 1919, de conformidade com seu artigo 12;

b) com referência à agricultura, implicará a denúncia da Convenção sobre a Idade Mínima (Agricultura), 1921, de conformidade com seu artigo 9º; c) com referência a emprego marítimo, implicará a denúncia da Convenção sobre Idade Mínima (Marítimos), 1920, de conformidade com seu artigo 10º, e da Convenção sobre a Idade Mínima (Estivadores e Foguistas), 1921, de conformidade com seu artigo 12, se e quando esta Convenção entrar em vigor.

Artigo 11

As ratificações formais desta Convenção serão comunicadas, para registro, ao Diretor-Geral da Secretaria Internacional do Trabalho.

Artigo 12

1. Esta Convenção obrigará unicamente os Estados-membros da Organização Internacional do Trabalho cujas ratificações tiverem sido registradas pelo Diretor-Geral.

2. Esta Convenção entrará em vigor doze meses após a data de registro, pelo Diretor Geral, das ratificações de dois Estados-membros.

3. A partir daí, esta Convenção entrará em vigor, para todo Estado-membro, doze meses depois do registro de sua ratificação.

Artigo 13

1. O Estado-membro que ratificar esta Convenção poderá denunciá-la ao final de um período de dez anos, a contar da data de sua entrada em vigor, mediante comunicação ao Diretor-Geral da Secretaria Internacional do Trabalho, para registro. A denúncia não terá efeito antes de se completar um ano a contar da data de seu registro.

2. Todo Estado-membro que ratificar esta Convenção e que, no prazo de um ano após expirado o período de dez anos referido no parágrafo anterior, não tiver exercido o direito de denúncia disposto neste artigo, ficará obrigado a um novo período de dez anos e, daí por diante, poderá denunciar esta Convenção ao final de cada período de dez anos, nos termos deste artigo.

Artigo 14

1. O Diretor-Geral da Secretaria Internacional do Trabalho dará ciência a todos os Estados-membros da Organização do registro de todas as ratificações e denúncias que lhe forem comunicadas pelos Estados-membros da Organização.

2. Ao notificar os Estado-membros da Organização sobre o registro da segunda ratificação que lhe tiver sido comunicada, o Diretor-Geral lhes chamará a atenção para a data em que a Convenção entrará em vigor.

Artigo 15

O Diretor-Geral da Secretaria Internacional do Trabalho comunicará ao Secretário-Geral das Nações Unidas, para registro, nos termos do Artigo 102 da Carta das Nações Unidas, informações circunstanciadas sobre todas as ratificações e atos de denúncia por ele registrados, conforme o disposto nos artigos anteriores.

Artigo 16

O Conselho de Administração da Secretaria Internacional do Trabalho apresentará à Conferência Geral, quando considerar necessário, relatório sobre o desempenho desta Convenção e examinará a conveniência de incluir na pauta da Conferência a questão de sua revisão total ou parcial.

Artigo 17

1. No caso de adotar a Conferência uma nova convenção que reveja total ou parcialmente esta Convenção, a menos que a nova convenção disponha de outro modo:

a) a ratificação, por um Estado-membro, da nova convenção revista implicará, *ipso jure*, a partir do momento em que entrar em vigor a convenção revista, a denúncia imediata desta Convenção, não obstante as disposições do Artigo 3º;

b) esta Convenção deixará de estar sujeita a ratificação pelos Estados-membros a partir da data de entrada em vigor da convenção revista;

c) esta Convenção continuará a vigorar, na sua forma e conteúdo, nos Estado-membros que a ratificaram, mas não ratificarem a convenção revista.

Artigo 18

As versões em inglês e francês do texto desta Convenção são igualmente oficiais.

Projeto Gráfico e Editoração Eletrônica: Peter Fritz Strotbek
Projeto de Capa: Fabio Giglio
Impressão: Pimenta Gráfica e Editora

LOJA VIRTUAL
www.ltr.com.br

E-BOOKS
www.ltr.com.br